我
思

敢於運用你的理智

崇文学术·逻辑

邏 輯

金岳霖 著

长江出版传媒｜崇文书局

圖書在版編目（CIP）數據

邏輯 / 金岳霖著. -- 武漢：崇文書局，2024. 9.
（崇文學術）. -- ISBN 978-7-5403-7749-6
　Ⅰ. B81
中國國家版本館 CIP 數據核字第 2024G2Y175 號

邏輯
LUOJI

出 版 人	韓　敏	
出　品	崇文書局人文學術編輯部	
策 劃 人	梅文輝（mwh902@163.com）	
責任編輯	梅文輝　葉　芳	
封面設計	甘淑媛	
責任印製	李佳超	
出版發行	長江出版傳媒 崇 文 書 局	
地　　址	武漢市雄楚大街 268 號出版城 C 座 11 層	
電　　話	(027)87679712　　郵　編　430070	
印　　刷	武漢中科興業印務有限公司	
開　　本	880mm×1230mm　　1/32	
印　　張	12	
字　　數	220 千	
版　　次	2024 年 9 月第 1 版	
印　　次	2024 年 9 月第 1 次印刷	
定　　價	68.00 元	

（讀者服務電話：027-87679738）

大 學 叢 書

邏　　輯

大學叢書

邏　輯

金岳霖著

商務印書館發行

目　　錄

序

序

　　我從前是學政治的,對於邏輯的興趣差不多到三十歲才發生。我不僅沒有師承,而且沒有青年所容易得而中年所不大容易得到的訓練;所以興趣雖有,而對於這一門學問,我始終覺得我是一個門外漢。預備這本書的困難也就因這感覺而增加;有時候我覺得我根本就不應該寫這樣一本書。

　　歸納與演譯大不相同。 我認為它們終久是要分家的,所以這本書沒有歸納的部分。 同時從個人方面着想,我自己在知識論方面還沒有弄出條理的時候,我不能寫歸納法的書。

　　這本書共分四部,第一第二兩部或者沒有大問題。 第三部介紹新式邏輯,全部分差不多完全是直抄。 可是,不加語言方面的注解,不容易盡介紹的責任;加注解,又難免有錯誤,而錯誤恐怕很多。 第四部所提出的問題最難,它的可靠性的程度或者最低,而教員用它們的時候發生意見不同的地方或者最多;我們似乎可以說它的內容不是邏輯,而是一種邏輯哲學的導言。 我把它列入教科書的理由,一方面是因為它討論邏輯與邏輯系統的性質,另一方面也因為它給有志研究邏輯的人們一種往下再研究的激刺。

　　如果教員覺得時間不够,他可以有以下的辦法:

　　(一)取消第二部,而代之以比較簡單的批評。

　　(二)忽略第三部的第二第三兩章。

(三)忽略第四部的任何一章或兩章。

第四部的材料有好些地方重複；其所以如此者，因爲不重複則選擇一章就不免遺漏許多問題。　但是因爲材料重複，三章皆選，又難免使讀者感覺到秩序方面的混亂。　關於這一點，以後有機會，總得有很大的修改才行。

金岳霖

邏　　輯

第　一　部

傳統的演繹邏輯

I　直接推論

A. 名詞。　普通教科書關於名詞 (Terms) 的討論大約可以分爲以下各節：1. 心理學或知識論方面的問題，2. 名詞的種類，3. 外延與內包的分別，4. 定義問題。　　因爲這種討論一方面與普通教科書中的推論沒有多大的關係，教科書中的直接與間接推論大都均用符號，另一方面也與現在的邏輯沒有任何的幫助，本書特別從簡

1. 心理學或知識論方面的問題。　　邏輯這一名詞在希拉本來是由 Logos 變出來的，它包含兩部分，一爲 Episteme，一爲 Techne。前者是抽象的邏輯，後者是實用邏輯的法則。　前一部分就是現在的知識論，而後一部分反變爲抽象的形式邏輯。　從歷史方面着想，邏輯最初就與知識論混在一塊。　後來治此學者大半率由舊章，心理學與知識論的成分未曾去掉。　自數理邏輯或符號邏輯與，知識論與邏輯學始慢慢地變成兩種不同的學問。　本章既討論傳統邏輯學，也就不能不提到心理學與知識論方面的問題；但這些問題既與以下部分沒有多大的關係，我們

也就不必多所討論。　可是有一點我們應該注意。　我們說的是邏輯學
與知識論要分家。　這句話或者免不了有人反對。　如果反對者的理由
是說事實上邏輯與知識不能分開，我們很可以同情。　即以一個具體的
人而論，他有物理，化學，生理，心理……等等各方面的現象，而各方面
的現象事實上沒有分開來。　但我們不能因爲在具體的世界裏，各種現
象有它們的關聯，我們就不應該把它們區別以爲各種不同的學問的對
象。　物理現象與化學現象可以混在一塊，而物理學與化學仍應分家。
邏輯與知識在事實上雖然聯在一塊，而邏輯學與知識論不能不分開。
無論如何，本書遵照現在的趨勢，涉及知識論與心理學的地方均特別從
簡。

　　2.名詞的種類。　此處的名詞可以是個體的符號，可以是性質的符
號，可以是關係的符號。　傳統邏輯似乎注重名詞，在本條暫且從舊。
名詞的種類極不一致，各種各類的標準也當然不同。

　　　　a.以圍範的廣狹爲標準，有

　　　　　　(一)特殊名詞——如時地人物的名字。　孔子，北平，周朝…
　　　　　　　　　…等等。

　　　　　　(二)普遍名詞——如人，棹子。　椅子，書……等等。

　　　　　　(三)集體名詞——如軍，師，班……等等。

　　　　b.以所指的爲具體與否爲標準，有

　　　　　　(一)具體名詞——如這個棹子，那個棹子，……等等。

　　　　　　(二)抽象名詞——如青，紅，公道……等等。

　　　　c.以知識層次爲標準，有

(一)感覺名詞——代表感覺現象的名詞如這本紅書，那張方桌子……等等。

(二)概念名詞——代表概念的名詞如方，圓，紅，黃，…等等。

d. 以意義的正負爲標準，有

(一)正名詞——美，好，眞……等等。

(二)負名詞——不美，不好，不眞，……等等。

e. 以意義的絕對或相對爲標準，有

(一)絕對名詞——如人，樹，天，地……等等。

(二)相對名詞——如好壞，眞假，因果，左右，……等等。

其他種種的分類法，如我們再想一想，或者還可以想出許多。　但以上已經可以給我們一個印象。　我們要知道這裏的各種名詞與演繹方面的推論——無論舊式與新式——均沒有多大的關係。　理由如下：

(甲)傳統推論中的命題均用符號，新式的系統也用符號，所以根本用不着提出此問題。

(乙)如果符號齊備運用得法，各種名詞的相干的分別，在一系統內均可以有正確的表示，而不相干的分別根本就可以不理。

3. 內包與外延的分別。　這個問題比較的重要。　先表示普通的分別。　名詞至少有二用，一注重它的意義，一注重它的範圍之內的具體的東西。　襲人對寶玉說"人總要上進才行"。　這裏的"人"是襲人心目中所盼望寶玉能修養得到的那樣的人，而不是人類中的趙錢孫李……等等均爲人的"人"。　韓退之說"人其人"。　這裏前面的人與後面的人不同。　後面的"人"是具體的，前面的"人"是韓先生以爲具有儒家理想的性質的人。　一名詞的定義就是那一名詞的內包，一名詞所指的具體的份子，就是那一名詞的外延。

　　茲以深淺二字形容內包，以廣狹二字形容外延。內包有深淺，外延有廣狹。　在內包方面，人的意義比動物的意義深；在外延方面，動物的範圍比人的範圍廣。　普通均以為內包愈深則外延愈狹，內包愈淺則外延愈廣。　反過來似乎也可以說；外延愈廣則內包愈淺，外延愈狹則內包愈深。　其實外延狹，內包不必深。　龍的外延非常之狹，至少比人狹，而龍的內包不必比人的內包深。　凡沒有具體分子的類詞，其外延皆狹，而其內包不必深。　以上內包與外延成反比率的話似乎是表示事實上的統計情形，而從事實上的統計方面着想，這句話似乎可以說得過去。

　　關於內包與外延的討論及筆墨官司，有一部分現在根本可以不必提及。　但另有一部分現在似乎還是很重要的問題。　現在仍有所謂內包邏輯與外延邏輯。主張內包邏輯的人幾乎免不了以為外延邏輯根本不是邏輯，而是算學。　主張外延邏輯的人，事實上是注重算學，但他們的系統在形式方面仍是邏輯。　近來還有更進一步的辯論。　茲以路易斯與羅素的系統為例。　路易斯的系統似乎是所謂"內包"邏輯的系統，而羅素的系統普通以為是"外延"的系統。　路易斯氏對於羅素的系統的批評約有以下諸端：（１）羅素的系統與我們心目意識中的邏輯大不同，尤其是蘊涵（Implication）的意義與普通蘊涵的意義大不同，其結果是無論怎麼命題差不多都有蘊涵關係，而彼此獨立而同時彼此一致的命題差不多沒有。　（２）羅素系統中表面上雖是用方才所提到的那樣奇怪的蘊涵，而其實所用的均是路易斯氏所主張的蘊涵關係。
路易斯謂羅素系統中的推論其所以無毛病者在此。（3）羅素系統中一
部分的思想可以容納到路易斯的嚴格蘊涵系統中，而路易斯系統中有
一部分的思想不能容納到羅素系統中去。 贊成羅素系統的人（如亞伯
拉姆氏）則謂路易斯系統中的嚴格蘊涵關係，羅素系統中亦有，不過照
羅素系統的層次發生較遲而已。亞伯拉姆氏的文章很長，詳見 Monist。
總而言之，內包與外延似乎不是絕對兩不能通而彼此獨立的邏輯。 卽
以"形式蘊涵"而論，這裏的蘊涵關係，說它是 X 方面的外延關係固
可，稍加修改說它 是ϕ與ψ的內包關係亦未嘗不可。

這個問題詳細的討論起來，旣費時間且費精力。 它與演繹系統
的關係淺，與邏輯哲學 (Philosophy of Logic) 的關係深，我們在此處
不過提及而已。

4.定義問題。 傳統邏輯裏的定義問題頗爲重要，但與現在的定義
問題不同。 茲先述傳統邏輯裏的說法。 這個說法大約可以分作以下
部分：（1）定義之重要，（2）內包的定義，（3）外延的定義，（4）定義
的規律。

a.定義之重要。 定義的重要，用不着多說。 若所用的名詞其
意義不定，則無談話的可能，無語言文字的可能，當然也無邏輯的可能。
"重要"兩字是相對的。 如果我們要思想合乎邏輯，要條理化，要一致
等等，定義是不可缺的；如果我們不談邏輯，不談條理，我們也用不着定
義。

b.內包的定義。 普通用定義二字時，所說的定義大都是內包的

定義，因爲嚴格的說沒有外延的定義。 但在普通教科書裏，內包的定義有兩種，一爲名義的定義，一爲實質的定義；前者如"博愛之謂仁"，後者如"人是兩足的動物"。 一注重名詞所包含的意義，一注重名詞所代表的東西的實質。 二者就爲重要，就爲靠得住，在從前曾爲一辯論的問題，而在現在根本用不着討論，至少在邏輯系統範圍之內用不着討論。

　　c. 外延的定義。 這個名詞是一時的創造，普通教科書裏稱爲 Division，這實在是一種分類法，不過它的原則就是二分法而已。 任何一比較根本的名詞，或外延較廣的名詞，遞分之爲二，可以成一擺成三角形的名詞集團。 在此三角形內有些名詞，有它的特殊的一定的位置。 例如以下：

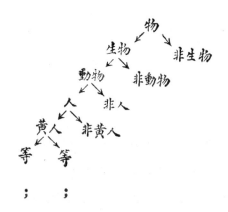

　　d. 關於定義之規律大約有好幾條，關於 Division 也有規律。這許多規律中僅有一條是我們要注意的，其它都可以不理。 我們所應當注意的一條，最簡單的說法，就是定義不要繞圈子。 茲名整個表示

定義的話爲定義,被定義的名詞爲左詞，定左詞的義的名詞爲右詞。我們應注意的條件不過是說右詞中不能有左詞復現，或左詞不能重見於右詞。　這一條是不僅傳統邏輯有此問題，現在還是有此問題。爲什麼有此問題呢?　我們覺得這一條規律是我們所應遵守的,但理由可不容易說。　普通有兩個理由,現在因演譯邏輯系統化之後又加上第三個理由。

　　(一)知識方面的先後問題。　我們對於一名詞覺得要下定義時,或者我們不知道它的意義,或者他的意義不清楚，右詞的職責就是使我們知道左詞的意義，或使左詞的意義清楚。　如果左詞重現於右詞,則右詞不能盡它的職責。　這一個理由似乎是最普通的理由。

　　(二)無量推進而無止境的問題。　如果右詞包含左詞,或左詞重現於右詞,而右詞的職務在定左詞之義,則右詞本身之義未定,如果第一個右詞本身的義未定,則須求助於另一定義,但第二定義中的右詞的情形與前一樣。　如此類推永無止邊,那就是說定義根本就不能實現。

　　(三)演繹邏輯系統化之後;除知識方面的先後外尚有系統方面的先後。　每一系統有它的演進的層次,在一系統中之定義,右詞均已曾見於那一系統而左詞則尚未發現於那一系統。　在系統的演進層次方面,右詞在前,左詞在後,如左詞重現於定義之右詞,則右詞在那一系統中仍爲一未發現之名詞,以一尚未發現的名詞去定一尚未發現的名詞的義。當然辦不到。

　　以上的討論根據於定義不要繞圈子的規律,但這問題還有許多旁的問題夾雜在裏面。　所謂左詞不能重現於右詞，是整個的左詞呢？還是只要與左詞有關係的名詞均不能重現於右詞呢？　還是左詞的部分均不能重現於右詞呢？　定義不能繞圈子，可是事實上能不能免繞圈子呢？　如果百科全書代表人類的思想 百科全書免不了繞圈子，則我們的思想也免不了繞圈子。　如果定義從大的方面廣的方面不能不繞圈子，而在狹的方面又不能繞圈子，則問題不是任何圈子都不能繞，而是多麼小的圈子不能繞。　關於定義問題以後還要提出，但方才所說的這一層以後不再討論。

　　B.命題。　傳統的邏輯討論命題的時候常常是討論判斷。　因此有一部分的思想是心理學與知識論方面的思想。　以下的討論不限於狹義的傳統邏輯。　茲分為四部分：（1）心理方面的討論，（2）主賓詞式的命題，（3）命題的各種分類法，（4）以量與質為標準的各種分類法。

　　1.心理學與知識論方面的問題，在作者個人是最不容易着筆的問題。　最大的關鍵似乎是把邏輯裏的命題當作知識論裏的判斷。　判斷離不了心理，離不了歷史的背景，離不了一時一地的環境。　既然如此，則討論命題的時候，演繹系統之外的問題也就不能不連帶提出討論但其所以如此者，因為最初的邏輯本來就有知識論在內。　談名詞就談到官覺與感覺，談命題就談到判斷，愈注重在求知識的實際上的應用，愈不能得抽象的進步，愈注重實質，愈忽略形式；其結果是形式方面的對與不對的問題無形之中變成了真與不真的問題。　本書對於此問題特別從略。

　　2.主賓詞的命題；傳統邏輯裏的命題都是主賓詞式的命題。　所謂主賓詞式的命題者可以用「"甲"是"乙"」的形式代表。 此中"甲"與"乙"均代表名詞，而二者之間有"是"字以爲連系。 "甲"卽是主詞，"乙"卽是賓詞。 此等名詞實由印度歐羅巴各種文字的文法中借來。從習於這一支派文字的人的眼光看來，這個形式當然是非常之普遍。在語言文字旣爲普遍，在邏輯也容易視爲普遍。 其結果是傳統邏輯的命題都是具這種形式的命題。

希拉文字也是這一支派的文字，希拉的思想也就受這一支派文字的影響。 文字方面的通式旣是主詞與賓詞的關連，事物方面的普遍情形也就變成了本質與屬性的綜合。 所謂判斷不過是表示某種本質有某種屬性而已。 在傳統邏輯裏，命題旣與判斷分不開，判斷旣表示某本質有某屬性，命題也就是某一主詞與某賓詞的關連。

別的理由或者還不少，但主賓詞的形式旣爲命題的普遍形式，傳統邏輯一方面範圍狹，另一方面又混沌。 從範圍方面說，表示關係的命題就發生困難。 "A比B長，B比C長，所以A比C長"這樣的推論在三段論的推論中就發生問題。 此推論是很明顯地靠得住，可是它不守三段論式法，而其所以不守三段論式法者是因爲這個推論中的命題根本就不是主賓詞式的命題。 卽强爲解釋成主賓詞式的命題，它們的推論仍違三段論式的規律。 把命題限制到主賓詞式，其不遵守此式者傳統邏輯無法應付。

另外一方面因把命題限制到主賓詞式，傳統邏輯又太混沌。"甲是乙"這命題中之"是"字，其意義非常不清楚。 茲特以最普通的" All men are mortal " 爲例。 此命題至少可以有以下不同的意義：

a. 把主賓詞均視爲類詞，“是”字表示兩類的包含關係，如此則此命題的意義是“人”類包含在“有死”類之中。

b. 把主詞代表具體的個體，而賓詞代表類詞，“是”字表示什麼樣的個體屬於“有死”類，如此則此命題等於說“趙錢孫李……等等”均是有死類的份子。 份子與類的關係與類與類的關係根本不同，這一層以後再要提出說明。

c. 把主詞視爲具體的東西而賓詞視爲屬性，“是”字表示賓詞所代表的屬性可以形容主詞所代表的東西，如此，則此命題說“具體的人”有“有死”的屬性。

d. 把主詞與賓詞視爲兩種概念，“是”表示兩概念之關係，而此命題之意義是“人”概念在“有死”的概念之中。 這個等於說，無論有人與否凡能以“人”概念去形容的東西，也是能以“有死”概念去形容的東西。 “是”表示無條件的兩概念的當然關係。

e. 以主詞的存在爲條件而賓詞或爲概念，或爲類詞，或爲表示屬性的名詞，如此則此命題在此條件滿足之下才有意義，不然無意義。“是”字表示在相當條件之下的一種一定的情形。

f. 以主詞的存在爲事實而賓詞如（e）條所述。 如此，則此命題表示事實，“是”字表示一種實然的情形。

g. “All”這一字可以當作“所有已往及現在的”的解釋，則此命題中的“是”有“已經是”與“仍是”的兩意義，以後怎樣則不曾說起。

h. “All”這一字可以當作“所有已往，現在及將來的”的解釋,則此命題的 "是" 字無時間的限制。

i. " All " 這一字也可以當作一集團的解釋,但大都不至於有此解釋。　可是如果用此解釋,則 "是" 字的意義又與以上的不同,而在此解釋之下,又有各種不同的意義可能。

無論如何,卽此兩端已經表示邏輯中的命題不能限於主賓詞式的命題,而傳統邏輯有此限制。

3.命題的各種分類法。　命題的分類有與名詞的分類一樣的地方;有各種不同的標準,也有各種不同的分類法,而同時彼此也可以相容。

a.如以層次爲標準,我們可以有

（一）初級命題　　如:禮義廉恥,國之四維。

（二）次級命題　　如:管子說,禮義廉恥,國之四維。

前一命題所注重的是禮義廉恥究竟是不是國之四維, 而後一命題嚴格的說來注重在管子說了這句話沒有。　如此類推,可以有三級命題, 四級命題等等。　此處之所謂初級是相對的,我們可以把它改成 n 級,如此則次級爲級 $n+1$ 級。

b.以命題之簡單與複雜爲標準,我們有

（一）簡單命題　　如:李先生在教育部做事。

（二）連合命題　　如: 李先生在教育部做事, 同時在學校教書。

（三）複雜命題　　如:如果李先生在教育部做事,他就不能住在廣東。

c.以命題所表示的情形的性質爲標準,我們可以有

(一)直言命題　　如：人爲萬物之靈。

(二)假言命題　　如：如果 x 是人，他就是萬物之靈。

d. 以命題的質與量爲標準，我們可以有

(一)肯定命題　　如：李先生是學者。

(二)否定命題　　如：李先生不是學者。

(一)與(二)均從質着想。

(三)全稱命題　　如：所有的中國人都有黑頭髮。

(四)特稱命題　　如：有些中國人有黃頭髮。

(三)與(四)均從量着想。　在此處" 所有 "視爲 "All" 之譯名，"有些"視爲 "Some" 的名譯。 "All" 與 "Some" 的意義不清楚，可是在此處不必特別提出討論。

4.質量標準下的各種不同的分類法。 在傳統邏輯，質量標準的分類法是最重要的分類，因爲傳統演繹法的推論差不多全是根據於引用這種分類法的命題。 但本段所舉的各種分類法之中，有些不在傳統邏輯範圍之內。

a. 最老的而同時也是最普遍的就是普通教科書裏A.E.I.O. 四個命題。

(一)所有的 S 都是 P ………A

(二)有些 S 是 P ……………I

(三)有些 S 不是 P …………O

(四)無一 S 是 P …………E

"A"，"E"，"I"，"o"，名詞當然是有來源的，但是我們可以置之不理。　我們叫它們作東西南北或上下左右亦未始不可。　但既有此舊名詞，最好是仍舊。　S 表示主詞，P 表示賓詞。　這四個命題有時寫成：

(一)SAP，　　(二)SIP，　　(三)SOP，　　(四)SEP。

b. 以上的命題在主詞方面有量的表示，而在賓詞方面沒有量的表示。　哈蜜敦 (Hamilton) 主張賓詞亦應有量的表示。　這個主張在從前曾經許多討論與辯論，而現在似已成邏輯學史上的陳跡。　根據於此主張，哈蜜敦提出以下八個命題。

(一)所有的 S 是所有的 P

(二)所有的 S 是有些 P

(三)有些 S 是所有的 P

(四)有些 S 是有些 P

(五)任何 S 不是任何 P

(六)任何 S 不是有些 P

(七)有些 S 不是任何 P

(八)有些 S 不是有些 P

c. 溫約翰 (Venn) 以種種理由贊成以上的主張，而不贊成以上八個命題的辦法。　他贊成以質量爲標準而分別以下五個命題：

(一)所有的 S 是所有的 P

(二)所有的 S 是有些 P

(三)有些 S 是所有的 P

(四)有些 S 是有些 P

(五)無一 S 是任何 P

d. 前幾年辭世的約翰生 (Johnson) 似乎主張把主詞與賓詞均視爲形容詞，而傳統的 A,E,I,O因此具以下的形式：

(一)"A" 凡是 S 者均是 P

(二)"E" 無是 S 者是 P

(三)"I" 有是 S 者是 P

(四)"O" 凡是 S 者不均是 P

e. 賴德弗蘭克林 (Ladd-Franklin) 與沈有乾先生均贊成以下比較複雜的八個命題：

(一)無一 S 是 P

(二)所有非 S 均是 P

(三)無一非 S 是 P

(四)所有的 S 均是 P

(五)所有的非 S 不均是 P

(六)有些 S 是 P

(七)所有的 S 不均是 P

(八)除 S 之外有些是 P

在以質量爲標準的圍範之內，這八個命題的意義比以前的均精確，範圍也比以前的爲廣，同時彼此的關係也相當的複雜。

C.直接推論中之對待關係。 所謂直接推論者卽是不用第三命題的媒介，在兩命題中由一而推論到其二。 傳統邏輯中的直接推論有兩部分，一卽命題的對待關係，一爲換質換位兩法及其變態的推論法。本段僅提對待關係。 討論的層次如下： 1.各關係的定義， 2.傳統邏輯教科書中的對待關係，3.各種不同解釋下的各種不同的對待關係。

1.各種關係的定義。

　　a.反對 (Contrary)。　兩命題※有反對的關係，如果

　　（一）可以同時假；

　　（二）不能同時眞；

　　（三）由一命題之眞，可以推論到第二命題之假；

　　（四）由一命題之假，不能推論到第二命題之眞或假。

　　b.下反對的關係(Sub-Contrary)。　兩命題有下反對的關係，如果

　　（一）可以同時眞；

　　（二）不能同時假；

　　（三）由一命題之假，可以推論到第二命題之眞；

　　（四）由一命題之眞，不能推論到第二命題之眞或假。

　　c.矛盾的關係 (Contradictory)。　兩命題有矛盾的關係，如果

　　（一）不能同時眞；

　　（二）不能同時假；

　　（三）由一命題之眞，可以推論到第二命題之假；

　　（四）由一命題之假，可以推論到第二命題之眞。

　　d.差等的關係 (Sub-alternate)。　兩命題有差等的關係，如果一為全稱一為特稱而

　　（一）可以同時眞；

　　（二）可以同時假；

　　※ 這裏說 "兩命題" 實在不妥當，比較妥當一點的說法是：兩命題形式有同時假的值 (Values)而無同時眞的值，則此兩命題形式有反對的對待關係。

　　(三)如全稱爲眞,則特稱亦爲眞,全稱爲假,特稱不定;

　　(四)如特稱爲眞,全稱不定,特稱爲假,全稱亦爲假。

2.表示命題的圖形。

　　a.在教科書裏,有以圖形表示命題的方法。 圖形的確有助於我們對於命題的了解。 普通用的圖形似乎是兩個圈。 方法如下:

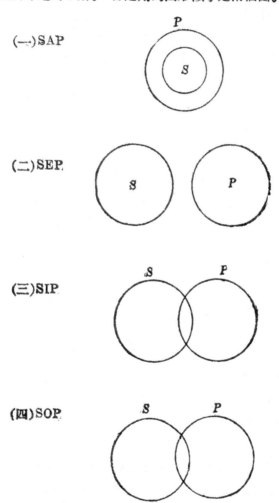

(一)SAP

(二)SEP

(三)SIP

(四)SOP

b.本書所用的方法也是老方法。　在未畫圖之前,我們應先說幾句關於二分法的話。　如果有一名詞 A 用二分法後,就有另一名詞非 A ,茲以 Ā 表示之。　如果有兩名詞 A,B, 用二分法後,就有四名詞, AB, AB̄, ĀB, ĀB̄。　如果有三名詞 A,B,C,用二分法後,就有八名詞, ABC, ABC̄, AB̄C̄, ĀBC, AB̄C̄, ĀB̄C, ĀBC̄, ĀB̄C̄。命題同樣。　說以 A,B 為例,我們可以畫圖形如下:

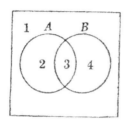

此中 1 為 ĀB̄, 2為 AB̄, 3 為 AB, 4 為 ĀB。　設有 A,B,C 三名詞,其圖形如下:

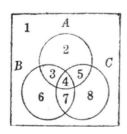

此中 1 為 ĀB̄C̄, 2 為AB̄C̄, 3 為 ABC̄, 4 為 ABC, 5 為 AB̄C, 6 為 ĀBC̄, 7 為 ĀBC, 8 為 ĀB̄C。　此圖在三段論或常用,在直接推論中只要上面那圖形。

c. 茲以圖表示 A, E, I, O。

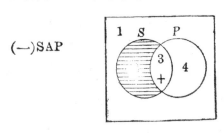

(一)SAP

此圖表示有 S P，沒有 S P̄，"+" 表示有，"━" 表示沒有。 關於有 S P 這一層，以後的討論尚多。 第四格之 S̄ P 究竟有否，此圖沒有表示，這一層比以上兩圈的辦法高明得多。 總而言之，此圖表示在代表 P 的那個圈子範圍之外沒有 S，這也就是表示所有的 S 都是P。

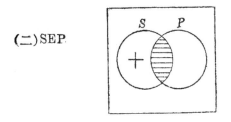

(二)SEP

此圖表示沒有 S P，那也就是表示沒有 S 是 P。

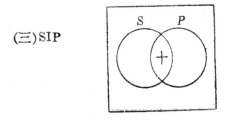

(三)SIP

此圖表示有 S P，那就是說有 S 是 P。 至於有不是 P 的 S 或不是 S 的 P 與否, 此圖無表示。

(四)SOP

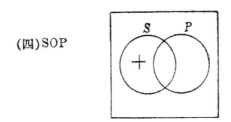

此圖表示有 S$\bar{\text{P}}$,那就是說有不是 P 的 S 或有 S 不是 P。 至於有是 P 的 S 或不是 S 的 P 與否,此圖無表示。

3.傳統教科中的對待關係。

a.(一) A 與 E 的關係爲反對關係。 "所有的 S 都是 P" 與 "無一 S 是 P" 這兩個命題不能夠同時是眞的; 這一層顯而易見,如不能見,似乎沒有好法子表示。 它們可以同時假;這層很容易知道,只要有一部分的 S 是 P,一部分不是,則 A 與 E 俱假。 旣不能同時眞,則如 A 是眞的則 E 是假的, E 是眞的則 A 是假的。 但旣可以同時假,則 A 是假的, E 可以是眞的也可以是假的; E 是假的, A 可以是眞的也可以是假的。

(二)茲以圖表示:

SAP·········眞→
SEP·········假→

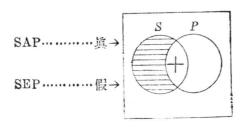

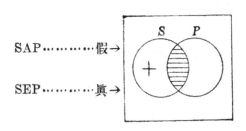

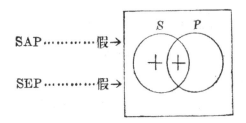

此以上表示 A 與 E "不能" 同眞,可以同假,一眞則另一必假,一假則另一不定。　此情形滿足反對的定義。

　　b.(一) I 與 O 的關係爲下反對的關係。　"有些 S 是 P"與"有些 S 不是 P"——"有些"二字的範圍可以寬到"所有"——可以同時眞,只要一部分的 S 是 P,一部分 S 不是,這兩命題很容易知其可以同時眞。　可是它們不能同時假。　這一層與"有些"的範圍有關,如果"有些"的範圍寬到"所有"的範圍,卽令所有的 S 是P,這兩命題之中仍有一眞,所以它們不能同時假。　旣然如此,由假可以推眞,由眞不能推假。

(二)茲以圖表示

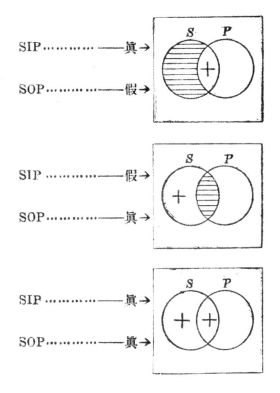

SIP …………→眞→

SOP …………→假→

SIP …………→假→

SOP …………→眞→

SIP …………→眞→

SOP …………→眞→

以上表示 I 與 O 可以同眞，"不能" 同假，一假則另一必眞，一眞則另一不定。 所以 I 與 O 爲下反對。

c. (一) A 與 O，E 與 I 的關係爲矛盾關係。 茲以 A 與 O 爲例；"所有的 S 是 P" 與 "有些 S 不是 P"，這兩命題彼此互相否認。 "有些 S 不是 P"等於說"不是所有的 S 是 P"。 既然如此，則在二分法情形之下，它們不能同時眞，也不能同時假；由眞可以推假，由假也可以推眞。 E 與 I 的關係同樣。

(二)茲以圖表示：

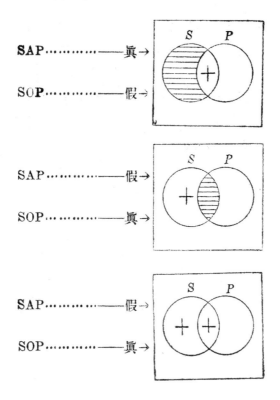

SAP．．．．．．．．．——眞→

SOP．．．．．．．．．——假→

SAP．．．．．．．．．——假→

SOP．．．．．．．．．——眞→

SAP．．．．．．．．．——假→

SOP．．．．．．．．．——眞→

此圖表示 A 與 O "不能"同眞也 "不能" 同假，一爲眞另一爲假，一爲假另一爲眞。　它們是矛盾的命題。　E 與 I 同樣。

　　d.(一) A 與 I，E 與 O 的關係爲差等的關係。　茲以 A 與 I 爲例，"所有的 S 是 P" 與 "有些 S 是 P"，此兩命題一爲全稱，一爲特稱。　全稱與特稱都可以眞，如全稱爲眞，特稱亦眞，特稱不過是限制稍低的命題而已。　如果事實上無一 S 是 P，則此全稱與特稱均假，所以可以同時假。　但全稱爲假時，特稱不必就假，高限度的話雖不能說,低限度的話不見得就不能說。 由特稱的眞不能推到全稱的眞, 低限度的話雖能說,高限度的話不見得就能說; 可是特稱爲假時,全稱亦爲假,低限制的話不能說時,高限度的話也不能說。

(二)茲以圖表示:

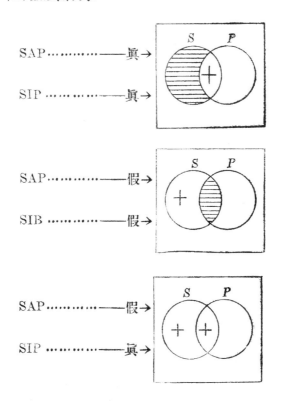

SAP…………——眞→

SIP …………——眞→

SAP…………——假→

SIB …………——假→

SAP…………——假→

SIP …………——眞→

此圖表示 A 與 I 可以同眞,亦可以同假; I 眞則 A 可眞可假,I 假則 A 假; A 眞則 I 眞,A 假則 I 可眞可假。 它們的關係爲差等; E 與 O 同樣。

普通以下圖表示 A,E,I,O, 的關係:

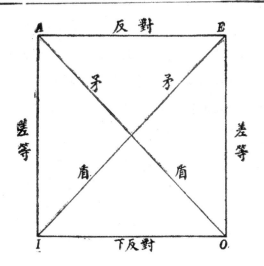

4. 以上表示 A,E,I,O, 在事實上有那樣的對待關係,現在我們要看看這些關係是否一致。　我們似乎不能假設任何其它兩對待關係以證明 A 與 O, E 與 I 為矛盾的命題,但如果我們假設 A 與 O, E 與 I 為矛盾命題,及其它任何一對待關係,可以證明其餘的對待關係。

a. 茲假設 E 與 I 為矛盾, A 與 I 為差等,證明 A 與 E 為反對。

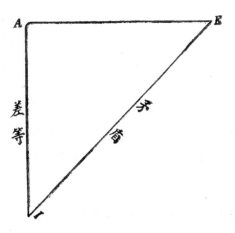

（一）E 與 I 既爲矛盾，E 假則 I 眞；A 與 I 既爲差等，I 眞則 A 不定；所以 E 假則 A 不定。

（二）E 眞則 I 假，I 假則 A 假，所以E 眞則 A 假。

（三）A 假則 I 不定，I 不定則 E 不定；所以 A 假則 E 不定。

（四）A 眞則 I 眞，I 眞則 E 假；所以 A 眞則 E 假。

（五）A 眞則 E 假，E 眞則 A 假；所以 AE 不能同眞。

（六）A 假則 E 不定，E 假則 A 不定；所以 AE 可以同假。

（七）所以 AE 的對待關係爲反對的對待關係。

b. 茲假設A 與 O 爲矛盾，A 與 I 爲差等，證明 I 與 O 爲下反對。

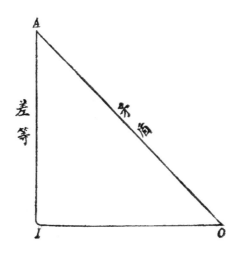

（一）A 與 O 既爲矛盾，O 眞則 A 假；A 與 I 既爲差等，A 假則 I 不定；所以 O 眞則 I 不定。

（二）O 假，則 A 眞；A 眞，則 I 眞；所以 O 假則 I 眞。

（三）I 眞，則 A 不定；A 不定，則 O 不定；所以 I 眞則 O 不定。

　　（四）I 假，則 A 假；A 假，則 O 眞；所以 I 假則 O 眞。

　　（五）由眞不能推假，所以 I 與 O 可以同眞。

　　（六）由假可以推眞，所以 I 與 O 不能同假。

　　（七）所以 I 與 O 的關係爲下反對的關係。

　　c. 茲假設 A 與 O 爲矛盾，I 與 O 爲下反對，證明 A 與 I 爲差等。

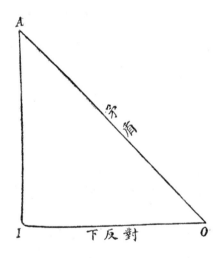

　　（一）I 與 O 旣爲下反對，I 假則 O 眞；O 與 A 旣爲矛盾，O 眞則 A 假；所以 I 假則 A 假。

　　（二）I 眞，則 O 不定；O 不定，則 A 不定；所以 I 眞則 A 不定。

　　（三）A 假，則 O 眞；O 眞，則 I 不定；所以 A 假則 I 不定。

　　（四）A 眞，則 O 假；O 假，則 I 眞，所以 A 眞則 I 眞。

(五) (一)條表示 A, I, 可以同假。

(六) (四)條表示 A, I, 可以同真。

(七) A 與 I 的對待關係爲差等的對待關係。

D.直接推論中之換質與換位。　換質與換位至少有一部分是語言方面的問題；例如換質 "凡 S 皆是 P" 與 "無 S 是非 P"，用布爾 (Boole) 的符號表示，都是 "SP̄＝O"，或如換位 "有些 S 是 P" 與 " 有些 P 是 S"，用布爾的符號表示，都是 "SP＞O"，因爲 "SP＞O" 與 "PS＞O" 相等。　在這一部分的直接推論中還有推論如 Partial contraposition, Full contraposition, Partial inversion, Full inversion 等，但基本的變換還是換質與換位。　本節的討論分以下各部分：1. 換質與換位的定義，2. 換質換位中所發生的問題。

1. 換質與換位的定義。

a.換質的定義。　所謂換質就是改換賓詞的質 (正與反) 以相反的語言表示一與原來命題意義相同的命題。　此中有極大問題；最根本就是換質法能說得通否？　由一包含正賓詞的正命題在甚麼條件之下才能變成一包含反賓詞的否定命題？　反正名詞的意義與範圍及肯定與否定命題的意義與範圍等等。　但在此我們均不提及。　我們假設換質法說得通。　茲舉例如下：

(一)	SAP	換質到	SEP̄
(二)	SIP	換質到	SOP̄
(三)	SOP	換質到	SIP̄
(四)	SEP	換質到	SAP̄

　　以上由 SAP 換質到 SEP̄,均是由一有正賓詞的命題換成一有反賓詞的相反命題。　茲以圖表示之:

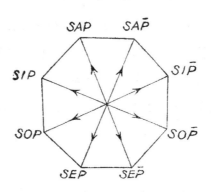

此圖表示換質是對稱的,不但 SAP 可以換質到 SEP̄,SEP̄ 也可以換質到 SAP。

　　b.換位的定義。　換位是改換主詞與賓詞之位置而得一由原來命題所能推論得到的命題。　此處說"得一由原來的命題所能推論得到的命題" 因為換位後的命題與原來的命題不必相等。　它們既不必相等,則換位不是對稱的。　茲稱原來的命題為原位命題,換位後的命題為換位命題。

　　(一)換位的規律。

　　　　(甲),在原位命題未周延之名詞,在換位命題亦不得周延。　(周延二字的意義最好以例表示。　A 的主詞周延,賓詞不周延;1 的主賓詞均不周延;O 的主詞不周延,賓詞周延;E 的主賓詞均周延。　詳見三十頁)。

（乙）原位命題與換位命題的質須一樣。

(二)換位的種類。

　　（甲）簡單的或無限制的換位，如 SIP 換到 PIS。

　　（乙）有限制的，如由 SAP 換到 PIS。

(三) A, E, I, O, 的換位：

SAP	換到	PIS
SIP	換到	PIS
SOP	不能換	
SEP	換到	PES

SOP 之不能換位者，其理由已見於換位的規律。　如果把 SOP 換位到 POS，則在原位命題之 S 未周延而在換位命題的 S 周延，所以有違第一規律。　如果把 SOP 換位到 P̄IS 則第一規律雖遵守，而原位命題爲否定換位命題爲肯定，其質不同，所以有違第二規律。　結果是 SOP 不能換位。

c. 換質換位(Contraposition)的定義。　先換原來命題之質，再換換質命題之位，其結果即爲換質換位之命題。　或者說反原來命題之賓詞以之爲主詞所得的命題即爲原來命題之換質換位的命題。

　　(一)換質換位之種類：

　　（甲）不完全的，如 SAP→P̄ES。

　　（乙）完全的，如 SAP→P̄AS̄;

　　(二) A, E, I, O, 的換質換位：

原命題	不完全	完全的換質換位

SAP	P̄ES	P̄AS̄
SIP	——	——
SOP	P̄iS	P̄OS̄
SEP	P̄IS	P̄OS̄

（三）SIP 沒有換質換位的命題，因爲換質後 SIP 變成了 SOP̄，而 SOP̄ 不能換位。旣不能換位當然就不能有換質換位的命題。所謂完全的換質換位，不過是把不完全的換質換位再換一次質而已。此足以表示這裏的第三種直接推論仍不過是第一與第二兩種連接推論的引用而已。

　　d.Inversion, 此不知如何翻譯才好，或者說反原來命題之主詞以之爲主詞，而所得的新命題卽爲原來命題的 Inverse 命題。

　　（一）Inversion 也有：

　　　（甲）完全的，如 SAP→S̄IP̄:

　　　（乙）不完全的，如 SAP→S̄OP。

　　（二）A,E,I,O, 的 Inversion:

原來命題	完全的	不完全的 Inversion
SAP	S̄IP̄	S̄OP
SIP	——	——
SOP	——	——
SEP	S̄OP̄	S̄IP

　　SEP 的 Inverse 須先從換位起才能得到，SEP 換位後得 PES, PES 換質後得 PAS̄, PAS̄ 再換位得 S̄IP, 此卽不完全的 Inverse,

$\overline{S}IP$ 再換質得 $\overline{S}O\overline{P}$，此即完全的 inverse。

　　e. 傳統邏輯的換質換位可以總結如下：　　（此見威連約翰生的邏輯書中不過符號稍有更改而已。）

	A	E	I	O
原命題	$SAP\downarrow$	$SEP\downarrow$	$SIP\downarrow$	$SOP\downarrow$
換質命題	$SE\overline{P}\downarrow$	$SA\overline{P}\downarrow$	$\underline{S\overline{OP}}$	$S\overline{I}P\downarrow$
不完全換質換位命題	$\overline{P}ES\downarrow$	$\overline{P}IS\downarrow$		$\overline{P}IS\downarrow$
完全換質換位命題	$\overline{P}AS\downarrow$	$\overline{P}O\overline{S}$		$\underline{\overline{P}O\overline{S}}$
完全 Inverse	$\overline{S}\,\overline{I}P\downarrow$	$\overline{S}\,\overline{OP}\uparrow$		
不完全 Inverse	$\underline{\overline{S}\,\overline{O}P}$	$\overline{S}\,\overline{I}P\uparrow$		
換質換位命題	$PO\overline{S}\uparrow$	$PA\overline{S}\uparrow$	$\overline{PO S}\uparrow$	
換位命題	$PIS\uparrow$	$PES\uparrow$	$PIS\uparrow$	
原命題	SAP	SEP	SIP	$S\overline{OP}$

　　此中有換質換位命題，上面所未曾談到。　此不過先換位後換質的命題，與換位換質命題的不同之處在質位更換的先後而已。

　　2. 換質換位的推論問題。　換質換位很早就發生問題。　有人曾經說過：SAP 之 P 不周延，而由 SAP 所推論出來的 $\overline{S}OP$ 之 P 則周延，由一不周延的 P 居然推論到周延的 P，推論層次中必有毛病。　對於此問題鏗因斯（Keynes）早就提到“存在”問題。　現在則整個的推論靠得住與否都發生問題。　茲特從以下諸點着想。

　　a. 設有以下兩命題：“SAP”與“$\overline{S}AP$”它們的關係是甚麼關係呢？　這問題看起來簡單，可是從傳統邏輯的推論方面着想，它是不容易得答案的問題。

(一) SAP　　可以換位到 PIS；

S̄AP　　可以換位到 PIS̄ 而 PIS̄ 又可以換質到
POS。

PIS 與 POS 在對待關係推論中有下反對關係。 SAP 雖不與 PIS
相等，S̄AP 雖不與 POS 相等，而由 SAP 旣可以推論到 PIS，由 S̄
AP 旣可以推論到 POS，同時 PIS 與 POS 有下反對的關係，我們可
以問 SAP 與 S̄AP 的關係是否下反對的關係，那就是說它們是否不
能同時假？

(二) SAP　　可以換質到 SEP̄，再換位到 P̄ES；

S̄AP　　可以換質到 SE̅P̄，再換位到 P̄ES̄，而 P̄ES̄又
可以換質到 P̄AS。

P̄AS 與 P̄ES 兩命題的關係在對待關係中是反對的關係。 此處與
(一)條所說的又大不相同，SAP "等" 於 P̄ES 而 S̄AP "等" 於
P̄AS。 P̄ES 與 P̄AS 旣爲反對的命題，我們似乎可以問 SAP 與 S̄AP
是否是反對的命題呢？ 它們是否不能同時眞呢？ 如從(一)條它們不
能同時假，如從本條它們又不能同時眞。 究竟它們的關係是怎樣的關
係呢？

(三)由 SAP 可以推論到 S̄OP，而 S̄AP S̄OP， 在對待關
係中，有矛盾的關係 那麼 SAP 與 S̄AP 是否也有矛盾的關係呢？
如果它們矛盾，它們旣不能同時眞，也不能同時假。 這樣說來，旣不反
對，也無下反對的關係。 SAP 與 S̄AP 照以上說法，可以有三種不同

的關係。　那一種說得過去，那一種說不過去呢？　這裏的問題不僅止於推論的靠得住否，一致否，同時也還有反主詞的意義問題。　這個問題很麻煩，本書不提出討論，本書只限於直接推論之靠得住否。

　　b. 設 SAP 代表 "所有的人是宇宙的份子"，S̄AP 代表 "所有的非人是宇宙的份子"。　這兩個命題似乎沒有毛病，它們同時是眞的。宇宙的份子旣包括一切，則不僅所有的人是宇宙的份子，卽所有的非人也是宇宙的份子。　這兩個命題旣然同時能眞，當然不能矛盾，也不能反對，而照以上的說法，除第一項外，SAP 與 S̄AP 總有衝突。

　　這兩命題或者可以說比較的古怪，我們可以舉一個近乎日常生活的命題。　國內的報紙以受種種限制使讀者感覺到沒有眞實的消息。在此情形之下，如果有人說 "所有的正式電報都是假電報"，"所有的非正式電報也都是假電報"，他可以說這兩命題都是眞的。　但照以上所說，SAP 與 S̄AP 似乎總是有衝突的。

　　這裏當然有旁的問題如 S 的範圍，S 的意義等。　但這問題我們可以不必提及。　有一問題是與以上討論對待關係時所討論的問題一致的。　此處的兩例都可以說得過去，因爲 SAP 與 S̄AP 之 "P" 有特別情形。　這兩命題中之 P 都是沒有相反的名詞，或者說 "P̄" 所代表的東西不存在。　在前一例，我個可以說，沒有非宇宙的份子，所以 "所有的人都是宇宙的份子" 與 "所有的非人都是宇宙的份子"，都是眞的。　在後一例，我們所要表示的就是沒有眞電報，所以 "所有的正式電報是假的" 而 "所有的非正式電報也是假的"。　從這一方面着想問題已經到存在問題上面去了。　SAP 與 S̄AP 兩命題都說得通的時候，

則 $\bar{P}$ 不存在，而由 SAP 所推論得到 $\bar{P}ES$ 與由 $\bar{S}AP$ 所能推論到的 $\bar{P}AS$ 兩命題，就有主詞存在與不存在的問題發生。　這一部分的直接推論與前一部分的直接推論有同樣的問題，那就是 AEIO 的解釋。但這個問題要到第二部才討論。

II　間接推論　三段論式法

以上對待關係的推論是由一命題推論到另一命題，換質與換位的推論也是由一命題推論到另一命題。　在這兩種推論之中，兩命題之間沒有第三命題以為媒介，此所以稱為直接推論。　三段論式的推論是兩命題用其一以為媒介而推論到第三命題。　這是普通的說法，其實兩前提合起來卽成一命題，由此聯合起來的一命題可以推論到一結論。果如此，則所謂間接推論亦卽直接推論。　我們現在旣討論傳統邏輯的推論，最好暫仍舊說。

三段論的推論是已經有三名詞而同時是以主賓詞式的兩命題為前提，推論到它們所蘊涵的第三主賓詞式的命題，而以此第三命題為結論的推論。　三段論並**不僅是由兩前提推出一結論**。A 比 B 長，B 比 C 長兩前提，能得一 A 比 C 長的結論，但這不是三段論。　第一理由是這三個命題都不是主賓詞式的命題，第二理由是此三命題之中不只有三個名詞。　以下的討論分以下各部：A，關有三段論所用名詞，B，三段論式的規律，C，三段論式之格，D，三段論式之式，E，連環式等，F，三段論式中 A，E，I，O 的解釋問題。

A. 關於三段論式所用名詞。

1. 茲以右式為例：所有的人都是有理性的

孔子是人

孔子是有理性的

a. "大詞" 是結論的賓詞，此例中 "有理性的" 是大詞。

  b.“小詞”是結論的主詞,此例中“孔子”是小詞。

  c.“中詞” 是結論所無而兩前提所共有的媒介詞:此例中 “人”是中詞。

  d.三段論有兩前提:具大詞之前提爲大前提,具小詞之前提爲小前提。

  2.“周延”。　命題的範圍有涉及主賓詞的全體者,有僅涉及主賓詞之部分者;涉及部分時有堅決的表示一部分者, 有含糊地表示一部分者。　茲以 A,E,1,O 的主賓詞說明:

   所有的 S 都是 P

   有些 S 是 P

   有些 S 不是 P

   無一 S 是 P

A 命題涉及全體的 S, 可是僅涉及部分的 P。　此處所謂部分的P 是說 A 命題究竟涉及全體的 P 或部分的 P,我們不能決定,我們只得從低的限度說僅涉及部分的 P。　I 命題說一部分的 S 是一部分的 P,可是什麽部分,與部分的多少均未說出。　O 命題說一部分的 S 不是 P。　從 S 方面着想,我們不知道是全體或部分,或那一部分;但從 P 方面着想,有一部分的 S,無論那一部分,不是 P。　在 S 方面範圍含糊,而在 P 方面範圍堅決。　E 命題涉及 S 與 P 的全體,毫無含糊的情形。　A E I O 這四個命題之中,A 的 S, O 的 P,E 的 S 與 P, 均稱爲周延的名詞;而 A 的 P, I 的 S 與 P,O 的 S,均稱爲不周延的名詞。　茲特表列如下:

	主詞	賓詞
SAP	周延	不周延
SIP	不周延	不周延
SOP	不周延	周延
SEP	周延	周延

周延與不周延在三段論式中非常之重要，它的規律與推論一大部分根據於名詞的周延與否。

3.三段論式中的大詞中詞小詞一共有四個不同的擺法，每一擺法稱爲一"格"，例如：

中詞——大詞

小詞——中詞

小詞——大詞

每一格中有若干"式"例如 AAA。（大前提，小前提，結論均爲 A 命題）。

B.三段論式的規律。

1.教科書所列規律如下：

a.在一三段論式中，不但有而且只有三名詞，即大詞，中詞，與小詞；不但有而且只有三個命題，即大前提，小前提，與結論。（這可以把它當作定義看待。）

b.中詞在兩前提中至少要周延一次。

（一）這條規律很要緊。 中詞是兩前提的媒介，如中詞在兩前提中無一次周延，則大詞，可以與中詞之一部分發生關係，而小詞則與中詞之另一部分發生關係。

（二）如沒有(b)條的情形，則大詞與小詞的關係不能定，此關係不定，則不能得結論，因爲結論不過表示大詞與小詞，因中詞之媒介，所得之關係而已。

（三）例：所有的狗都是動物

　　　　所有的人都是動物

此例中"動物"爲中詞，可是既未周延，狗可以是動物的一部分而人可以是"動物"的又一部分，狗與人的關係在這兩命題範圍之內不能因中詞而定。

c. 在前提中未周延之名詞在結論中亦不得周延。

（一）在前提中周延之名詞，在結論中可以不周延。這一層在教科書中是如此的；可是如果命題的解釋改變後，此一層亦因之而有相當的改變。

（二）大詞周延的錯誤。　如大詞在前提中不周延，而在結論中周延，則有大詞周延之錯誤。　茲以下例表示：

　　　　所有有理性的人均負責任

　　　　有些公民不是有理性的人

　　∴有些公民不負責任

此例中的結論或者是一句眞話，可是不是對的結論，因爲大前提只說有理性的負責，沒有說無理性的人不負責。

（三）小詞周延的錯誤，意義，情形，均與（二）條相同，亦不能得結論。

d.兩否定前提不能得結論。 這一條規律,若從關係方面講,非常之清楚,以後提及。 現在我們僅說如果兩前提都是否定命題,則大詞與小詞兩名詞均與中詞無關,它們彼此的關係不能定。 此關係既不能定,當然無結論。

e.如果兩前提中一前提為否定命題,則結論亦為否定命題;如結論是否定命題,則兩前提中亦必有一否定命題。 如果我們認定兩肯定的前提,其結論亦為肯定,兩否定的前提沒有結論,同時結論為肯定,兩前提必均為肯定,則此條規律為必然的結果。

f.兩特稱前提不能得結論。 此條不必提出,它可以由以上的規律推論出來。

(一)如兩特稱前提為肯定命題,則中詞不周延不能得結論。

(二)如兩特稱前提為否定命題,則違第四條規律。

(三)如兩特稱前提中有一肯定一否定,則結論為否定命題。兩前提僅有一詞周延,而此周延之名詞須為中詞; 結論既為否定命題,亦必有一周延名詞。 結果是大詞周延錯誤,或中詞不周延錯誤,其中必有其一。

g.如兩前提中一為特稱,則結論亦為特稱。 可是我們須注意兩全稱的前提不必得一全稱的結論。 那就是說如果結論是特稱,兩前提中不必有一為特稱。

2.對於這些規律,我們可以注意以下諸點:

a.數目不必如此之大。 有些規律如第六條可以完全由此前規律推論出來。 有人以為只要一根本的原則卽够,而此根本原則卽亞里

士多德的 "dictum de omni et nullo"。 此原則說,凡能形容一命題之賓詞者亦均能形容其主詞。 但這似談到原則問題,而不僅只規律而已。

b. 這些規律都是普遍的,無分於三段論式之格與式。 談到格時又有各格的規律。

c. 有些規律可以圖形表示,例如以圈代表大中小詞 P,M,S。

(一)兩否定前提不能得結論。

MEP

SEM　這兩命題可以有以下可能:

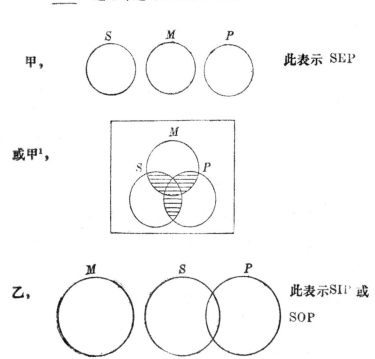

甲,　　　　　　　　　　　　　　　　　　　　此表示 SEP

或甲[1],

乙,　　　　　　　　　　　　　　　　　　　　此表示SIP 或 SOP

或乙[1]，

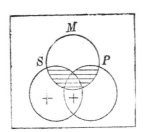

丙，

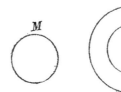　　此表示 SAP

或丙[1]，

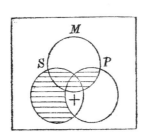

丁，

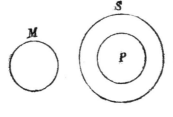　　此表示 PAS 或
　　SIP

或丁[1],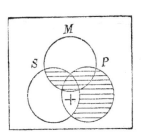

戊, 此表示S與P相同

或戊[1],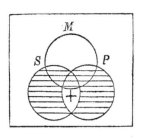

(二)兩特命題不能得結論,例如:

MIP

SIM 這兩命題可以有以下可能:

甲, 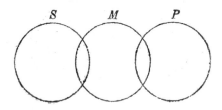 此表示SEP

或甲[1]，

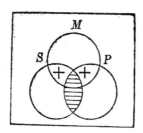

乙，

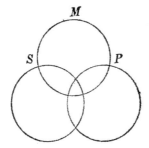

此表示SIP

或乙[1]，

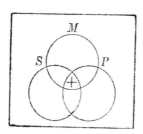

內，

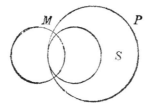

此表示SAP

或丙[1]，

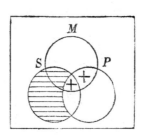

丁

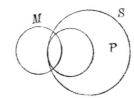

此表示PAS或SIP

或丁，

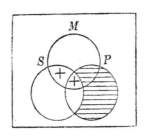

戊，

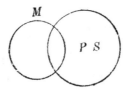

此表示P與S相同

或戊[1],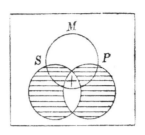

此處所謂不能得結論者,是不能得三段論式的結論。

C.三段論式之四格。 上面已經說過,所謂格者是由兩前提中大、中、小詞之位置而定。 簡單一點是由中詞之位置而定。 格共有四,茲特分別討論。

1.第一格。

a.此格之形式如下: (仍以P代表大詞, M 代表中詞, S 代表小詞。)

$$M—P$$
$$\underline{S—M}$$
$$S—P$$

我們在此處要特別注意, 每格的特別規律完全根據於一格的形式,完全根據於大詞,中詞,小詞之位置。 如果初學者把以上普遍的規律記清楚,他一定用不着記各格的規律,他看一格的形式, 他就可以推出那一格規律來。 若不注意各格的形式,死記各格的規律, 一方面規律記不清楚,另一方面又不能得到邏輯的訓練。

b.第一格的規律:

(一)小前提一定是肯定命題:

（二）大前提一定是全稱命題。

c. 證明：

（一）小前提一定是肯定命題。如果不是則根據以上第五條規律，結論亦爲否定命題；如果結論爲否定命題，則大詞旣爲結論之賓詞，必爲周延（因否定命題，O 或 E 之賓詞均周延）；如果大詞在結論中周延，則根據第三條規律，在大前提亦必周延，但在此格大詞在前提中爲賓詞，所以如果大詞周延，則大前提必爲否定命題，結果是如果小前提爲否定，則大前提亦必爲否定；但根據第四條規律兩否定命題不能得結論，所以小前提不能爲否定命題。

（二）大前提一定是全稱命題。　如果不是，那就是說如果是特稱命題，則中詞在大提中旣爲主詞，必不周延，因爲特稱命題之主詞均不周延，中詞在大前提旣不周延，則根據第二條規律，在小前提必須周延；但中詞在小前提爲賓詞，如果周延，則小前提之賓詞旣周延，小前提必爲否定命題；如果小前提爲否定命題，則………，同上。　所以大前提必須全稱。　簡單一點的說法：小前提旣必須肯定，則在小前提之中詞必不周延；照第二條規律，中詞旣必須周延一次，則在大前提之中詞必須周延；但在此格之大前提，中詞爲主詞，所以大前提必須全稱，因爲全稱命題之主詞周延。

2. 第二格。

a. 形式：

$$P\text{——}M$$
$$S\text{——}M$$

$$S \text{——} P$$

b. 規律:(因大,中,小詞之位置不同,規律亦異。)

(一)兩前提中必有一前提爲否定命題;

(二)大前提必爲全稱命題。

c. 證明:

(一)兩前提中必有一前提爲否定命題。 在此格中,中詞在前提中均爲賓詞,而根據第二條規律,中詞至少要周延一次; 如果兩前提均肯定命題,則中詞不得周延,因爲肯定命題之賓詞,無論 A 與 I,均不周延;中詞不周延,不能得結論;同時根據第四條規律,兩否定命題不能得結論; 所以在此格中,兩結論中必有而且僅能有一前提爲否定命題。

(二)大前提必爲全稱命題。 如果兩前提中必有一否定命題,則根據第五條規律結論必爲否定命題;如結論爲否定命題,則大詞卽結論之賓詞,必爲周延;如果大詞在結論中周延,在大前提亦必周延(第三條規律);如大詞在大前提周延,而在此格大詞爲大前提之主詞,則大前提必爲全稱,因爲只有全稱命題的主詞周延。

3. 第三格。

a. 形式:

$$M \text{——} P$$
$$M \text{——} S$$
$$S \text{——} P$$

b. 規律:

(一)小前提必爲肯定命題;

(二)結論必爲特稱。

c. 證明：

(一)小前提必爲肯定命題。　這裏的推論與第一格一樣，可以從簡。　如果小前提爲否定，則結論爲否定；如結論爲否定，則賓詞周延；如賓詞，卽大詞，在結論周延，則在大前提亦周延；如大詞，在此格爲賓詞，在大前提周延，則大前提必爲否定命題；如是兩前提均爲否定命題，不能得結論，所以小前提必須肯定。

(二)結論必爲特稱。　如果小前提必須肯定，則小前提的賓詞不周延；如果小前提之賓詞，卽小詞，在小前提不周延，在結論亦不得周延（第三條規律）；小詞在結論爲主詞，主詞不周延，則結論必爲特稱，因爲僅特稱命題的主詞不周延。

4. 第四格。

a. 形式：

$$P \text{——} M$$
$$\frac{M \text{——} S}{S \text{——} P}$$

b. 規律：

(一)如兩前提中有一爲否定命題，則大前提爲全稱命題；

(二)如大前提爲肯定命題，則小前提爲全稱命題；

(三)如小前提爲肯定命題，則結論爲特稱。

c. 證明：

(一)如兩前提中有一爲否定命題，則大前提爲全稱。如前提中有一爲否定命題,則結論亦爲否定命題;如結論爲否定命題,則賓詞周延;賓詞爲大詞,如大詞在結論周延,在大前提中亦必周延;但大詞在此格爲大前提之主詞,主詞周延,必爲全稱命題。 所以如兩前提中有一否定命題,則大前提必爲全稱。

(二)如大前提爲肯定命題,則小前提爲全稱。 如大前提爲肯定命題,則賓詞不周延;大前提之賓詞爲中詞,中詞必須周延一次,如在大前提不周延,在小前提必須周延;但中詞在此格爲小前提之主詞,主詞周延,則小前提必爲全稱。 所以如大前提肯定,則小前提全稱。

(三)如小前提肯定,則結論爲特稱。 如小前提肯定,則賓詞不周延;可是賓詞爲小詞,所以是結論之主詞,小詞在前提不周延,在結論亦不得周延;結論的主詞不周延,則結論必爲特稱,因只有特稱命題的主詞不周延。

D. 以上四格根據於中詞在前提之位置。 中詞在前提中僅有此四種不同的位置,所以只能有此四格。 歷來對於此四格,有各種討論發生。例如,四格之中那一格爲最"上",而答案大都是以第一格爲最"上"。又如,第四格是否可以說得通? 關於第四格,問題比較的多。 此處僅用約翰先生的方法表示第四格之特別,也因此表示前三格的規律可以另外方法表示出來。

茲以 S 代表三命題中二次爲主詞的名詞, P 代表三命題中二次爲賓詞的名詞, C 代表三命題中一次爲主詞,一次爲賓詞的名詞。根本原則(一),要包含兩次爲主詞兩次爲賓詞那兩個名詞的命題——即 "S ——P"——能成任何命題。這就是說要使 S —— P 這一命題能爲 A 或 E 或 I 或O,毫無限制。（二）對於包含 S 與 C 的那一命題 ——"S —— C"—— 問質不問量。S 卽爲主詞,而主詞之周延與否以量定而不以質定,（全稱的主詞,總是周延;特稱的主詞,總是不周延。）若定 S —— C 之量是限制 "S——P"之量。 所以對於 S——C 只能問質。（三）,對於包含 C 與 P 的那一命題,——"C——P"——問量不問質。P 旣爲賓詞,而賓詞之周延與否以質定不以量定,（否定的賓詞,總是周延;肯定的賓詞,總是不周延。）若定 P 之質等於限制 "S——P" 之質。

1. 第一格之　　　M —— P　　　　C —— P

　　　　　　　　S —— M　變爲　　S —— C

　　　　　　　　S —— P　　　　　S —— P

a. 規律:

（一）小前提須肯定;

（二）大前提須全稱。

b. 證明:

（一）小前提須肯定。 在此格小前提爲 "S——C" 命題,對於此命題問質不問量。 小前提必須肯定,不然 "S —— P" 一命題必爲否定,"S——P" 必須否定,則在質一方面不能不受限制,有違根本原則。 所以小前提必須肯定,"S——P" 才能不受質方面的限制。

（二）大前提必須全稱。 在此格大前提爲 "C——P" 這一命題,而對於這一命題問量不問質。 大前提必須全稱,因爲如果特稱,則結論必爲特稱,那就是說 "S——P" 必爲特稱,而 "S——P" 受量的限制。　爲使 "S——P" 不受量的限制起見，大前提必須全稱。

2. 第二格之　　P —— M　　　　　C —— P

S —— M　變爲　　S —— P

S —— P　　　　　S —— C

a. 爲使 "S——P" 毫無限制起見，可有以下規律：

(一)結論必爲否定：

(二)大前提必爲全稱。

b. 證明：

(一)結論必爲否定。　結論在此格爲 "S——C" 這一命題，對於此命題問質不問量。　從質方面着想，"S——C" 應該是否定命題，因爲如果肯定則前提均須肯定，而 "S——P" 旣爲小前提亦必須肯定。爲使小前提 "S——P" 旣可以肯定也可以否定起見 "S——C" 這結論必爲否定。　這等於說兩前提中必有一前提爲否定命題。

(二)大前提必須全稱。　此格的大前提爲 "C——P" 這一命題，而對於此一命題問量不問質。　大前提 "C——P" 須全稱，因爲如果是特稱，則根據兩特稱不能得結論的規律，小前提 "S——P" 這一命題非全稱不可。　如是則 "S——P" 在量的方面受限制。　爲使 "S——P" 在量的方面不受限制起見，大前提必須全稱。

3 第三格之　　M —— P　　　　　S —— P

M —— S　變爲　　S —— C

S —— P　　　　　C —— P

a. 此處爲使大前提 "S——P" 毫無限制起見，可有以下規律：

(一)結論必須特稱；

(二)小前提必須肯定

b.證明

(一)結論必須特稱。　此處的結論爲"C——P"這一命題。對於此問題問量不問質。　結論須爲特稱,因爲非特稱,則兩前提必須全稱,"S——P"旣爲大前提亦必須爲全稱,如須全稱則量受限制。爲使大前提"S——P"不受量的限制起見,結論"C——P"非特稱不可。

(二)小前提必須肯定。　小前提在此處爲"S——C"這一命題,而對於此命題問質不問量。"S——C"這小前提必須肯定,因爲如果非肯定,而爲否定,則大前提不能爲否定而必須爲肯定,因爲兩前提不能同爲否定。　爲使大前提可以肯定又可以否定起見,小前提"S——C"不能不是肯定。

4. 以上一二三格在此處的說法條件之下,其規律與以先說法完全一致。　證明的方法當然不同,但這不過是因爲說法根本不同。　第四格的情形與以上三格均不同。　第四格不能滿足新說法的根本條件。新說法根本條件之一就是"S"代表兩次爲主詞的名詞,"P"代表兩次爲賓詞的名詞,而"C"代表一次爲主詞一次爲賓詞的名詞。　第四格的形式旣爲:

$$P —— M$$
$$M —— S$$
$$S —— P$$

根本就沒有兩次爲主詞的名稱,也沒有兩次爲賓詞的名稱。　所以第四格根本就不合新說法的條件。　這也表示第四格至少有特別的情形。這個新說法有以下諸點值得我們注意:

　　a. 表示第一二三格的規律不必以傳統的方法證明，可以用新說法表示同樣的情形。

　　b. 表示第四格與其它各格不同。

　　c. 表示以下所要討論的 "式" 的特殊情形。　第一二三格各格的式均有特殊的情形。　這一層下段再說。

　E. 各格所有之式　所謂 "式" 者即 A,E,I,O, 四種命題在兩前提一結論中之各種不同的配合法。　例如 A A A 即表示兩前提一結論均爲 A 命題。

　1. 各種不同的配合的總數 —— A,E,I,O, 四個命題分配作大小兩前提與結論之總數爲以下六十四式:

A A A	A E A	A I A	A O A
E A A	E E A	E I A	E O A
I A A	I E A	I I A	I O A
O A A	O E A	O I A	O O A
A A E	A E E	A I E	A O E
E A E	E E E	E I E	E O E
I A E	I E E	I I E	I O E
O A E	O E E	O I E	O O E

A A I	A E I	A I I	A O I
E A I	E E I	E I I	E O I
I A I	I E I	I I I	I O I
O A I	O E I	O I I	O O I

A A O	A E O	A I O	A O O
E A O	E E O	E I O	E O O
I A O	I E O	I I O	I O O
O A O	O E O	O I O	O O O

2. 但此六十四配合中有好些爲普遍的三段論式規律所不能承認的，例如 II，OO，EE………等。從能得結論的前提方面着想，這六十四配合之中，只有以下的前提才能得結論：

A A	E A	I A	O A
A E	——	I E	——
A I	E I	——	——
A O	——	——	——

此處除開兩特稱與兩否定的前提。照此似有三十六可能，但仍有限制。例如 A A A 雖可，而 A A E 則違規律。

3. 三段論式既分爲四格，而各格又有各格之規律，則此三十六配合之中仍有不能得結論者。例如，I E 雖不違普通的原則，但不合任何一格的特別規律。所以也不能認爲可以得結論的兩前提。在此種種

限制之下,可能的式僅有以下十九個:

　　a.第一格有四可能:

　　A A A,　　E A E,　　A I I,　　E I O。

　　(一)請注意:大前提均全稱,

　　　　　　　　小前提均肯定。

　　(二)請注意:結論可以是 A,E,I, 或 O;那就是照以上第二說法所表示的,結論在第一格質與量均無限制。

　　b.第二格有四可能:

　　E A E,　　A E E,　　E I O,　　A O O。

　　(一)請注意:兩前提中有一為否定命題,

　　　　　　　　大前提均為全稱。

　　(二)請注意:小前提在第二格可以是 A,E,I 或O;那就是說照以上新說法,小前提的質與量毫無限制。

　　c.第三格有六可能:

　　A A I, I A I, A I I, E A O, O A O, E I O。

　　(一)請注意:小前提均為肯定,

　　　　　　　　結論均特稱。

　　(二)請注意:大前提在此格可以是 A,E,I,或O;那也就是以上新說法所說的,質與量毫無限制的命題。

　　d.第四格有五可能:

　　A A I, A E E, I A I, E A O, E I O。

　　(一)請注意:如兩前提中有否定命題,大前提為全稱:

　　　　　如大前提爲肯定命題,則小前提爲全稱;

　　　　　如小前提爲肯定命題,則結論爲特稱。

　　4.三段論之四格旣發生那一格最靠得住的問題, 每格的各式也有那些式最靠得住的問題。 第一格旣視爲最靠得住,其餘各格的式也就要想法子把它們變成第一格的式才行。 變更的方法不一,可是在本書內我們可以不必談到。 在中古的經院學者,把以上各式都用特別的名字代表,編爲詩歌,把各種更換的方法容納在內;如果把這詩記淸楚,則這一部分的邏輯也就記淸楚。 我們用不着記這許多的式, 卽能記淸楚,對於邏輯的訓練也不見得有多大的益處,這一部分的邏輯本書亦不提及。

　　F.堆垜式及其它推論。

　　1.簡略的推論。 所謂簡略的推論者;a,或者是不提大前提,僅提小前提與結論;b,或者不提小前提,僅提大前提與結論;c,或者不提結論,僅提大小兩前提的推論。 這當然是根據於三段論,不過在形式方面看來沒有三個命題而已。

　　　　這種簡略的推論,實是修辭方面,文學方面的技術,它使人動聽,使人驚異;雖然根據於三段論式法,雖然表示三段論式在實際上之引用,而不容易視爲邏輯的一部分。 其所以曾經當作邏輯一部分者, 因爲傳統邏輯沒有把形式與實質分別淸楚而已。 茲特舉例如下:

　　　　a.不提大前提,如:"孔子是人,他也不免一死"。

　　　　b.不提小前提,如:"所有的人旣然都好色,他也好色"。

　　　　c.不提結論,如:"殺人者死,而他殺了人"。

2.前後三段論式 前後三段論式不過是兩個三段論連在一塊,以頭一個三段論的結論爲第二個三段論的大前提。 茲特舉例如下:

> 所有的 B 是 A
>
> 所有的 C 是 B
>
> 所有的 C 是 A
>
> 但所有的 D 是 C
>
> ∴所有的D是A

前一部卽爲前三段論,後一部卽爲後三段論。 這種前後三段論可以有兩種不同的方向。 一種是由相對普遍的到相對不普遍的,一種是由相對不普遍的到相對普遍的。 這不過使讀者知道有此說法而已。

3.堆垛推論 所謂堆垛推論者(Sorites,從張申府先生所用名詞。)卽一大堆的三段論,省去各段的結論,僅提出總結論的推論。 堆垛推論有兩種:

a.甲種如下例: 所有的 A 是 B

所有的 B 是 C

所有的 C 是 D

所有的 D 是 E

∴所有的 A 是 E

b.乙種如下例: 所有的 A 是 B

所有的 C 是 A

所有的 D 是 C

所有的 E 是 D

∴所有的 E 是 B

這兩種堆垛推論都是一大堆的第一格式的三段論，所以它們都須遵守第一格的規律。

c. 甲種的規律如下：

(一)第一前提可以是特稱，其餘均須全稱。

(二)最後的前提可以是否定，其他均須肯定。 其實這兩條規律就是第一格的規律。 茲特將以上甲例分爲三段論如下。

（甲）所有的 B 是 C

所有的 A 是 B

∴所有的 A 是 C

（乙）所有的 C 是 D

所有的 A 是 C

∴所有的 A 是 D

（丙）所有的 D 是 E

所有的 A 是 D

∴所有的 A 是 E

以上都是第一格的三段論，都應遵守第一格的規律，(一)大前提須全稱，(二)小前提須肯定。 甲種堆垛推論中只有第一前提是小前提，它必須是肯定命題；但旣爲小前提，它可以是全稱，也可以是特稱。 甲種堆垛推論中之其他前提均爲大前提，大前提須全稱，所以它們不能特稱。甲種堆垛推論的第一條規律，完全是第一格的規律。 甲種堆垛推論的其他小前提，均爲未曾以明文提出的各三段論的結論；如果任何非最後的前提是否定命題，則這些未曾以明文提出的小前提之中亦定有否定命題。 小前提在第一格只能肯定不能否定，所以只有最後一前提才能否定。 這也是遵守第一格的規律。

d. 乙種堆垛推論有同樣的情形，它的規律如下：

(一)第一前提可以是否定命題，其他均須肯定。

(二)最後前提可以是特稱，其他均須全稱。

茲特將以上乙例分為三個三段論如下：

(甲)所有的 A 是 B

　　所有的 C 是 A

　∴所有的 C 是 B

(乙)所有的 C 是 B

　　所有的 D 是 C

　∴所有的 D 是 B

(丙)所有的 D 是 B

　　所有的 E 是 D

　∴所有的 E 是 B

乙種的規律更顯而易見是第一格的規律。 只有第一前提是大前提，其餘都是小前提。 第一前提當然不能特稱，可是可以是否定命題，其他前提既均為小前提，在第一格三段論中當然不能否定。 同時只有最後前提可以特稱，因為如果任何其他前提為特稱，則各段的結論之中必有一特稱命題，但各段的結論均為大前提，它們均不能特稱，所以只有最後前提能特稱。

4. 例外的推論。　此處所謂例外者是不守三段論式的規律,而同時
又靠得住的推論。　這一種以上提出三段論式的定義時候,已經提及。
例如:

$$A \text{ 比 } B \text{ 長}$$
$$B \text{ 比 } C \text{ 長}$$
$$\therefore A \text{ 比 } C \text{ 長}$$

此推論有三命題,並且是靠得住的推論;但在三段論的範圍之內,它是
例外,因爲(一)它不是主賓詞式的命題,(二)如果把它當作主賓詞命題
則它有四名詞如下: A, 比 B 長,B, 比 C 長。　以後我們要表示這
類的推論不是例外,如果我們提出普遍的三段論或普遍的傳遞關係的
推論,它與傳統的三段論的位置一樣。　其它守規則與不守規則的問
題,有推論與無推論的問題等等,或者在詳細分析之下不成問題,或者
即有問題也不見得是邏輯方面的問題。　凡此種種,本書均不提及。

III　間接推論

A.假言推論之一。　　假言推論實卽命題與命題的蘊涵關係，可是蘊涵關係複雜，現在暫不提出討論。　茲以"如果 x 是紅的， x 是有顏色的"爲例。　此命題的前一部分稱爲前件，後一部分稱爲後件。　前件對於後件、我們可以稱爲充分的條件。　何以稱爲充分的條件呢？以上所擧這一命題，可以說是等於"只要 x 是紅的， x 就是有顏色的"。　x 是紅的，它就不能不是有顏色的，紅是有顏色的充分條件。可是紅不是有顏色的必要條件，因爲 x 是黃的，或綠的，或藍的，或靑的……等等，它也就是有顏色的。　後件對於前件，我們可以稱爲必要條件。　何以稱爲必要條件呢？ x 是有顏色的， x 不必是紅的，也不必是黃的或綠的……等等；但如果 x 不是有顏色的，則 x 根本就不是紅的，黃的或綠的或靑的等等。　有顏色是紅的必要條件，而不是紅的充分條件。　普通的"如果……則"的命題是表示充分條件的命題，而尋常語言中"除非──不"表示必要條件的假言命題。　起先本來用"除非──才"的公式，後來改成"除非──不"的公式。"除非──才"似乎表示前件爲必要而同時又爲充分的條件：例如"除非天晴我才打球"似乎是說天晴我打球，天不晴我不打球。　這解釋對否不敢說，但"除非──不"似乎僅僅表示前件之爲必要條件的命題。　前一部分是傳統邏輯所有的，後一部分是傳統邏輯所無的。　我們現在雖然還是討論傳統邏輯，我們不妨把後一部分也加入，因爲以後我們的討論推廣到傳統邏輯範圍之外的時候，這種分別沒有多大的意思。　本節的 A 段提出充分條件的假言推論， B 段提出必要條件的假言推論。

1. 表示充分條件的假言推論可以有好幾式，兹以下列三式爲例：

a. 如果甲是乙，則甲是丙；

甲是乙，

所以甲是丙。

或，如果甲是乙，則甲是丙；

甲不是丙，

所以甲不是乙。

b. 如果甲是乙，則丙是丁：

甲是乙，

所以丙是丁。

或，如果甲是乙，則丙是丁；

丙不是丁，

所以甲不是乙。

c. 如果甲是乙，則丙是乙；

甲是乙、

所以丙是乙。

或，如果甲是乙，則丙是乙；

丙不是乙，

所以甲不是乙。

2. 充分條件假言推論的規律。

a.承認前件卽承認後件（前件與後件的意義見本段的序言），否認前件不能否認後件。　此條規律顯而易見。　前件是後件的充分條件；只要前件的條件成立，後件也就成立；但前件不是後件的必要條件，它不成立而後件的其他充分條件能成立的時候，後件仍然成立。　所以前件成立，後件亦成立；前件不成立，後件不見得就不能成立。

b.否認後件卽否認前件，承認後件不能卽承認前件。　如明（a）條的規律，則知此條的規律爲當然的情形。　後件是前件的必要條件；後件不成立，則前件根本就不能成立；但後件不是前件的充分條件，它成立，而前件所需的旁的條件不成立，前件仍不能成立。　所以後件不成立，前件亦不能成立；後件成立，前件不因此就成立。

c.以上所舉三式各表示這兩條規律。　第一式最簡單，茲以爲例：“如果 x 是紅的，x 有顏色的”。　承認 x 是紅的，則不得不承認 x 是有顏色的；可是否認 x 是紅的，x 不必是沒有顏色的，因爲 x 可以是黃的黑的……等等。　否認 x 是有顏色的，則 x 根本就不能是紅的，也不能有其他顏色；可是承認 x 是有顏色的，並不因此就承認 x 是紅的，因爲 x 可以是黃的黑的……等等。

3.以三段論證明以上規律。　(1)條所舉三例中，(a)條最簡單。設有“如果甲是乙，則甲是丙”的假言大前提，我們可以有：

a.承認前件的辦法：

如果甲是乙，則甲是丙；

甲是乙，

所以甲是丙。

此可以用三段論表示：

> 所有"是乙之甲"都是丙，
>
> 甲是"是乙之甲"；
>
> ∴甲是丙。

而此三段論沒有錯處。

> b.否認前件的辦法：
>
> 如果甲是乙，則甲是丙；
>
> 甲不是乙，
>
> 無結論。

此亦可以用三段論表示不能有結論：

> 所有"是乙之甲"都是丙，
>
> 甲不是"是乙之甲"；
>
> 無結論。

此處兩前件不能得結論，因爲如得"甲不是丙"的命題，則有大詞周延之錯誤。　同時此爲第一格，第一格之小前提須肯定，此爲否定，所以無結論。

> c.否認後件的辦法：
>
> 如果甲是乙，則甲是丙；
>
> 甲不是丙，
>
> 所以甲不是乙。

用三段論表示如下：

> 所有"是乙之甲"都是丙，

甲不是丙；

∴甲不是 "是乙之甲"，即 "甲不是乙"。

爲第二格三段論,無毛病。

d. 承認後件的辦法：

如果甲是乙,則甲是丙；

甲是丙,

無結論。

三段論如下：

所有 "是乙之甲" 都是丙,

甲是丙；

無結論。

此亦爲第二格,兩前提中無一否定命題, 根本不能得結論。 **此是用以表示承認後件不因此就承認前件。**

以上都是用三段論表示對於充分條件的假言推論, 承認前件即承認後件,否認前件不能否認後件；否認後件即否認前件, 而承認後件不能承認前件。

B. 假言推論之二。　表示必要條件的假言命題, 在傳統邏輯之中沒有明文的承認,而在日用語言中反有現成的形式。 我們可以把這一部分的假言推論加入傳統邏輯。 日用語言中的 "除非——不"是表示必要條件的假言命題。　這種假言命題可以說是把一部分的 "如果——則" 的命題翻轉過來的命題。 例如 "如果 x 是紅的, x 是有顏色的",可以變成 "除非 x 是有顏色的, x 不能是紅的"。 普通語言中的 "如果——則”的意義頗含糊，有些“如果——則”，至少在習慣上，不會把它翻轉過來或“除非——不”的命題；例如“如果天晴，我打球”不會翻過來變成“除非我打球，天不晴”。充分條件的假言推論的各式，必要條件的假言推論亦有，不過規律相反而已。

1.必要條件的假言推論也可以有好些式，茲以下列爲例：

　　a.除非甲是乙，甲不是丙；

　　　　甲不是乙，

　　　　所以甲不是丙。

　　　或，除非甲是乙，甲不是丙；

　　　　甲是丙，

　　　　所以甲是乙。

　　b.除非甲是乙，丙不是丁；

　　　　甲不是乙，

　　　　所以丙不是丁。

　　　或，除非甲是乙，丙不是丁；

　　　　丙是丁，

　　　　所以甲是乙。

　　c.除非甲是乙，丙不是乙；

　　　　甲不是乙，

　　　　所以丙不是乙。

　　　或，除非甲是乙，丙不是乙；

　　　　丙是乙，

所以甲是乙。

2.**必要條件的假言推論的規律。** 表示必要條件的假言命題,也有前件與後件的分別。 前件是後件的必要條件, 後件是前件的充分條件。 旣然如此,對於此種假言命題的規律與以上的甲種的規律相反。

a.否認前件卽否認後件,而承認前件不能就承認後件。 如果我說"除非天晴,我不拍球"。 這句話所要表示的是天下雨或不晴我絕對不會拍球,但晴天後我拍球與否可沒有肯定的表示。 這就是說天下雨或不晴,我不拍球,天晴我拍球與否不定。 所以否認前件就否認後件,而承認前件不必就承認後件。

b.承認後件卽承認前件,而否認後件不能就否認前件。 此處仍從前例。 如果天晴而我身體不好,或有病,或沒有朋友,或以其他種種理由,我不打球,所以我不打球或者是旁的條件不充足, 不能就說是天不晴。 但是如果我打球,旁的理由固然滿足,而必要的條件一定滿足。所以我拍球表示天晴,我不拍球不表示天不晴。 所以承認後件卽承認前件,而否認後件不因此就否認前件。

3.以三段論證明以上規律。 我們仍以最簡單的式爲例。 我們可以利用其他的式, 用同樣的方法證明以上的規律,但其他的式比較複雜,與其就繁不如從簡。

a.否認前件:

除非甲是乙,甲不是丙;

甲不是乙,

所以甲不是丙。

此可以用三段論表示：

> 所有的丙都是乙，
>
> 甲不是乙；
>
> 所以甲不是丙

b.承認前件：

> 除非甲是乙，甲不是丙；
>
> 甲是乙，
>
> 不能得結論。

不能得結論之理由，也可以用三段論表示：

> 所有的丙都是乙，
>
> 甲是乙；
>
> 不能得結論；因爲中詞不周延。

c.承認後件：

> 除非甲是乙，甲不是丙；
>
> 甲是丙，
>
> 所以甲是乙。

此可以用三段論表示：

> 所有的丙都是乙，
>
> 甲是丙；
>
> 所以甲是乙。

d.否認後件：

> 除非甲是乙，甲不是丙；

甲不是丙，

不能得結論。

用三段論表示如下：

所有的丙都是乙，

甲不是丙；

無結論；如得 “甲不是乙” 一命題，則有大詞周延之錯誤。

以上均表示對於必要條件的假言推論，否認前件即否認後件、承認前件不因此就承認後件；承認後件即承認前件，否認後件不因此就否認前件。

C. 析取推論。　析取推論是由一以析取命題爲大前提，以肯定或否定或析取命題爲小前提，而得一否定或肯定或析取命題爲結論的推論。

1. 析取推論以下列各式爲例：

a. 結論爲肯定命題的析取推論，這一種的小前提爲否定命題，例如：

甲是乙或是丙；

甲不是丙，

所以甲是乙。

b. 結論爲否定命題的析取推論，這一種的小前提爲肯定命題，例如：

甲是乙或是丙；

甲是乙，

所以甲不是丙。

c. 以上不過表示甲有是乙或是丙的兩可能，在析取推論中，可能不限於兩可能。 如有三可能，我們可以有以下的各式：

甲是乙,或是丙,或是丁；

甲不是乙,

所以甲是丙或是丁。

在此小前提爲否定命題,結論爲析取命題。 但我們也可以有析取命題爲小前提,而得一否定命題的結論,例如：

甲是乙,或是丙,或是丁；

甲是丙或是丁,

所以甲不是乙。

總而言之,可能不必有兩個,可能愈多,情形當然也就愈複雜。

d. 但以上都可以說是名詞與名詞之間有析取情形關係。 析取不限於名詞,例如：

甲是乙或丙是丁；

甲是乙,

所以丙不是丁。

2. 所列的可能必須彼此不相容而又彼此窮盡。 不相容與窮盡有四可能：a, 不不相容而不窮盡, b, 不不相容而窮盡, c, 不相容而不窮盡, d, 不相容而窮盡。 茲特分別討論之。

a. 不不相容而不窮盡。 茲以 "甲是乙或是丙" 爲例。 乙與丙既不不相容。則

（一） 甲是乙,或是丙；

　　　　　　　甲是乙，

　　　　　　　甲是丙或不是丙均可以。

乙與丙旣又不窮盡，則

　　（二）　　甲是乙，或是丙；

　　　　　　　甲不是乙，

　　　　　　　甲是丙或不是丙均可以。

肯定與否定的小前提均說不通。

　　b.不不相容而窮盡。　乙與丙旣不不相容，小前提爲肯定，仍無
結論，與以上（a）（一）一樣。　但乙與丙旣窮盡，則

　　（一）　　甲是乙，或是丙；

　　　　　　　甲不是乙，

　　　　　　　所以甲是丙。

兩可能彼此不不相容，不能有肯定的小前提；但兩可能旣彼此窮盡，可
以有否定的小前提。

　　c.不相容而不窮盡。　乙與丙旣不相容，則

　　（一）　　甲是乙或丙；

　　　　　　　甲是乙，

　　　　　　　所以甲不是丙。

甲或者同時不是丁……等等，但無論如何甲不是丙。　乙與丙旣不窮
盡，則小前提爲否定，仍無結論，與（a）（二）的情形一樣。　在此情形
下，只能有肯定的小前提，不能有否定的小前提。

　　d.不相容而窮盡。　乙與丙兩可能旣不相容，則

(一)　　　甲是乙或是丙；

甲是乙，

所以甲不是丙。

同時乙丙兩可能旣又窮盡，則

(二)　　　甲是乙或是丙；

甲不是乙，

所以甲不是丙。

在此情形之下，小前提才旣可以肯定，也可以否定。

3. 析取推論可以用假言推論式表示。　茲以最簡單的析取推論爲例：甲是乙，或是丙，甲不是乙，所以甲是丙，甲是乙，所以甲不是丙。

a. 甲是乙或是丙；	a. 如果甲不是乙，則甲是丙；
甲不是乙，	甲不是乙，
所以甲是丙。	所以甲是丙。
	此爲承認前件的式。

b. 甲是乙或是丙；	b. 如果甲不是乙，則甲是丙；
甲不是丙，	甲不是丙，
所以甲是乙。	所以甲是乙。
	此爲否認後件的式。

c. 甲是乙或是丙；	c. 如果甲是乙，則甲不是丙；
甲是乙，	甲是乙，
所以甲不是丙。	所以甲不是丙。
	此爲承認前件的式。

d. 甲是乙或是丙；　　d. 如果甲是乙，則甲不是丙；

甲是丙，　　　　　　甲是丙，

所以甲不是乙。　　　所以甲不是乙。

此爲否認後件的式。

析取推論既能用充分條件的假言推論表示，當然也能用必要條件的假言推論表示。　讀者自己可以寫出來，作爲練習。

4. 析取推論既可以用假言推論表示，也可以用三段論表示：

a. 甲是乙或是丙；　　a. 所有非乙之甲都是丙，

甲不是乙，　　　　　甲是"非乙之甲"卽"甲不是乙"；

所以甲是丙。　　　　所以甲是丙。

b. 甲是乙或是丙；　　b. 無一是乙之甲是丙，

甲是乙，　　　　　　甲是"是乙之甲"卽"甲是乙"；

所以甲不是丙。　　　所以甲不是丙。

c. 甲是乙或是丙，　　c. 所有非乙之甲都是丙；

甲不是丙，　　　　　甲不是丙；

所以甲是乙。　　　　所以甲不是"非乙之甲"，卽"甲是乙"。

d. 甲是乙或是丙；　　d. 無一是乙之甲是丙，

甲是丙，　　　　　　甲是丙；

所以甲不是乙。　　　所以甲不是"是乙之甲"，卽"甲不是乙"。（批評見後）

D. 二難推論。　二難推論是一種假言推論與析取推論聯合起來的推論。 二難中之"二"根據於析取命題的兩可能,二難中之 "難" 根據於結論之不容易承受或不便承受。 可能似不必限於二,而結論亦不必有所難;但傳統邏輯不僅是邏輯而且也是辯論的工具,所以這一部分的推論限制於二難推論。

　　1. 二難推論有以下四格;

　　　　a. 簡單的承認前件的二難推論,例如:

　　　　　　如果甲是乙,則丙是丁,如果甲不是乙,則丙是丁;

　　　　　　或者甲是乙,或者甲不是乙;

　　　　　　所以丙是丁。

　　　　　　如果一件事是你能做的,你用不着多說,如果一件事不是你能做的,

　　　　　　你也用不着多說;

　　　　　　一件事或者是你能做的或者不是你能做的;

　　　　　　所以你用不着多說。

此例的大前提為兩個假言命題聯合起來的命題,有兩個不同的前件,一個同樣的後件。 這兩個不同的前件聯合起來,又為一代表兩不相容而又彼此窮盡的析取命題。 小前題承認這兩個可能,當然也就承認大前提的前件。 結論是承認一簡單的肯定的後件。

　　　　b. 簡單的否認後件的二難推論,例如;

　　　　　　如果甲是乙,則丙是丁,或是戊;

　　　　　　丙既不是丁,又不是戊;

　　　　　　所以甲不是乙。

以下是教科書所常舉的例:

> 如果一件東西能動,它或者在它所在的地點動,或者在它所
> 不在的地點動。
>
> 一件東西既不能在它所在的地點動, 也不能在它所不在的
> 地點動;所以一件東西不能動。

此例中的大前提實在是有同樣前件與不同樣後件的假言命題。 此不
同樣的後件代表兩可能,而小前提否認此兩可能,所以也就否認假言命
題的前件。 結論是一簡單的否定命題(批評見第二部)。

　　c. 複雜的承認前件的二難推論,例如:

> 如果甲是乙,則丙是丁,如果甲是戊,則丙是己;
>
> 甲或者是乙,或者是戊;
>
> 所以丙或者是丁,或者是己。

以下亦是常舉的例:

> 如果這些書與可蘭經的意旨相同,它們是用不着的書,如果
> 這些書與可蘭經的意旨不相同,它們是要不得的書;
>
> 這些書或者與可蘭經的意旨相同, 或者與可蘭經的意旨不
> 相同;
>
> 所以這些書或者是用不着的書或者是要不得的書。

此例中的大前提是一個有兩個不同的前件, 兩個不同的後件的假言命
題。 小前提為一析取命題,承認這兩個不同的前件;結論也是一析取
命題,承認兩個不同的後件。 以前兩例的結論, 或為一簡單的肯定命
題,或為一簡單的否定命題, 所以稱為簡單的二難推論。 現在的例與

以下的例,其結論均爲析取命題,名之爲複雜的二難推論。

　　d.複雜的否認後件的二難推論,例如:

　　　　如果甲是乙,則丙是丁,如果甲是戊,則丙是己;

　　　　或者丙不是丁,或者丙不是己:

　　　　所以甲或者不是乙,或者不是戊。

　　　　如果一個人聰明,他知道他的錯誤,如果他誠實, 他承認他

　　　　的錯誤;

　　　　他或者不知道他的錯誤,或者不承認他的錯誤:

　　　　所以他或者不聰明或者不誠實。

此例中的大前提也是一有兩個不同前件,兩個不同後件的假言命題。
小前提是一析取命題,否認兩後件;而結論也是一析取命題, 否認兩前
件。 所以是複雜的否認後件的二難推論。

　　(此等推論頗不易舉例,所舉的例總難免有毛病。)

　　2.二難推論的規律。 二難推論既是假言推論與析取推論聯合起
來的推論,它一方面當然要守假言推論的規律,另一方面似乎又要守析
取推論的規律。 假言推論的規律有二:一爲承認前件因而承認後件,
一爲否認後件因而否認前件。否認前件不能得結論,承認後件亦不能得
結論。析取推論的條件是:所有它所列的可能,一方面要彼此不相容,不
相容則不能得結論;另一方面要彼此窮盡,不窮盡亦不能得結論。

　　3.破除二難的方法。 破除二難推論的方法有三: a, 否認析取可
能的窮盡, b,否認假言命題中前件與後件的關聯, c,以一能得完全相
反的結論的二難推論去破除原來的二難推論。

a. 否認析取命題中的可能是窮盡的可能。　例如：

如果天熱人難受，如果天冷人難受；

天或者熱或者冷，

所以人總是難受。

此中 "天或者熱或者冷" 這一命題我們可以否認；我們可以說 "天可以不熱不冷"，那就是說熱與冷不是彼此窮盡的可能。　既然如此，我們不能得 "人總是難受" 的結論，而原來的二難推論不能成立。

b. 否認假言推論中前件與後件的關聯。　例如：

如果一件東西能動，它一定或在它所在地方動或在它所不在的地方動；

一件東西既不能在它所在的地方動，也不能在它所不在的地方動；

所以一件東西不能動。

此例的大前提我們可以說有毛病。　我們可以說前件不是後件的充分條件，後件不是前件的必要條件。　如果一件東西既不在它所 "在" 的地方動，也不在它所不 "在" 的地方動，而在它所動的地方動，則此例中的後件不是前件的必要條件。　既然如此，則否認後件不因此就否認前件。　結論既不能得，則此例根本就說不通。

c. 以一能得與原來結論完全相反結論的二難推論去破壞原來的二難推論。　這差不多是以其人之道還治其人之身。　最出名的例就是 Protagoras 與 Enathlas 的官司。　他們有一合同，其中的條件如下：(一) Protagoras 教 Enathlas 法律的書，(二) 畢業時 Enathlas 須付束脩之一半，(三) 其餘一半須於 Enathlas 頭一次官司打勝的時候完全付清。但畢業後 Enathlas 並不執行律師事務。Protagoras 等的不耐煩就在法庭告了 Enathlas，並提出以下的二難推論：

> 如果 Enathlas 的官司打敗了，則遵照法庭的判斷，他一定付債，如果 Enathlas 的官司打勝了，則遵照合同的條件，他一定要付債；Enathlas 的官司或者打敗或者打勝。

> 所以無論如何他一定要付債。

Enathlas 提出與以上完全相反的二難推論：

> 如果我打勝，則照法庭的判斷，我不應付債，如果我打敗，則照合同的條件，我不應付債；

> 我官司或者打敗或者打勝，

> 所以無論如何我不應付債。

以上所表示的就是：如果一二難推論有一與它完全相反的二難推論，則原來的二難推論不能成立。上面 Protagoras 所舉的二難推論中最顯而易見的毛病，就是引用兩種不同的標準，一為法庭的判斷，一為合同的條件。這兩種不同的標準各有其利於 Protagora 的可能，也各有其不利於 Protagoras 的可能；Protagoras 取其前，而 Enathlas 取其後。如一致地引用兩種標準中的任何一種，則不至於有以上的毛病。

　　傳統的演繹部分至二難推論而止。普通教科書大都當有一章專門討論錯誤問題。茲於以下附錄提出討論。

附　　　錄

錯誤：

　　錯誤可以分爲以下兩種：一是形式的錯誤，一是非形式的錯誤。前一種與邏輯的關係大，但我們不必提出討論，因爲這一種錯誤不過是違背直接間接推論的法則而已。　後一種錯誤與嚴格的邏輯似乎沒有多大關係，是否能說它是錯誤也發生問題；但實際上在一個人的思想中或者發生這種錯誤的情形，提出來討論一下不見得沒有益處。　茲分非形式的錯誤爲以下三種：1，解釋的錯誤，2，意義不定的錯誤，3，無形假設的錯誤。

1. 解釋的錯誤 (Errors of Interpretation)。

　　在這一條下我們僅舉以下兩項：

　a. 模稜的言語

　　模稜兩可的話非常之多，模稜數可的話也不見得少。　菩薩面前所得的籤，算命先生的批語，都免不了屬於這一類。　笑話中的"下雨天留客天留客不留"就有兩三個解釋。　中文裏這種情形似乎特別的多，文學方面一部份的興趣，至少在從前，就是一句話的多方面的釋解。例如李鴻章遊園，說一聲"庭前花未發"，其文案某應聲對白"閣下李先生"。　下聯的妙處就在它的兩方面的解釋。

　　不只一個解釋的話不表示一個命題，以話爲前題而從事於推論，不免有解釋的錯誤。

　b. 音節的影響。

　　一句話有時注重一字有一意義，注重另一字又有另一意義。　一篇文章有時注重一段有一個印象，注重另一段又有一個印象，若以聲音的高低表示注重之所在，一句話因聲音的高低不同，而有意義的分別。

即以 "民可使由之不可使知之" 為例（此處的讀法與考據無關），我們可以讀作 "民可 "使"，由之；不可 "使"，知之"；也可以讀作 "民可使，"由" 之；不可使，"知"之"；也可以讀作 "民 "可"，使由之；"不可"，使知之"。 總而言之，一句話的讀法不同音節不同，有時意義也不同。假使原來的意義是三讀法中之任何一讀法，則其餘的讀法錯了。

　　因音節不同而意義不同的話不表示一個命題，以這樣的話為前提，不難有解釋的錯誤。 有時不僅有解釋的錯誤，而且有解釋的不一致。

2. 意義不定的錯誤。

　a. 意義變更的名詞。

　　如果一句話或幾句話中有意義變更的名詞，則那一句話或幾句話的內部或彼此的關聯不免發生不合邏輯的情形。 例如"若能真無道德始能有道德"，道德二字的意義前後一致，這句話就有內部的衝突；意義不一致，這句話不過是一個動聽的方法表示一個意見而已。 一句話中有這樣的情形，毛病顯而易見，錯誤很容易免。 幾句話中有同樣情形，毛病或者不顯，錯誤比較容易發生。 如果在一三段論中的中詞意義不一致，則所謂 "結論" 者根本就不易結論。

　b. 合舉的錯誤。

　　有時一句話對於一集團的任何份子均可以說，而對於那一集團的全體不能說，如果說的時候，就有此處所說的合舉的錯誤。 茲以一常舉的例為例；

　　　　所有三角中之角均小於二直角，

　　　　A B 與 C 是三角中之角，

　　　　所以 A B 與 C 小於二直角。

此處小前提與結論中的 "與" 的意義，如果是把 A，B，C，三角聯合起來成一角，則結論錯了；大前提所要求的是 A，B，C 個別的分舉，而不是它們聯合起來的合舉。

　　c.分舉的錯誤。

　　　　此處的錯誤適與以上（b）條相反。 即以原例反過來以爲例：

　　　　三角中之角等於二直角，

　　　　A 是三角中之角，

　　　　所以 A 等於二直角。

上條表示應分而誤合，本條表示應合而誤分的錯誤。

　　d. 普遍與特殊的混亂。

　　　　這個就是把一句對於特殊情形所能說的話普及於全體，或者把一句普遍的話引用於條件不同之下的特殊情形。 這種錯誤在普通談話中時常發生，在邏輯上雖然說不過去，在日常生活中，談話反有時因這種錯誤而發生興趣。

3. 無形假設的錯誤。

　　a.思想循環的錯誤。

　　　　這就是思想繞圈子的問題。 例如："這件事我不應該幹，因爲太不對了"；但 "何以不對呢?"，"因爲我知道我不應該幹"。這裏無形之中把假設視爲結論。 但思想循環的問題非常之麻煩，非常之複雜。不加嚴格的解釋，不大容易說思想循環是錯誤。

b. 複雜問語的錯誤。

有時一問蘊涵一未經承認的假設，如果一個人對於這種問語有所答覆，他就無形之中承認了這種假設。 例如某甲並未承認吃鴉片，而某乙問他說 "你現在戒了鴉片沒有"？ 無論答案是戒了或未戒，某甲免不了承認他吃鴉片。 有時這種情形不用直接方式表示而用間接方式表示，用間接方式的時候，常不容易知道此情形之潛在。 例如："希奇得很，昨日有甲乙二人相遇於前門，甲是乙的兒子，而乙不是甲的父親"。 有時我們真會糊思亂想看甲與乙究竟有甚麼樣的希奇的關係。 這裏父親與兒子兩名詞，加上前面希奇得很幾個字，無形之中，會使人假設甲乙二人均為男性。 無此假設，當然毫無問題。

c. 不相干的辯論的錯誤。

不相干的辯論大都分作以下諸種：

(一)人言淆混的錯誤。 這就是以人廢言或以言廢人的錯誤。 如果一個人批評孔子，有時會遇着盛氣凌人的反攻，" 難道你比孔子好嗎"？ 好像一個人不比孔子好就不能批評孔子似的。 這種不相干的辯論常見於日常生活

(二)投合眾好。 美國已故前總統羅斯福曾在報紙上罵某甲，某甲訴於法庭。 見於文字的罵人，不易否認，羅斯福亦未否認。 被告律師乃大演其說，專鼓人民之氣；歷舉美國人民對於卸任總統之苛，於法律半字未提。 結果是法庭宣告羅斯福無罪。 這就是投合眾好以不相干的辯論，而得所欲得的結果。

(三)理事混亂。 理論上之可能，事實上不必實現；若以理論上

的可能爲事實上的實現，就有理事混亂的錯誤。　如果一個人因爲沒有證據使他相信沒有靈魂，而以爲有靈魂是事實，他的思想就有理事混亂的錯誤。　這與其他的不相干辯論的情形不同，但照老辦法，我們仍列於一類。

（四）亂引權威的錯誤。　長於物理學者不必長於政治學，物理學的權威不必是政治學的權威。　記得從前有一位弄教育的美國人跑到中國來，有一位好好先生，拿一本筆記簿，問這個美國人，中國的憲法應如何制，地方自治應如何實行，……等等問題。　把這些答案視爲社交上的閒話，不見得毫無意味；以之爲學者的政見，就難免亂引權威的錯誤。在不相干辯論這一項之下，還有所謂不相干結論的錯誤；但這似乎又是形式錯誤，所以不提出討論。

第 二 部

對於傳統邏輯的批評

I 直接推論

A. A, E, I, O, 的解釋問題。 我們現在仍以傳統邏輯的四個命題為討論的根據,因為一方面它們最簡單,另一方面它們又為稍習邏輯者之所深悉。 在前部 I 章的 B 節我們討論主賓詞式的命題的時候,曾經提及 A 命題的各種可能的解釋。 不僅 A 命題有此問題,其他 E, I, O, 均有。 本段我們僅提出所謂主詞存在問題。 所謂主詞存在問題不是事實上主詞所代表的東西究竟存在與否,而是這些命題對於這些東西的存在與不存在的態度。 這個態度影響到各命題的意義與它們彼此的關係。

對於主詞存在與否(即主詞所代表的東西存在與否),我們可有以下五個不同的態度:

1. 肯定主詞不存在,

2. 假設主詞不存在,

3. 不假設主詞存在或不存在,

4. 假設主詞存在,

5. 肯定主詞存在。

這五個不同的態度之中,頭兩個可以撇開 我們提出一命題大約不至於肯定主詞不存在,或假設主詞不存在。　第三態度是邏輯裏通常態度,四五兩態度則日常生活中亦常有之。

1.不假設主詞存在或不存在。　設有具 SAP 形式的命題,我們的解釋是 S 概念之中有 P 概念,而概念不必有具體的表現。　那麼無論有 S 與否,無論 S 存在與否,如果一個東西是 S,那個東西就是 P。　這樣的命題可以說是內包的命題,也可以說它所表示的是概念與概念的關係,可以表示而不必表示耳所能聞目所能見的事實。　這種命題的真假不因主詞的存在與否而受影響。　茲特以下列符號表示之:

SA_nP……………無論有 S 與否,凡 S 皆 P

SE_nP……………無論有 S 與否,無 S 是 P

SI_nP……………有 S 是 P,或無 S

SO_nP……………有 S 不是 P,或無 S

以上 SA_nP,簡單的說,等於說"無 $S\bar{P}$"($\bar{P}$ 可表示非 P), SE_nP 等於說"無 SP", SI_nP 等於說"有 SP 或無 S", SO_nP 等於說"有 $S\bar{P}$ 或無 S"。

2.假設主詞存在。　設有具 SAP 形式的命題,我們的解釋是以 S 的存在為條件, S 存在,則 SAP 有真假的問題發生; S 不存在,則 SAP 根本就無所謂真假。　設有以下命題:"如果你進城,請你把李後主的詞帶給我"。　若你果進城,你可以把那本書帶給我,也可以不把那本書帶給我。　但是你如果決定不進城了,則根本談不到帶與不帶。　這種命題以主詞的存在為條件,條件滿足之後才有真假可說;條件未滿足,談不到真假。　有這樣解釋的 SAP 等於說"如果有 S,凡 S 皆

P"。茲以下列符號表示此種命題：

SA$_h$P…………如有 S，凡 S 皆 P

SE$_h$P…………如有 S，無 S 是 P

S I$_h$P…………如有 S，有 S 是 P

SO$_h$P…………如有 S，有 S 不是 P

3.肯定主詞存在。　設有具 SAP 形式的命題，我們的解釋是 S 所代表的東西存在,而此命題表示事實。　在此解釋之下,此命題可以分成兩部分,一部分說有 S,一部分說所有的 S 是 P。　S 存在與否與 SA$_h$P 那樣的命題沒有影響, S 存在與否與 SA$_h$P 有影響;如果 S 存在, SA$_h$P 才有意義,如果 S 不存在,則 SA$_h$P 無所謂眞假;現在的解釋則又不同。　如果 S 存在, SAP 可以是眞也可以是假的;但如果 S 不存在,則 SAP 根本就是假的。　"如果有鬼,鬼喫人",如事實上無鬼,則根本無所謂喫人與不喫人;"有鬼而鬼喫人",如事實上無鬼,則此命題是假的。　茲以下列符號表示此第三種命題：

SA$_c$P…………有 S 所有的 S 皆是 P

SE$_c$P…………有 S 無一 S 是 P

S I$_c$P…………有 S 有些 S 是 P

SO$_c$P…………有 S 有些 S 不是 P

傳統邏輯的 A,E,I,O,在主詞存在與否一層,即有意義不一致的情形。　這個問題要詳細的討論一下。　別的意義不清楚的地方本書從略。　爲清楚起見,我們先把傳統邏輯的直接與間接的推論說明,各部加以批評,然後再總結到新式邏輯。

B.各種不同解釋之下的對待關係。 如果我們提出存在問題，A，E，I，O，的對待關係就發生影響。 從主詞存在與否這問題一方面着想，以上的 A，E，I，O，究竟應作何解釋呢？ 在討論命題的時候，從存在一方面着想，我們曾提出三種不同的解釋。 解釋不同，對待的關係也因之而異。

1.以 A，E，I，O，為 A_n E_n I_n O_n。 A_n E_n I_n O_n，是不假設主詞存在的問題。 主詞存在與否與這些命題的眞假不相干。 這四個命題的解釋如下：

命題	言語的表示	公式的表示
SA_nP	"無論有 S 與否，凡 S 是 P"	$(S\bar{P}=o)$
SE_nP	"無論有 S 與否，無 S 是 P"	$(SP=o)$
SI_nP	"有 S 是 P，或無 S"	$[(SP \neq o)$ 或 $(S=o)]$
SO_nP	"有 S 不是 P，或無 S"	$[(S\bar{P} \neq o)$ 或 $(S=o)]$

此四命題既有此解釋，則它們的對待關係如下：

a.SA_nP 與 SE_nP 的關係。 茲提出 A_n，E_n，眞假的可能。 先用語言，後用圖畫。

(一)$SA_nP = (S\bar{P}=o)$——眞→(甲)S 不存在，或

(乙)S 存在，而 $S\bar{P}$ 不存在。

——假→(甲)S 存在，$S\bar{P}$ 存在，而 SP 不存在。

(乙)S 存在，$S\bar{P}$ 存在，而 SP 也存在。

$SE_n P = (SP = o)$ ——眞→(甲)S 不存在,或

(乙)S 存在,而 SP 不存在。

——假→(甲)SP 存在,而 S$\bar{P}$ 不存在。

(乙)SP 存在,而 S$\bar{P}$ 也存在。

(二)$SA_n P = (S\bar{P} = o)$ ——眞→(甲)

$SE_n P = (SP = o)$ ——眞→(甲)

$S\bar{P} = o$

$SP = o$

$SA_n P$…………眞→(乙)——

$SE_n P$…………假→(甲)——

$SP = o$

$S\bar{P} \neq o$

$SA_n P$…………假→(甲)——

$SE_n P$…………眞→(乙)——

$S\bar{P} \neq o$

$SP = o$

$SA_n P$…………假→(乙)——

$SE_n P$…………假→(乙)——

$S\bar{P} \neq o$

$SP \neq o$

(三)SA_nP 與 SE_nP 為獨立。　此處所謂獨立者,不過是說沒有對待關係而已。

SA_nP 與 SE_nP 俱眞——S 不存在。　S 既不存在,SP 不存在,而 $S\bar{P}$ 也不存在。　SP 不存在,SE_nP 為眞;$S\bar{P}$ 不存在,SA_nP 為眞。　如以上第一圖。

SA_nP 眞而 SE_nP 假——$S\bar{P}$ 不存在,而 SP 存在。　$S\bar{P}$ 不存在,所以 SA_nP 眞;SP 存在,所以 SE_nP 假。　如以上第二圖。

SA_nP 假而 SE_nP 眞——$S\bar{P}$ 存在,而 SP 不存在。　$S\bar{P}$ 存在,所以 SA_nP 假;SP 不存在,所以 SE_nP 眞。　如以上第三圖。

SA_nP 與 SE_nP 俱假——$S\bar{P}$ 存在,SP 也存在。　$S\bar{P}$ 存在,所以 SA_nP 假;SP 存在,所以 SE_nP 假。　如以上第四圖。

(四)以上表示 SA_nP 與 SE_nP 可以同時眞, 可以同時假, 可以 SA_nP 眞而 SE_nP 假,也可以 SA_nP 假,而 SE_nP 眞。　旣然如此,它們沒有傳統邏輯裏的反對關係,也沒有傳統邏輯裏的任何對待關係,所以是獨立。

b. SI_nP 與 SO_nP 的關係。

(一)$SI_nP = [(SP \neq o)$ 或 $(S = o)]$——眞 → (甲)S 不存在,或

(乙)SP 存在,而 $S\bar{P}$

存在與否不定。

——假→(甲)S 存在,而 SP 不
存在。

$SO_nP = [(S\bar{P} \neq 0)\ 或\ (S=0)]$——眞→(甲)S 不存在,或
(乙)$S\bar{P}$ 存在,而 S 存
在與否不定。

——假→(甲)S 存在,而 $S\bar{P}$ 不
存在。

(請注意以上兩命題不是簡單的命題,而是兩命題而聯之以
"或"的複雜命題。 此兩命題之中任何一眞,則此複雜命題爲
眞;此兩命題俱假,此複雜命題始假。)

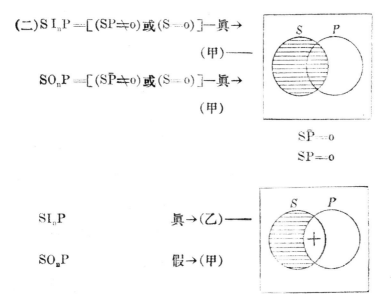

(二)$S I_nP = [(SP \neq 0)\ 或\ (S=0)]$—眞→
(甲)——
$SO_nP = [(S\bar{P} \neq 0)\ 或\ (S=0)]$—眞→
(甲)

$S\bar{P}=0$
$SP=0$

SI_nP　　　　　眞→(乙)——

SO_nP　　　　　假→(甲)

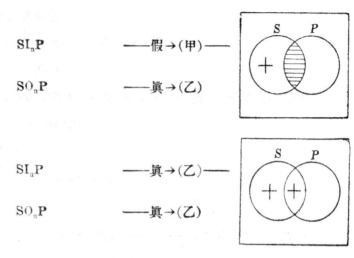

SI_nP ——假→(甲)——

SO_nP ——眞→(乙)

SI_nP ——眞→(乙)——

SO_nP ——眞→(乙)

(三) SI_nP 與 SO_nP 的對待關係。

SI_nP 與 SO_nP 同眞——S 不存在, 或 SP 存在, $S\bar{P}$ 也
存在。 S 不存在, 則兩命題的
後部分全眞。 SP 存在, $S\bar{P}$ 也
存在, 兩命題的前一部分都眞。
如第一與第四兩圖。

SI_nP 眞而 SO_nP 假——SP存在而 $S\bar{P}$ 不存在。 SP 旣
存在, S 也存在, 所以 SI_nP 爲
眞; 但 $S\bar{P}$ 不存在, 所以 SO_nP
假。 如第二圖。

SI_nP 假而 SO_nP 眞—— $S\bar{P}$ 存在, 而 SP 不存在。 $S\bar{P}$
旣存在, S 也存在, 所以 SO_nP
眞; 但 SP 不存在, 所以 SI_nP

假。　如第三圖。

SI_nP　與　SO_nP　不能同假——同假的可能,僅是 SP 與 $S\bar{P}$ 均不存在,但假設它們都不存在,則 S 不存在。　此兩命題既未假設亦未肯定 S 存在,照以上同真的條看件來它們都是真的,所以不能同假。

(四)SI_nP　與　SO_nP　的對待關係爲下反對的關係。　它們可以同時真,不能同時假。　從(三)條二三兩項看來,有 S 此兩命題中才能有假命題;而有 S 的時候,一爲假則另一必爲真,一爲真則另一的真假不定,因爲它們可以同時真。

c. SA_nP　與　SO_nP, SE_nP　與　SI_nP　的關係。　茲以　SA_nP　與　SO_nP　爲例:

(一)$SA_nP = (S\bar{P} = 0)$——眞→(甲)S 不存在,或

　　　　　　　　　　　(乙)S 存在而 $S\bar{P}$ 不存在。

　　　　　　　　假→(甲)$S\bar{P}$ 存在,而 SP 不存在。

　　　　　　　　　(乙)$S\bar{P}$ 存在,而 SP 也存在。

$SO_nP = [(S\bar{P} \neq 0)$ 或 $(S = 0)]$—眞→(甲)S不存在,或

　　　　　　　　　　　　→(乙)$S\bar{P}$ 存在,而 SP 不存在。

　　　　　　　　　　　　→(丙)$S\bar{P}$ 存在,而 SP 亦存在。

假→(甲)S 存在, 而 $S\bar{P}$ 不存在。

(二)$SA_nP = (S\bar{P} = o)$ —— 眞→(甲)——

$SO_nP = [(S\bar{P} \neq o)$ 或 $(S = o)]$ —眞→

(甲)——

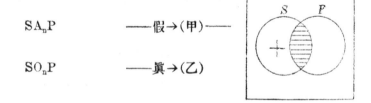

SA_nP　　　　　　眞→(乙)——

SO_nP　　　　　　假→(甲)

SA_nP　　　　　——假→(甲)——

SO_nP　　　　　——眞→(乙)

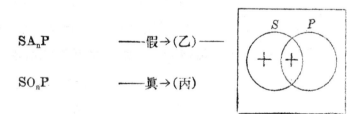

SA_nP　　　　　——假→(乙)——

SO_nP　　　　　——眞→(丙)

(三)SA_nP　與　SO_nP　的對待關係如下:

　　SA_nP　與　SO_nP　同眞——S 不存在。 S 不存在, $S\bar{P}$

也不存在,所以 SA_nP 眞。

但 S 不存在, SO_nP 這一命題的後一部分爲眞, 所以 SO_nP 也是眞的, 如第一圖。

SA_nP 眞而 SO_nP 假——$S\bar{P}$ 不存在, 而 SP 存在。$S\bar{P}$ 不存在, 所以 SA_nP 眞。SP 旣存在, S 當然存在, S 存在而 $S\bar{P}$ 不存在, 則 SO_nP 的前後兩部分均假, 所以整個命題爲假, 如第二圖。

SA_nP 假而 SO_nP 眞——$S\bar{P}$ 存在, SP 或存在或不存在。$S\bar{P}$ 旣存在, 所以 SA_nP 假; SO_nP 的前部分爲眞, 所以 SO_nP 眞; SP 存在與否不相干, 如第三第四兩圖。

SA_nP 與 SO_nP 不能同時假——照 (一) (二) 兩條的圖示看來, 沒有 SA_nP 與 SO_nP 同假的情形。

(四)SA_nP 與 SO_nP 的關係爲下反對的關係, 因爲它們可以同時眞, 不能同時假。 照 (二) 條的圖示看來, 如果 SA_nP 爲假, 無論根據於兩條件中的那一條件, SO_nP 總是眞的; 如果 SO_nP 爲假, 只有一條件, 而那一條件滿足的時候, SA_nP 一定爲眞。　但 SA_nP 與 SO_nP 旣可以同時眞,由一命題的眞,不能推到另一命題的眞假。　SE_nP 與 SI_nP 的關係同樣的爲下反對。

d. SA_nP 與 SI_nP, SE_nP 與 SO_nP, 的關係。　茲以 SA_nP 與 SI_nP 爲例:

(一) $SA_nP = (S\bar{P} = 0)$ ——眞→(甲)S 不存在,或

　　　　　　　　　　　→(乙)S 存在,而 $S\bar{P}$ 不存在。

　　　　　　　　　　假→(甲)$S\bar{P}$ 存在, 而 SP 不存在。

　　　　　　　　　　→(乙)$S\bar{P}$ 存在, 而 SP 也存在。

$SI_nP = [(SP \neq 0)(S = 0)]$——眞→(甲)S 不存在,或

　　　　　　　　　　　→(乙)SP 存在, 而 $S\bar{P}$ 不存在,或

　　　　　　　　　　　→(丙)SP 存在, 而 $S\bar{P}$ 也存在。

　　　　　　——假→(甲)SP 不存在, 而 $S\bar{P}$ 存在。

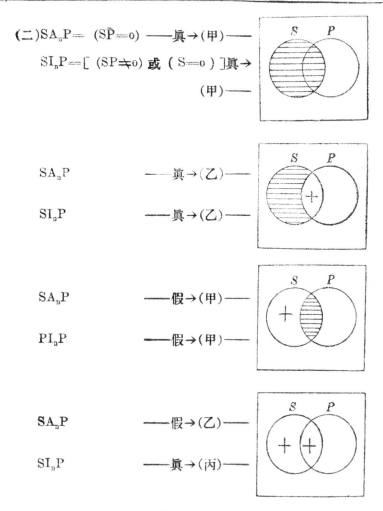

(二)$SA_nP = (S\bar{P}=0)$ ——眞→(甲)——

$SI_nP = [(SP \neq 0)$ 或 ($S=0$)]眞→

(甲)——

SA_nP　　　　　　——眞→(乙)——

SI_nP　　　　　　——眞→(乙)——

SA_nP　　　　　　——假→(甲)——

PI_nP　　　　　　——假→(甲)——

SA_nP　　　　　　——假→(乙)——

SI_nP　　　　　　——眞→(丙)——

(三)SA_nP 與 SI_nP 的關係如下

　　SA_nP 與 SI_nP 可以同眞——S 不存在,或 S 存在而S$\bar{P}$ 不

　　　　　　　存在。 S 不存在則 SA_nP 爲

　　　　　　　眞, SI_nP 的後一部分眞所以

也真。S 存在而 $S\bar{P}$ 不存在，$S\bar{P}$ 既不存在，SA_nP 為真。S 存在 $S\bar{P}$ 不存在，則 SP 一定存在，所以 SI_nP 一定也真，如第一第二兩圖。

SA_nP 假而 SI_nP 真——$S\bar{P}$ 存在，而 SP 也存在。兩者都存在，則 S 存在而 $S\bar{P}$ 存在，所以 SA_nP 假。但 S 存在而 SP 也存在，所以 SI_nP 的前一部分為真，所以 SI_nP 為真，如第四圖。

SA_nP 假而 SI_nP 亦假——$S\bar{P}$ 存在，而 SP 不存在。$S\bar{P}$ 存在，所以 SA_nP 假；$S\bar{P}$ 存在，所以 S 存在，而 SP 既不存在，SI_nP 前後兩部分均假，所以 SI_nP 為假，如第三圖。

(四)SA_nP 與 SI_nP 的關係為差等的關係；它們可以同時真，也可以同時假。但如果 SA_nP 真，則 SI_nP 必真，SA_nP 假，SI_nP 不定；如果 SI_nP 真，SA_nP 不定，SI_nP 假，則 SA_nP 必假。茲以下圖表示之，A_n, E_n, I_n, O_n, 的對待關係如下：

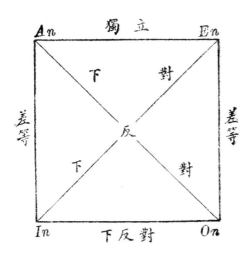

2. 以 A, E, I, O, 為 A_c E_c I_c O_c。 A_c E_c I_c O_c 是肯定主詞存在的命題,如果主詞不存在,它們都是假的。 它們都是兩命題而聯之以"與"的複雜命題,它們的解釋如下:

命題	語言的表示	公式的表示
SA_cP	"有 S, 所有的 S 是 P"	$[(S\neq o)$ 與 $(S\bar{P}=o)]$
SE_cP	"有 S, 沒有 S 是 P"	$[(S\neq o)$ 與 $(SP=o)]$
SI_cP	"有 S, 有 S 是 P"	$[(S\neq o)$ 與 $(SP=o)]$
SO_cP	"有 S, 有 S 不是 P"	$[(S\neq o)$ 與 $(S\bar{P}=o)]$

此四命題的解釋如上,它們的對待關係如下。

a. SA_cP 與 SE_cP 的對待關係:

(一)$SA_cP=[(S\neq o)$ 與 $(S\bar{P}=o)]$──真→(甲)S 存在與 $S\bar{P}$ 不存在。

假→(甲)S ＝ 不存在,或

(乙)$S\bar{P}$ 存在，SP 不
存在。

(丙)$S\bar{P}$ 存在，而 SP
也存在。

$SE_cP = [(S\ne o)$ 與 $(SP=o)] \text{——}$真$=$(甲)$S\bar{P}$ 存在而 SP 不
存在。

假$\to$(甲)S 不存在，或

(乙)SP 存在，$S\bar{P}$ 不
存在。

(丙)SP 存在，而 $S\bar{P}$
也存在。

（此兩命題既均爲兩部分以"與"聯起來的複雜命題，只要一部分假，它們就假；要兩部分都眞，它們才能眞。）

(二)$SA_cP = [(S\ne o)$ 與 $(S\bar{P}=o)] \text{——}$眞$\to$

(甲)——

$SE_cP = [(S\ne o)$ 與 $(SP=o)] \text{——}$假$\to$

(乙)——

SA_cP　　　　　　——假$\to$(甲)——

SE_cP　　　　　　——假$\to$(甲)——

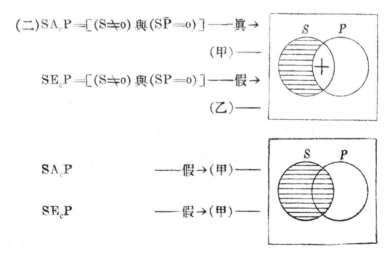

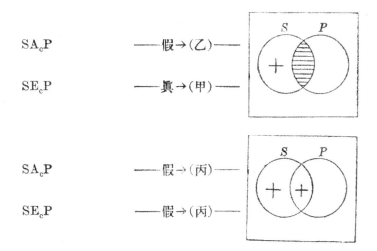

SA$_c$P　　　　　——假→(乙)——

SE$_c$P　　　　　——眞→(甲)——

SA$_c$P　　　　　——假→(丙)——

SE$_c$P　　　　　——假→(丙)——

(三)SA$_c$P 與 SE$_c$P 的對待關係：

SE$_c$P 與 SE$_c$P 不能同眞。 以上四可能中，沒有同眞的可能。

SA$_c$P 眞,則 SE$_c$P 爲假；SE$_c$P 眞,則 SA$_c$P 爲假。

SA$_c$P 與 SE$_c$P 可以同假；同假的理由有二，一爲既無 SP 又無 S$\bar{\text{P}}$，一爲既有 SP 又有 S$\bar{\text{P}}$。

SA$_c$P 假,則 SE$_c$P 可以眞,如第三圖；也可以假,如第四圖。

SE$_c$P 假,則 SA$_c$P 可以眞,如第一圖；也可以假,如第二與第四圖。

(四)SA$_c$P 與 SE$_c$P 的對待關係,爲反對的關係,因爲他們可以同時假,不能同時眞；由一命題的眞可以推到另一命題的假,由一命題的假不能推到另一命題的眞假。

b. SI_cP 與 SO_cP 的對待關係:

(一) $SI_cP=[(S\neq o)$ 與 $(SP\neq o)]$——眞→(甲)SP 存在，而 $S\bar{P}$ 不存在。

(乙)SP 存在，$S\bar{P}$ 也 存在。

——假→(甲)SP 不存在,而 $S\bar{P}$ 存在。

(乙)SP 不存在,$S\bar{P}$ 也 不存在。

$SO_cP=[(S\neq o)$ 與 $(S\bar{P}\neq o)]$——眞→(甲)$S\bar{P}$ 存在，SP 不 存在。

(乙)$S\bar{P}$ 存在，SP 也 存在。

——假→(甲)$S\bar{P}$ 不存在,SP 存 在。

(乙)$S\bar{P}$ 不存在,SP 也 不存在。

(二)$SI_cP=[(S\neq o)$ 與 $(SP\neq o)]$——眞→

(甲)——

$SO_cP=[(S\neq o)$ 與 $(SP\neq o)]$——假→

(甲)——

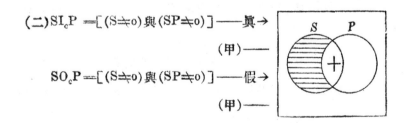

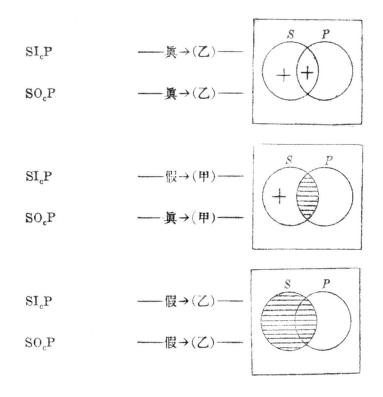

(三)SI_cP 與 SO_cP 的對待關係如下:

SI_cP 與 SO_cP 可以同時眞,如第二圖之所表示。

SI_cP 與 SO_cP 可以同時假,如第四圖之所表示。 其所以如此者,因爲它們都肯定 S 存在,S 旣不存在,它們都是假的。

如 SI_cP 爲眞,SO_cP 可以眞如第二圖,也可以假如第一圖;

如 SO_cP 爲眞,SI_cP 可以眞如第二圖,也可以假如第三圖。

　　如 SI_cP 爲假，SO_cP 可以眞如第三圖,也可以假如第四圖；
　　如 SO_cP 爲假，SI_cP 可以眞如第一圖，也可以假如第四
　　圖。

(四)SI_cP 與 SO_cP 爲獨立。 此處所謂獨立者,不過是無對待關
　　係中之任何關係而已。 它們可以同時眞,可以同時假,由一
　　眞不能推論到另一之眞假,由一假也不能推論到另一之眞假。

c. SA_cP 與 SO_cP, SE_cP 與 SI_cP 的關係。

(一)$SA_cP = [(S \neq o)$ 與 $(S\bar{P}=o)]$——眞→(甲)$S\bar{P}$ 不存在,SP 存
　　　　　　　　　　　　　　　　　　　　在。

　　　　　　　　　　　　　——假→(甲)$S\bar{P}$ 不存在,SP 不
　　　　　　　　　　　　　　　　　　存在。

　　　　　　　　　　　　　　　　(乙)$S\bar{P}$ 存在, SP 不
　　　　　　　　　　　　　　　　　　存在。

　　　　　　　　　　　　　　　　(丙)$S\bar{P}$ 存在, SP 也
　　　　　　　　　　　　　　　　　　存在。

$SO_cP = [(S \neq o)$ 與 $(S\bar{P} \neq o)]$——眞→(甲)$S\bar{P}$ 存在, SP 不
　　　　　　　　　　　　　　　　　　　　存在。

　　　　　　　　　　　　　　　　(乙)$S\bar{P}$ 存在, SP 也
　　　　　　　　　　　　　　　　　　存在。

　　　　　　　　　　　　——假→(甲)$S\bar{P}$ 不存在,SP 存
　　　　　　　　　　　　　　　　　在。

　　　　　　　　　　　　　　　　(乙)$S\bar{P}$ 不存在,SP 也

不存在。

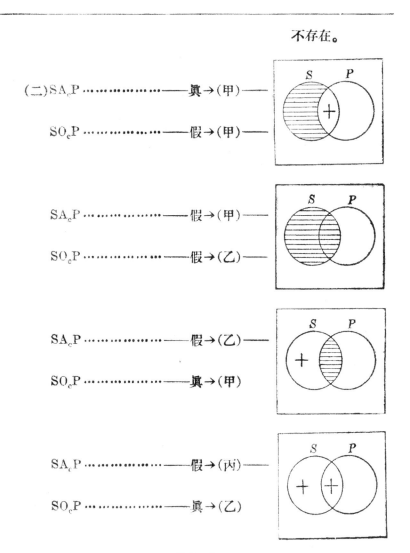

(二)SA$_c$P ……………………────眞→(甲)──

　　SO$_c$P ……………………────假→(甲)──

　　SA$_c$P ……………………────假→(甲)──

　　SO$_c$P ……………………────假→(乙)──

　　SA$_c$P ……………………────假→(乙)──

　　SO$_c$P ……………………────眞→(甲)──

　　SA$_c$P ……………………────假→(丙)──

　　SO$_c$P ……………………────眞→(乙)──

(三)SA$_c$P 與 SO$_c$P 的對待關係：

　　SA$_c$P 與 SO$_c$P 不能同時眞。　四個圖示中沒有同時眞的可

能。　第二圖表示 SA$_c$P 與 SO$_c$P 同時假。　這兩命題之所

以能同時假者，因爲它們都肯定主詞存在，如果主詞不存在，這兩個複雜命題的前－部分都是假的，所以兩個整個的複雜命題也是假的。

如果 SA_cP 是眞，則 SO_cP 是假的，如第一圖；如果 SO_cP 是眞的，則 SA_cP 是假的，如第三第四兩圖；如果 SA_cP 是假的，則 SO_cP 可以是眞的如第三第四兩圖，也可以是假的如第二圖；如果 SO_cP 是假的，則 SA_cP 可以是眞的如第一圖，也可以是假的如第二圖。

(四)SA_cP 與 SO_cP 有反對的對待關係。　它們不能同時眞，可以同時假；由一爲眞可以推到另一爲假，由一爲假不能推到另一爲眞爲假。　SE_cP 與 SI_cP 同樣。

d. SA_cP 與 SI_cP，SE_cP 與 SO_cP 的對待關係。

(一)$SA_cP = [(S \neq o)$ 與 $(S\bar{P}=o)]$——眞→(甲)$S\bar{P}$ 不存在，SP 存在。

——假→(甲)$S\bar{P}$ 不存在，SP 也不存在。

(乙)$S\bar{P}$ 存在，SP 不存在。

(丙)$S\bar{P}$ 存在，SP 存在。

$SI_cP = [(S \neq o)$ 與 $(SP \neq o)]$——眞→(甲)SP 存在，$S\bar{P}$ 不存在。

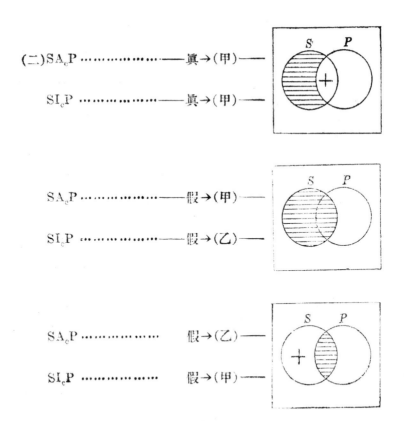

→(乙)SP 存在, S$\bar{\text{P}}$ 也

存在。

——假→(甲)SP 不存在, S$\bar{\text{P}}$ 存

在。

(乙)SP 不存在, S$\bar{\text{P}}$ 不

存在。

(二)SA$_c$P …………………——眞→(甲)——

SI$_c\bar{\text{P}}$ …………………——眞→(甲)——

SA$_c$P …………………——假→(甲)——

SI$_c\bar{\text{P}}$ …………………——假→(乙)——

SA$_c$P …………………　假→(乙)——

SI$_c\bar{\text{P}}$ …………………　假→(甲)——

SA_cP …………………　　假→(丙)——

SI_cP …………………　　眞→(乙)

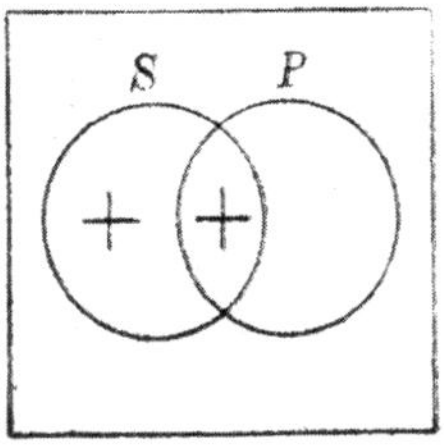

(三)SA_cP 與 SI_cP 的對待關係如下：

SA_cP 與 SI_cP 可以同時眞，如第一圖之表示。

SA_cP 與 SI_cP 也可以同時假，如第二圖與第三圖之表示。

第二圖表示無 S 或主詞不存在，所以兩命題均假；第三圖表示 $S\bar{P}$ 存在，所以 SA_cP 爲假，而 SP 不存在，所以 SI_cP 爲假。

SA_cP 爲眞，則 SI_cP 必眞，如第一圖；SI_cP 爲眞，則 SA_cP 可以眞如第一圖，也可以假如第四圖。

如 SA_cP 爲假，則 SI_cP 可以眞如第四圖，也可以假如第二第三兩圖；如 SI_cP 爲假，則 SA_cP 必假，如第三第二兩圖。

(四)SA_cP 與 SI_cP 有差等的關係。 它們可以同時眞，可以同時假。 如果 SA_cP 眞，則 SI_cP 必眞，SA_cP 假，SI_cP 不定；如果 SI_cP 眞，SA_cP 不定，SI_cP 假，則 SA_cP 必假。 茲以下圖表示 A_c，E_c，I_c，O_c，的對待關係。

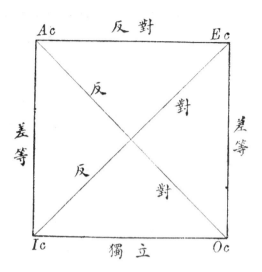

3. 以 A，E，I，O，爲 A_h E_h I_h O_h。 A_h E_h I_h O_h 是以主詞的存在爲條件的命題，如果主詞不存在，則這些命題根本用不着説，或簡單的説它們無意義。

命題	語言的表示		公式的表示
SA_hP		所有的 S 是 P	$S\bar{P}=o$
SE_hP	如有 S	沒有 S 是 P	$SP=o$
SI_hP		有 S 是 P	$SP\neq o$
SO_hP		有 S 不是 P	$S\bar{P}\neq o$

（總條件 $S\neq o\rightarrow$）

此處 S 的存在爲四個命題的總條件，如 S 不存在，四個命題無所謂眞假，它們有眞假的時候，S 存在。　它們的解釋既如此，它們的對待關係如下：

　　a. SA_hP 與 SE_hP 的關係。

(一)$SA_LP = [(S \neq 0) \to (S\bar{P} = 0)]$——真→(甲)$S\bar{P}$ 不存在，SP 存在。

——假→(甲)$S\bar{P}$ 存在，SP 不存在。

(乙)$S\bar{P}$ 存在，SP 存在。

——無${真 \atop 假}$→(甲)$S\bar{P}$ 不存在，SP 也不存在。

$SE_hP = [(S \neq 0) \to (SP = 0)]$——真→(甲)$SP$ 不存在，$S\bar{P}$ 存在。

——假→(甲)SP 存在，$S\bar{P}$ 不存在。

(乙)SP 存在，$S\bar{P}$ 也存在。

——無${假 \atop 真}$→(甲)SP 不存在，$S\bar{P}$ 也不存在。

(二)SA_hP ……………… 真→(甲)——

SE_hP ……………… 假→(甲)——

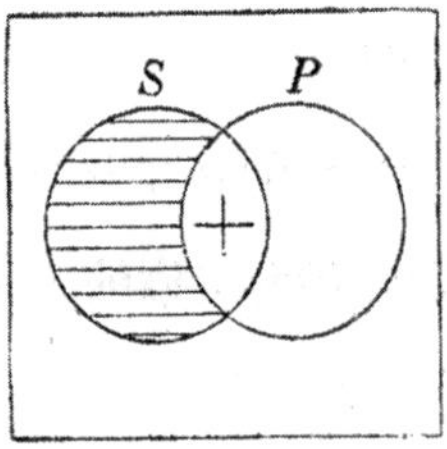

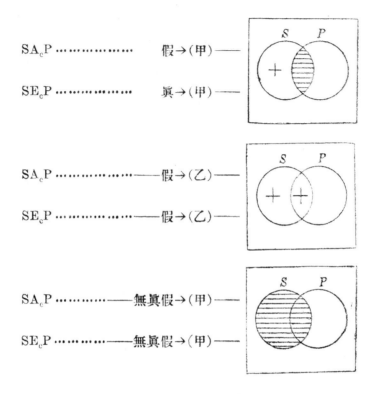

SA_cP …………………　假→（甲）——

SE_cP …………………　眞→（甲）——

SA_cP ………………——假→（乙）——

SE_cP ………………——假→（乙）——

SA_cP …………——無眞假→（甲）——

SE_cP …………——無眞假→（甲）——

（最後一圖可以不畫，因條件未滿足。）

(三)SA_hP 與 SE_hP 的對待關係如下：

SA_hP 與 SE_hP 不能同時眞。　若是沒有 S，它們都無意義。

其他三可能中，沒有它們同眞的情形。

SA_hP 與 SE_hP 可以同時假，如第三圖；也可以同時無意義，

或無眞假，如第四圖。　但第四圖與對待關係不相干。

SA_hP 為眞，則 SE_hP 為假，如第一圖；SE_hP 為眞，則 SA_hP

為假，如第二圖。

　　SA_hP 為假，則 SE_hP 可以真如第二圖，亦可以假如第三圖；

　　SN_hP 為假，則 SA_hP 可以真如第一圖，也可以假如第三圖。

(四)SA_hP 與 SE_hP 的對待關係為反對的對待關係。 它們可以同時假，不能同時真，由一真可以推到另一為假，由一假不能推到另一為真或假。

b. SI_hP 與 SO_hP 的對待關係。

(一)$SIhP = [(S \neq o) \rightarrow (SP \neq o)]$——真→(甲)$SP$ 存在，$S\bar{P}$ 不存在。

　　　　　　　　　　　　　　　　　　(乙)SP 存在，$S\bar{P}$ 存在。

　　　　　　　　　　　——假→(甲)SP 不存在，$S\bar{P}$ 存在。

　　　　　　　　　　　——無真假→(甲)SP 不存在，$S\bar{P}$ 不存在。

　　$SO_hP = [(S \neq o) \rightarrow (S\bar{P} \neq o)]$——真→(甲)$S\bar{P}$ 存在，SP 不存在。

　　　　　　　　　　　　　　　　　　(乙)$S\bar{P}$ 存在，SP 存在。

　　　　　　　　　　　——假→(甲)$S\bar{P}$ 不存在，SP 存在。

　　　　　　　　　　　——無真假→(甲)$S\bar{P}$ 不存在，SP 不存在。

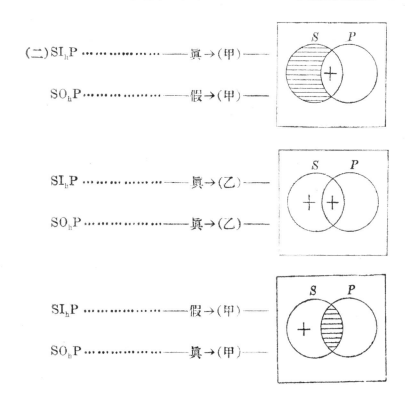

(二)SI_hP ……………………—— 眞→(甲)——

SO_hP…………………—— 假→(甲)——

SI_hP …………………—— 眞→(乙)——

SO_hP ………………——眞→(乙)——

SI_hP …………………—— 假→(甲)——

SO_hP …………………—— 眞→(甲)——

(三)SI_hP 與 SO_hP 的對時關係如下：

SI_hP 與 SO_hP 可以同時眞，如第二圖。

SI_hP 與 SO_hP 不能同時假。 如果能同時假，等於沒有 S，或 S 不存在；S 不存在，則兩命題的條件未滿足，無眞假。

SI_hP 為眞, SO_hP 可以眞如第二圖，也可以假如第一圖；

SO_hP 為眞, SI_hP 可以眞如第二圖，也可以假如第一圖。

SI_hP 為假，則 SO_hP 為眞,如第三圖；SO_hP 為假，則 SI_hP 為眞,如第一圖。

(四)SI_hP 與 SO_hP 的對待關係爲下反對待關係。 它們不能同時假,可以同時眞;如果一命題爲眞,另一命題不定,如果一命題爲假,則另一命題必眞。

c.SA_hP 與 SO_hP, SE_hP 與 SI_hP 的對待關係, 以 SA_hP 與 SO_hP 爲例。

(一)$SA_hP = [(S \neq o) \to (SP = o)]$——眞→(甲)$S\bar{P}$ 不存在,SP 存在。

——假→(甲)$S\bar{P}$ 存在, SP 不存在。

(乙)$S\bar{P}$ 存在, SP 亦存在。

$SO_hP = [(S \neq o) \to (S\bar{P} \neq o)]$——眞→(甲)$S\bar{P}$ 存在, SP 不存在。

(乙)$S\bar{P}$ 存在,SP 亦存在。

假→(甲)$S\bar{P}$ 不存在,SP 存在。

(二)SA_hP ·················——眞→(甲)——

SO_hP ·················——假→(甲)——

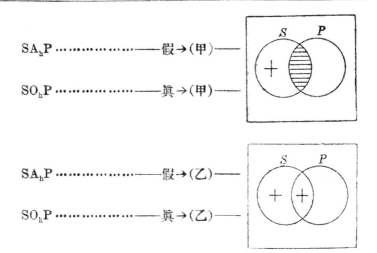

SA_hP ················----假→(甲)----

SO_hP ················----眞→(甲)----

SA_hP ················----假→(乙)----

SO_hP ················----眞→(乙)----

(三)SA_hP 與 SO_hP 的對待關係如下：

SA_hP 與 SO_hP 不能同時眞，也不能同時假。 三圖之中，沒有同眞的情形，也沒有同假的情形。

如果 SA_hP 爲眞，則 SO_hP 爲假，如第一圖；如果 SA_hP 爲假，則 SO_hP 爲眞，如第二第三兩圖。

如果 SO_hP 爲眞，則 SA_hP 爲假，如第二第三兩圖；如果 SO_hP 爲假，則 SA_hP 爲眞，如第一圖。

(四)SA_hP 與 SO_hP 爲矛盾的命題。 二者不能同眞，不能同假。

由一眞可以推到另一爲假，由一假可以推到另一爲眞。 SE_hP 與 SI_hP 同樣。

d. SA_hP 與 SI_hP，SE_hP 與 SO_hP 的對待關係：

(一)$SA_hP = [(S \neq o) \rightarrow (S\bar{P} = o)]$——眞→(甲)$S\bar{P}$ 不存在，SP 存在。

————假→(甲)S$\bar{P}$ 存在，SP 不

存在。

(乙)S$\bar{P}$ 存在，SP 存

在。

SI$_h$P ——[(S$\neq$o)→(SP$\neq$o)]———真→(甲)SP 存在，S$\bar{P}$ 不

存在。

(乙)S$\bar{P}$ 存在，SP 存

在。

————假→(甲)S$\bar{P}$ 不存在，SP 存

在。

(二)SA$_h$P ……………………真→(甲)——

SI$_h$P ……………………真→(甲)——

SA$_h$P ……………………假→(甲)——

SI$_h$P ……………………假→(甲)——

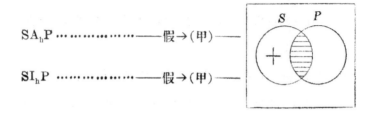

SA_hP …………………——假→（乙）——

SI_hP …………………——真→（乙）——

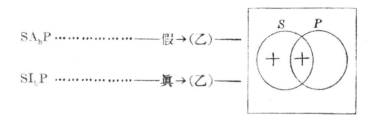

（三）SA_hP 與 SI_hP 的對待關係。

SA_hP 與 SI_hP 可以同時眞，如第一圖，也可以同時假，如第二圖。

SA_hP 爲眞，則 SI_hP 必眞；SA_hP 爲假，SI_hP 可以眞如第三圖，也可以假如第二圖。

SI_hP 爲眞，則 SA_hP 可以眞如第一圖，也可假如第三圖；SI_hP 爲假，則 SA_hP 必假。

（四）SA_hP 與 SI_hP 的對待爲差等的對待關係。　它們可以同時眞，可以同時假；如果 SA_hP 眞可以推到 SI_hP 的眞，SA_hP 的假不能推到 SI_hP 爲眞爲假；由 SI_hP 的假可以推到 SA_hP 的假，由 SI_hP 的眞不能推到 SA_hP 之爲眞爲假。

SE_hP 與 SO_hP 同樣。　兹以下圖表示 A_h E_h I_h O_h 的對待關係：

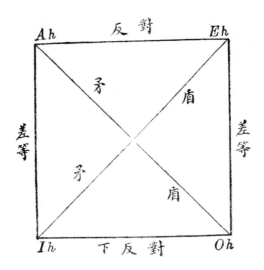

4. 以上表示如果我們把傳統的 A，E，I，O 當作 A_n E_n I_n O_n 解，則它們的對待關係不是傳統的對待關係，或者說傳統的對待關係錯了。　如果傳統的對待關係不錯，則 A，E，I，O 不能視爲 A_n，E_n，I_n，O_n。　如果我們把傳統的 A，E，I，O，當作 A_c，E_c，I_c，O_c，解，則傳統的對待關係也錯了；如果傳統的對待關係未錯，則 A，E，I，O 不能視爲 A_c，E_c，I_c，O_c。　這就是說如果傳統的對待關係對的時候，則 A，E，I，O 既不是不假設存在的命題，也不是肯定主詞存在的命題。

　　　以上三解釋之中只有一個說的通。如果我們以 A，E，I，O 爲 A_h，E_h，I_h，O_h，則傳統的對待關係對。A_h，E_h，I_h，O_h 是假設主詞存在，或以主詞存在爲條件，而不肯定的說主詞存在的命題。　這裏"假設"的意義頗不易以符號表示。它的意義，一方面似乎是以主詞的存在爲條件,另一方面似乎主詞不存在的可能根本就沒有想到,或卽想到,而以那種可能用不着討論或硏究。　我們或者說從前治邏輯的人要邏輯"適用",而以爲實用的邏輯必爲適用的邏輯。　可是適用者雖均能實用,而事實上實用者不必普遍地"適用"。　對於不存在的東西,事實上所說的話很少,而說話的時候,話中對象無論事實上存在與否,心理上大都以爲它們存在。　卽以"所有的人都是會死的"而論,大多數的人對於此命題,很自然地會想到死的問題,與所有的人都會死,還是有一部分的人可以免死,等等問題,而這一句話旣經說出,大多數的人不至於想到沒有"人"的可能,卽或想到,也以爲大可不必討論或硏究。　總而言之,空類或無份子的類忽略了。

C.換質換位方面的問題。　空類或無份子的類影響到 A, E, I, O 的對待關係,如以上所述;它也影響到換質與換位的直接推論。　本段照以上的辦法看影響如何。　但最初有一問題我們似乎應先提出。

1.傳統邏輯中換質換位的推論如下（以 SAP 爲例）:

原來命題　　換質　　換位　　再換質　　再換位　　三換質

$$\text{SAP} \rightarrow \text{SE}\bar{\text{P}} \rightarrow \bar{\text{P}}\text{ES} \rightarrow \bar{\text{P}}\text{AS} \rightarrow \bar{\text{S}}\text{I}\bar{\text{P}} \rightarrow \bar{\text{S}}\text{OP}$$

前四命題相等,後兩命題也相等,但因第五命題是有限制的換位,後兩命題與前四命題不相等,但雖不相等,而照換質換位的推論可以推論得到。　設原來的命題爲 $\bar{\text{S}}$AP, 它應有以下的推論:

$$\bar{\text{S}}\text{AP} \rightarrow \bar{\text{S}}\text{E}\bar{\text{P}} \rightarrow \bar{\text{P}}\text{ES} \rightarrow \bar{\text{P}}\text{AS} \rightarrow \text{SI}\bar{\text{P}} \rightarrow \text{SOP}$$

第二行的第四個命題與第一行的第三個命題,卽 $\bar{\text{P}}$AS 與 $\bar{\text{P}}$ES 顯而易見地是兩相反對的命題。　第一行的原來的命題與第二行的第六命題即 SAP 與 SOP，第二行的第一命題與第一行的第六命題即 S̄AP 與 S̄OP，顯而易見地是矛盾的命題。

照這兩行的推論看來，SAP 與 S̄AP 總有衝突，而這衝突可以分兩層看。 第一，兩行推論之中前四命題相等，那就是說在第一行之中，SAP 等於 P̄ES；在第二行之中，S̄AP 等於 P̄AS；但 P̄AS 與 P̄ES 既爲反對的命題，則 SAP 與 S̄AP 也爲反對的命題。 第二，最後兩命題雖與前四命題不相等，而可以由前四命題推論出來。 S̄AP 與由 SAP 推論到的 S̄OP 彼此矛盾，S̄AP 與 SAP 雖不能說本身有矛盾，但似乎可以說不能同時眞。 無論如何，在傳統邏輯的直接推論中，SAP 與 S̄AP 不能同時眞。 請注意此處所說的是不能同眞，不僅是說有時爲假。

a. 設以"所有的棹子都是四方的"與"所有的非棹子都是四方的"爲例。 第一命題先換質次換位變成"沒有非四方的是棹子"，而第二命題先換質次換位再換質成爲"所有非四方的都是棹子"。 照對待關係看來，以上兩命題爲反對的命題，那就是說，它們不能同時眞。 可是，從另外一方面着想，這兩個命題表示沒有非四方的東西。 以圖表示很容易看出來：

"所有的棹子都是四方的"

"所有的非棹子都是四方的"

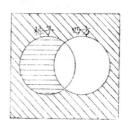

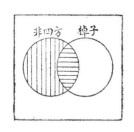

"沒有非四方的是桌子"

"所有非四方的都是桌子"

這兩命題究竟同是假的呢還是不能同是眞的呢？　從常識方面着想, 大多數的人或者要說它們都是假的, 而理由無非是 (一) 有圓的東西是桌子, (二) 有圓的東西不是桌子。　如果我們承認常識, 我們似乎不能不說這兩個命題都是假的。　但它們是否不能同時眞呢？

　　b. 設以"所有的人都是有理性的動物"與"所有的非人都是有理性的動物"。　用同樣的方法我們也可以表示這兩個命題否認非理性動物的存在。　它們還是一眞一假呢, 還是不能同眞呢？　從對於"人"有夜郎自大的感覺的人們看來, 頭一個命題是眞的, 而後一個命題是假的。　如果我們自己覺得無以解嘲, 要借人類尊嚴的思想以自別於其他萬事萬物, 我們大約也有同樣的感想。　可是問題還是這兩個命題究竟還是一眞一假呢, 還是不能同時眞呢？

　　c. 設以"所有正式電報都是假電報"與"所有的非正式的電報都是假電報"爲例。　用同樣的圖示我們也可以表示這兩個命題根本否認眞電報的存在。　如果眞有人說這兩句話, 他不過是以一種俏皮的方法表示沒有眞的電報而已。　但這兩命題是否同時眞呢？　第一, 說這樣話的人, 說"非正式電報"的時候, 他所注意的是電報, 他不至於把"非正式電報"這一名詞包含桌子, 椅子……等等。　第二, 他所注意的是在電報範圍之內，雖有正式與非正式的分別，而沒有眞的電報。　如果事實上沒有眞的電報，他可以說他所說的兩句話都是眞的。　但究竟能不能同時眞呢?學邏輯的人仍可以說不能同時眞，因爲"非正式電報"包含桌子椅子等等，不僅止於電報，所以"所有非正式電報都是假電報"這一命題是一假命題。

　　d. 設以"所有的人都是宇宙的份子"與"所有的非人都是宇宙的份子"爲例。　如果宇宙的定義是包羅萬象的全體，則所有一切均在宇宙範圍之內，根本就不能有非宇宙的份子。　同時用以上的圖示我們也可以表示以上兩命題根本否認非宇宙的份子的存在。　這兩命題，照傳統的邏輯看來不能同時眞。　可是，照以上"宇宙"的定義看來，它們同時是眞的。　"非宇宙份子"不僅不存在，而且不能存在。　茲以圖示表示之:

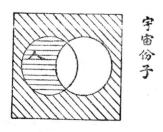

在上圖白圈就是宇宙。　這兩命題的情形與(c)條兩命題的情形不同。在"所有的非人都是宇宙的份子"這一命題中，"非人"這一名詞可以包含桌子椅子……等等，而這命題仍爲眞的命題。　承認以上宇宙二字的定義，這兩命題同時是眞的。　可是，傳統邏輯應該說它們不能同時眞。

　　本條所舉的例中，第一命題"所有的人都是宇宙的份子"可用換質換位的方法變成:"沒有非宇宙的份子是人";而第二命題用同樣的方法可以變成"所有的非宇宙的份子是人"。　這兩個命題一爲"E",一爲"A"。　非宇宙份子旣不存在,以 A, E 爲 A_c E_c,它們都是假的;以 A, E 爲 A_h, E_h,它們都無意義,因爲它們的條件未能滿足;以 A, E 爲 A_n, E_n,它們都是眞的。　傳統邏輯沒有想到無份子的類,所以說以上所舉的例不能同眞。　若僅從對待關係着想,不提存在問題,還可以說得過去;從換質換位的推論方面着想,不提存在問題,就說不過去了。　現在把換質與換位連在一塊講,其實問題差不多全是換位的問題,尤其是 E 命題的換位。

　　茲以下列兩 E 命題爲例:

　　甲　"沒有人是棹子"

　　乙　"沒有人是鬼"

這兩個命題普通我們承認是眞命題,可是眞的理由或眞的根據或眞的標準不見得一致。　事實上有人,也有棹子;如果我們把具體的人擠在一邊,把具體的棹子堆在另一邊,(甲)命題說沒有一個前邊的具體的東西是後邊的具體的東西。　事實上雖有人,而沒有鬼或鬼不存在,現在我們只有第一類具體的東西,沒有第二類具體的東西,(乙)命題可以有兩個說法,(一)說沒有前一類的具體的東西,是後一類的具體東西,(二)說沒有後一類的具體的東西,所以前一類的任何具體的東西不是後一類的具體的東西。　這兩個命題雖眞,而眞的理由不同。　理由不同,換位後的命題的眞假,就受影響。　換位後的(甲)(乙)如下:

　　甲　"沒有棹子是人"

　　乙　"沒有鬼是人"

這兩個命題之中(甲)命題可以視爲 E_c 或 E_h 或 E_n，如果原來的命題是眞的，換位後的命題無論是 E_c 也好，E_h 也好，E_n 也好，仍是眞的。　(乙)則不然，如果原來的命題是眞的，換位後的命題視爲 E_c 則假，視爲 E_h 則條件未滿足無眞假可言，視爲 E_n 則眞。　照此看來，E 命題有時可以換位，有時不能換位。　茲以各種不同的解釋，看換質與換位的推論如何。

　　2.以 A，E，I，O 爲 A_h，E_h，I_h，O_h，　傳統邏輯的換質換位的推論如下：

　　　　$SAP \to SE\bar{P} \to \bar{P}ES \to \bar{P}A\bar{S} \to \bar{S}I\bar{P} \to \bar{S}OP$。

　　a. $SA_hP \to SE_h\bar{P}$。

　　(一)$SA_hP = [(S \neq o) \to (S\bar{P} = o)]$——眞→(甲)$S\bar{P}$ 不存在，SP 存在。

　　　　　　　　　　　　　　　　　　　——假→(甲)$S\bar{P}$ 存在，SP 不存在。

　　　　　　　　　　　　　　　　　　　(乙)$S\bar{P}$ 存在，SP 存在。

　　$SE_h\bar{P} = [(S \neq o) \to (S\bar{P} = o)]$——眞假同上

　　(二)SA_hP ……………——眞→(甲)——

　　$SE_h\bar{P}$ ……………——眞→(甲)——

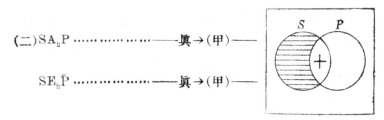

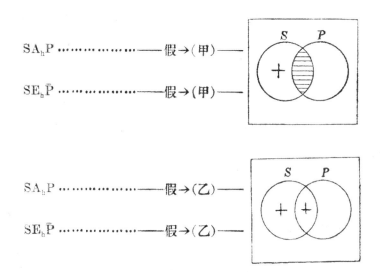

$\mathrm{SA_hP}$ ……………——假→(甲)——

$\mathrm{SE_h\bar{P}}$ ……………——假→(甲)——

$\mathrm{SA_hP}$ ……………——假→(乙)——

$\mathrm{SE_h\bar{P}}$ ……………——假→(乙)——

(三)此兩命題相等，所以由 $\mathrm{SA_hP}$ 可以推到 $\mathrm{SE_h\bar{P}}$。

b. $\mathrm{SE_hP}\to\mathrm{PE_hS}$。

(一)$\mathrm{SE_hP}=[(\mathrm{S}\neq\mathrm{o})\to(\mathrm{S\bar{P}=o})]$——眞→(甲)$\mathrm{S\bar{P}}$ 不存在，SP 存

在。

——假→(甲)$\mathrm{S\bar{P}}$ 存在，SP 不

存在。

(乙)$\mathrm{S\bar{P}}$ 存在，SP 存

在。

——無$\genfrac{}{}{0pt}{}{眞}{假}$→(甲)$\mathrm{S\bar{P}}$ 不存在，SP 不

存在。

$\mathrm{\bar{P}E_hS}=[(\mathrm{\bar{P}}\neq\mathrm{o})\to(\mathrm{S\bar{P}=o})]$——眞→(甲)$\mathrm{S\bar{P}}$ 不存在，$\mathrm{\bar{S}\bar{P}}$ 存

在。

——假→(甲)$S\bar{P}$ 存在，$\bar{S}\bar{P}$ 不
存在。

(乙)$\bar{S}P$ 存在，$\bar{S}\bar{P}$ 存
在。

——無眞假→(甲)$S\bar{P}$ 不存在，$\bar{S}\bar{P}$ 不
存在。

(二)SE_hP ·················——眞→(甲)——

$\bar{P}E_hS$ ·················——眞→(甲)——

$SE_h\bar{P}$ ·················——眞→(甲)——

$\bar{P}E_hS$ ·················——無眞假→(甲)——

$SE_h\bar{P}$ ·················——假→(甲)——

$\bar{P}E_hS$ ·················——假→(甲)——

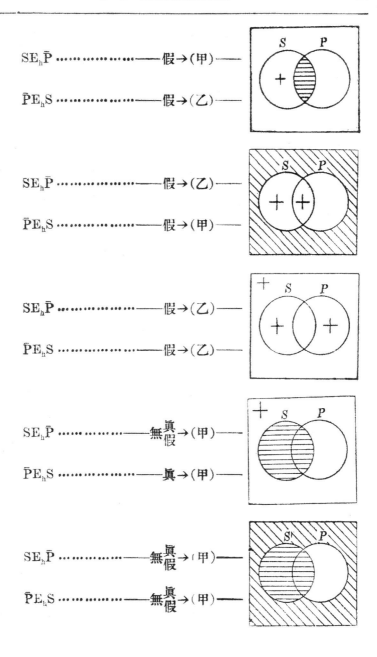

$\text{SE}_h\bar{\text{P}}$ ·················—假→（甲）——

$\bar{\text{P}}\text{E}_h\text{S}$ ·················—假→（乙）——

$\text{SE}_h\bar{\text{P}}$ ·················—假→（乙）——

$\bar{\text{P}}\text{E}_h\text{S}$ ·················—假→（甲）——

$\text{SE}_h\bar{\text{P}}$ ·················—假→（乙）——

$\bar{\text{P}}\text{E}_h\text{S}$ ·················—假→（乙）——

$\text{SE}_h\bar{\text{P}}$ ·················—無真假→（甲）——

$\bar{\text{P}}\text{E}_h\text{S}$ ·················—真→（甲）——

$\text{SE}_h\bar{\text{P}}$ ·················—無真假→（甲）——

$\bar{\text{P}}\text{E}_h\text{S}$ ·················—無真假→（甲）——

（三）以上表 $SE_h\bar{P}$ 眞，$\bar{P}E_hS$ 可以眞如第一圖，也可以無眞假如第二圖；$\bar{P}E_hS$ 眞，$SE_h\bar{P}$ 可以眞如第一圖，也可以無眞假如第七圖。 它們不相等，所以推論說不過去。

c. $\bar{P}E_hS \rightarrow \bar{P}A_h\bar{S}$。

（一）$\bar{P}E_hS = [(\bar{P}\neq o) \rightarrow (S\bar{P}=o)]$

$\bar{P}A_h\bar{S} = [(\bar{P}\neq o) \rightarrow (S\bar{P}=o)]$

此兩命題一樣，前一命題等於 $[(\bar{P}\neq o) \rightarrow (\bar{P}S=o)]$，而此命題又等於 $[(\bar{P}\neq o) \rightarrow (S\bar{P}=o)]$；後一命題等於 $[(\bar{P}\neq o) \rightarrow (P\bar{\bar{S}}=o)]$，此命題等於 $[(\bar{P}\neq o) \rightarrow (\bar{P}S=o)]$，而此命題又等於 $[(\bar{P}\neq o) \rightarrow (S\bar{P}=o)]$。

（二）此兩命題不必以圖形表示。 它們旣相等，則 $\bar{P}E_hS$ 可以推論到 $\bar{P}A_h\bar{S}$。

d. $\bar{P}A_h\bar{S} \rightarrow \bar{S}I_h\bar{P}$。

（一）$\bar{P}A_h\bar{S} = [(\bar{P}\neq o) \rightarrow (S\bar{P}=o)]$ ——眞→（甲）$S\bar{P}$ 不存在，$\bar{S}\bar{P}$ 存在。

——假→（甲）$S\bar{P}$ 存在，$\bar{S}\bar{P}$ 不存在。

（乙）$S\bar{P}$ 存在，$\bar{S}\bar{P}$ 存在。

——無眞假→（甲）$S\bar{P}$ 不存在，$\bar{S}\bar{P}$ 不存在。

$\bar{S}I_h\bar{P} = [(\bar{S}\neq o) \rightarrow (\bar{S}\bar{P}\neq o)]$ ——眞→（甲）$\bar{S}\bar{P}$ 存在，$\bar{S}P$ 不

存在。

(乙)$\bar{S}\bar{P}$ 存在，$\bar{S}P$ 存

在。

——假→(甲)$\bar{S}\bar{P}$ 不存在，$\bar{S}P$ 存

在。

——無 $^{眞}_{假}$→(甲)$\bar{S}\bar{P}$ 不存在，$\bar{S}P$ 不

存在。

(二)$\bar{P}A_h\bar{S}$ ………………——眞→(甲)——

$\bar{S}I_h\bar{P}$ ………………——眞→(甲)——

$\bar{P}A_h\bar{S}$ ………………——眞→(甲)——

$\bar{S}I_h\bar{P}$ ………………——眞→(乙)——

$\bar{P}A_h\bar{S}$ ………………——假→(甲)——

$\bar{S}I_h\bar{P}$ ………………——假→(甲)——

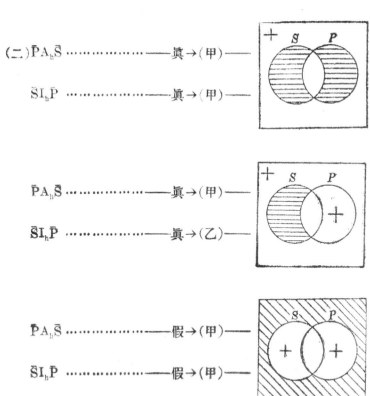

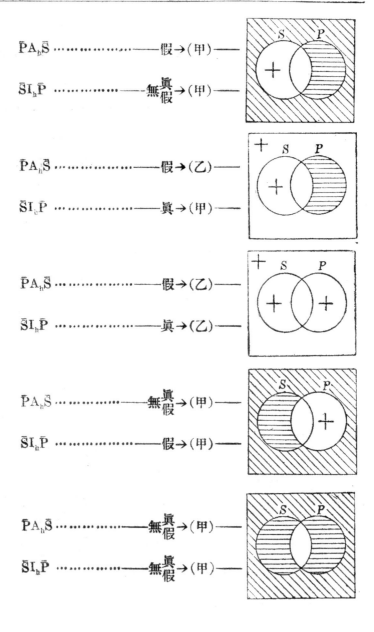

$\bar{P}A_h\bar{S}$ ··················——假→（甲）——

$\bar{S}I_h\bar{P}$ ··············——無眞假→（甲）——

$\bar{P}A_h\bar{S}$ ··················——假→（乙）——

$\bar{S}I_c\bar{P}$ ··············——眞→（甲）——

$\bar{P}A_h\bar{S}$ ··················——假→（乙）——

$\bar{S}I_h\bar{P}$ ··············——眞→（乙）——

$\bar{P}A_h\bar{S}$ ··············——無眞假→（甲）——

$\bar{S}I_h\bar{P}$ ··············——假→（甲）——

$\bar{P}A_h\bar{S}$ ··············——無眞假→（甲）——

$\bar{S}I_h\bar{P}$ ··············——無眞假→（甲）——

(三)以上表示 $\bar{P}A_hS$ 為眞,則 $\bar{S}I_h\bar{P}$ 亦為眞;它們雖不相等,而可以推論得過去。

e. $\bar{S}I_h\bar{P}\to\bar{S}O_hP$。

(一)$\bar{S}I_h\bar{P} = [(\bar{S}\neq o)\to(\bar{S}\bar{P}\neq o)]$

$\bar{S}O_hP = [(\bar{S}\neq o)\to(\bar{S}\bar{P}\neq o)]$

這兩命題相等,推論無問題。

f. 設以 A, E, I, O 為 A_h, E_h, I_h, O_h, **則換質換位如下:**

$SA_hP\to S\bar{E}_h\bar{P}\to\bar{P}E_hS\to\bar{P}A_h\bar{S}\to\bar{S}I_h\bar{P}\to\bar{S}O_hP$。

第二步的推論說不通,第四步不是相等的推論。

3. 以 A, E, I, O, 為 A_c, E_c, I_c, O_c。

a. $SA_cP\to SE_c\bar{P}$。

(一)$SA_cP=[(S\neq o)與(S\bar{P}=o)]$

$SE_c\bar{P}=[(S\neq o)與(S\bar{P}=o)]$

此兩命題相等,用不着再提出眞假的條件,也用不着利用圖式以表示它們的關係。

(二)它們既然相等,則由 SA_cP 到 $SE_c\bar{P}$ 的推論當然說得過去。

b. $SE_c\bar{P}\to\bar{P}E_cS$。

(一)$SE_c\bar{P} = [(S\neq o)與(S\bar{P}=o)]$——眞→(甲)$S\bar{P}$ *不存在*,SP *存在*。

——假→(甲)$S\bar{P}$ *存在*,SP *不存在*。

(乙)$S\bar{P}$ *存在*,SP *存*

在。

（丙）$S\bar{P}$ 不存在，SP 不
存在。

$\bar{P}E_cS=[(\bar{P}\not=0)$ 與 $(S\bar{P}=0)]$——真→（甲）$S\bar{P}$ 不存在，$\bar{S}\bar{P}$ 存
在。

——假→（甲）$S\bar{P}$ 存在，$\bar{S}\bar{P}$ 不
存在。

（乙）$S\bar{P}$ 存在，$\bar{S}\bar{P}$ 存
在。

（丙）$S\bar{P}$ 不存在，$\bar{S}\bar{P}$ 不
存在。

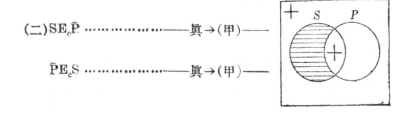

（二）$SE_c\bar{P}$ ………………——真→（甲）——

$\bar{P}E_cS$ ………………——真→（甲）——

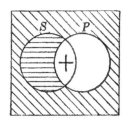

$SE_c\bar{P}$ ………………——真→（甲）——

$\bar{P}E_cS$ ………………——假→（丙）——

$SE_c\bar{P}$ ……………………—— 假→（甲）——

$\bar{P}E_cS$ ……………………—— 假→（甲）——

$SE_c\bar{P}$ ……………………—— 假→（甲）——

$\bar{P}E_cS$ ……………………—— 假→（乙）——

$SE_c\bar{P}$ ……………………—— 假→（乙）——

$\bar{P}E_eS$ ……………………—— 假→（甲）——

$SE_c\bar{P}$ ……………………—— 假→（乙）——

$\bar{P}E_eS$ ……………………—— 假→（乙）——

$SE_c\bar{P}$ ……………………—— 假→（丙）——

$\bar{P}E_cS$ ……………………—— 假→（丙）——

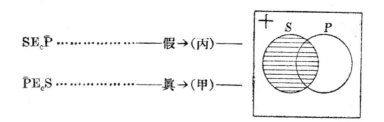

$SE_c\bar{P}$ ………………——假→(丙)——

$\bar{P}E_cS$ ………………——眞→(甲)——

(三)這兩命題可以同眞，可以同假。　$SE_c\bar{P}$ 爲眞，$\bar{P}E_cS$ 可以眞，

亦可以假；$\bar{P}E_cS$ 爲眞，$SE_c\bar{P}$ 可以眞，也可以假。　它們旣

不相等，也不能有推論。

c. $\bar{P}E_cS \to \bar{P}A_c\bar{S}$。

(一)$\bar{P}E_cS = [(\bar{P} \neq o)$ 與 $(S\bar{P}=o)]$

$\bar{P}A_c\bar{S} = [(\bar{P} \neq o)$ 與 $(S\bar{P}=o)]$

此兩命題中，$\bar{P}E_cS = [\bar{P} \neq o)$ 與 $(\bar{P}S=o)] = [(\bar{P} \neq o)$ 與 $(S\bar{P}=$

$o)]$；而 $\bar{P}A_c\bar{S} = [(\bar{P} \neq o)$ 與 $(\bar{P}S=o)] = [(\bar{P} \neq o)$ 與 $(\bar{P}S=o)]$

$= [(\bar{P} \neq o)$ 與 $(S\bar{P}=o)]$。　它們相等，所以由 $\bar{P}E_cS$ 可以推

論到 $\bar{P}A_c\bar{S}$。

d. $\bar{P}A_c\bar{S} \to \bar{S}I_c\bar{P}$。

(一)$\bar{P}A_c\bar{S} = [(\bar{P} \neq o)$ 與 $(S\bar{P}=o)]$——眞→(甲)$S\bar{P}$ 不存在，$\bar{S}\bar{P}$ 存

在。

——假→(甲)$S\bar{P}$ 存在，$\bar{S}\bar{P}$ 不

存在。

(乙)$S\bar{P}$ 存在，$\bar{S}\bar{P}$ 存

在。

$$(丙)S\bar{P}\ 不存在,\bar{S}\bar{P}\ 不存在。$$

$$\bar{S}I_c\bar{P}\ =[(\bar{S}\bar{\neq}o)\ 與(\bar{S}\bar{P}\bar{\neq}o)]——眞\rightarrow(甲)\bar{P}\bar{S}\ 存在,\bar{S}P\ 不存在。$$

$$(乙)\bar{S}\bar{P}\ 存在,\bar{S}P\ 存在。$$

$$——假\rightarrow(甲)\bar{S}\bar{P}\ 不存在,\bar{S}P\ 存在。$$

$$(乙)\bar{S}\bar{P}\ 不存在,\bar{S}P\ 不存在。$$

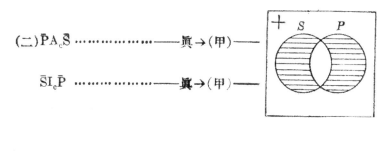

$$(二)\bar{P}A_c\bar{S}\ \cdots\cdots\cdots\cdots——眞\rightarrow(甲)——$$

$$\bar{S}I_c\bar{P}\ \cdots\cdots\cdots\cdots——眞\rightarrow(甲)——$$

$$\bar{P}A_c\bar{S}\cdots\cdots\cdots\cdots——眞\rightarrow(甲)——$$

$$\bar{S}I_c\bar{P}\ \cdots\cdots\cdots\cdots——眞\rightarrow(乙)——$$

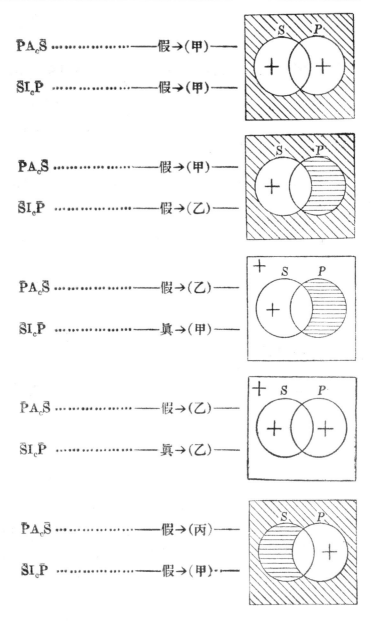

$\bar{P}A_c\bar{S}$ ·························──假→（甲）──

$\bar{S}I_c\bar{P}$ ·························──假→（甲）──

$\bar{P}A_c\bar{S}$ ·························──假→（甲）──

$\bar{S}I_c\bar{P}$ ·························──假→（乙）──

$\bar{P}A_c\bar{S}$ ·························──假→（乙）──

$\bar{S}I_c\bar{P}$ ·························──眞→（甲）──

$\bar{P}A_c\bar{S}$ ·························──假→（乙）──

$\bar{S}I_c\bar{P}$ ·························──眞→（乙）──

$\bar{P}A_c\bar{S}$ ·························──假→（丙）──

$\bar{S}I_c\bar{P}$ ·························──假→（甲）·──

$\bar{P}A_c\bar{S}$ ‥‥‥‥‥‥‥‥——假→(丙)——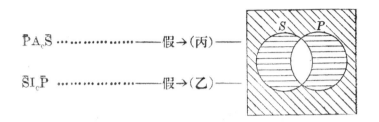

$\bar{S}I_c\bar{P}$ ‥‥‥‥‥‥‥‥——假→(乙)——

(三)此兩命題不相等，可是 $\bar{P}A_c\bar{S}$ 爲眞，則 $\bar{S}I_c\bar{P}$ 亦眞，所以由
$\bar{P}A_c\bar{S}$ 之爲眞可以推論到 $\bar{S}I_c\bar{P}$ 之爲眞。 兹以 $\bar{P}A_c\bar{S}$→
$\bar{S}I_c\bar{P}$ 表示雖不相等，而可以推論。

e. $\bar{S}I_c\bar{P}$→$\bar{S}O_c\bar{P}$。

(一)$\bar{S}I_c\bar{P}$＝[$(\bar{S}\neq 0)$ 與 $(\bar{S}\bar{P}\neq 0)$]

　　$\bar{S}O_c\bar{P}$＝[$(\bar{S}\neq 0)$ 與 $(\bar{S}\bar{P}\neq 0)$]

這兩命題相等，不必提出眞假的條件，也不必提出圖式。 既
然相等，當然可以推論過去。

f.設以 A, E, I, O 爲 A_c, E_c, I_c, O_c, 則換質換位推論如
下：

　　SA_cP→$SE_c\bar{P}$→$\bar{P}E_cS$→$\bar{P}A_c\bar{S}$→$\bar{S}I_c\bar{P}$→$\bar{S}O_c\bar{P}$。

第二步推論不過去，第四步不是相等的推論。

4.兹以 A, E, I, O, 爲 A_n, E_n, I_n, O_n。

a. SA_nP→$SE_n\bar{P}$。

(一)SA_nP＝$(S\bar{P}＝0)$

　　$SE_n\bar{P}$＝$(S\bar{P}＝0)$

此兩命題相等，當然可以彼此推論，也用不着用圖式的方法表

示它們相等。

b. $SE_n\bar{P} \to \bar{P}E_n S$。

(一) $SE_n\bar{P} = (S\bar{P}=o)$

$\bar{P}E_n S = (\bar{P}S=o) = (S\bar{P}=o)$

此兩命題也相等，由前可以推後。 不必以圖表示。

c. $\bar{P}E_n S \to \bar{P}A_n \bar{S}$。

(一) $\bar{P}E_n S = (S\bar{P}=o)$

$\bar{P}A_n \bar{S} = (\bar{P}\bar{\bar{S}}=o) = (\bar{P}S=o) = (S\bar{P}=o)$

此兩命題亦相等，推論當然成立。

d. $\bar{P}A_n \bar{S} \to \bar{S}I_n \bar{P}$。

(一) $\bar{P}A_n \bar{S} = (S\bar{P}=o)$ ……………——眞→(甲)$S\bar{P}$ 不存在，$\bar{S}\bar{P}$ 不存在。

(乙)$S\bar{P}$ 不存在，$\bar{S}\bar{P}$ 存在。

——假→(甲)$S\bar{P}$ 存在，$\bar{S}\bar{P}$ 不存在。

(乙)$S\bar{P}$ 存在，$\bar{S}\bar{P}$ 存在。

$\bar{S}I_n\bar{P} = [(\bar{S}\bar{P}\neq o) 或 (\bar{S}=o)]$——眞→(甲)$\bar{S}\bar{P}$ 存在，$\bar{S}P$ 不存在。

(乙)$\bar{S}\bar{P}$ 存在，$\bar{S}P$ 存在。

（丙）$\bar{S}\bar{P}$ 不存在，$\bar{S}P$ 不

存在。

——假→（甲）$\bar{S}\bar{P}$ 不存在，$\bar{S}P$ 存

在。

（二）$\bar{P}A_0\bar{S}$ ………………——眞→（甲）——

$\bar{S}I_0\bar{P}$ ………………——眞→（丙）——

$\bar{P}A_0\bar{S}$ ………………——眞→（甲）——

$\bar{S}I_n\bar{P}$ ………………——假→（甲）——

$\bar{P}A_0\bar{S}$ ………………——眞→（乙）——

$\bar{S}I_0\bar{P}$ ………………——眞→（甲）——

$\bar{P}A_0\bar{S}$ ………………——眞→（乙）——

$\bar{S}I_0\bar{P}$ ………………——眞→（乙）——

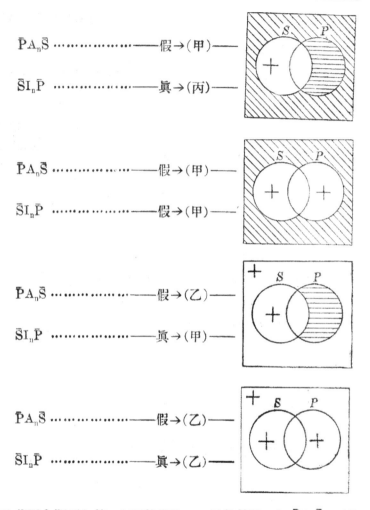

$\bar{P}A_n\bar{S}$ ‥‥‥‥‥‥‥‥‥‥——假→（甲）——

$\bar{S}I_n\bar{P}$ ‥‥‥‥‥‥‥‥‥‥——眞→（丙）——

$\bar{P}A_n\bar{S}$ ‥‥‥‥‥‥‥‥‥‥——假→（甲）——

$\bar{S}I_n\bar{P}$ ‥‥‥‥‥‥‥‥‥‥——假→（甲）——

$\bar{P}A_n\bar{S}$ ‥‥‥‥‥‥‥‥‥‥——假→（乙）——

$\bar{S}I_n\bar{P}$ ‥‥‥‥‥‥‥‥‥‥——眞→（甲）——

$\bar{P}A_n\bar{S}$ ‥‥‥‥‥‥‥‥‥‥——假→（乙）——

$\bar{S}I_n\bar{P}$ ‥‥‥‥‥‥‥‥‥‥——眞→（乙）——

(三)此兩命題不相等，也不能推論。　這就是說，由 $\bar{P}A_n\bar{S}$ 不能推論到 $\bar{S}I_n\bar{P}$。　在此處我們要注意由 $\bar{P}A_n\bar{S}$ 雖可以推論到 $\bar{P}I_n\bar{S}$，它們有差等的關係，而由 $\bar{P}A_n\bar{S}$ 不能換位到 $\bar{S}I_n\bar{P}$。不但 E 換位有困難，I 換位也有困難。　在 A_c, E_c, I_c,

O_c 與 A_h，E_h，I_h，O_h 中，"E"的換位有困難，而"I"的換位沒有。 在 A_h，E_h，I_h，O_h 中，"E"的換位沒有困難，而"I"的換位有困難。

e. $\bar{S}I_n\bar{S}\rightarrow\bar{S}O_nP$。

(一) $\bar{S}I_n\bar{P}=[(\bar{S}\bar{P}\neq\text{o})\text{或}(\bar{S}=\text{o})]$

$\bar{S}O_nP=[(\bar{S}\bar{P}\neq\text{o})\text{或}(\bar{S}=\text{o})]$

這兩命題相等，推論無問題。

f. 以 A，E，I，O，為 A_n E_n I_n O_n，則換質換位的推論如下：

$SA_nP\rightarrow SE_nP\rightarrow\bar{P}E_nS\rightarrow\bar{P}A_n\bar{S}\rightarrow\bar{S}I_n\bar{P}\rightarrow\bar{S}O_nP$

5. 以上表示 A，E，I，O，在 A_c，E_c，I_c，O_c；A_h，E_h，I_h，O_h A_n，E_n，I_n，O_n 三個解釋範圍之內，沒有一個解釋可以使換質換位的推論說得通。

同時如果對待關係說得通的時候，A，E，I，O，應作 A_h，E_h，I_h，O_h 解。

但從 A_h，E_h，I_h，O_h 解釋換質換位說不通。 這表示傳統邏輯的直接推論的前後兩部分不一致。

此處的問題當然還是空類的問題。 空類的問題在對待關係一方面我們或者不覺得什麼，因為從日常生活方活方面着想，A，E，I，O，如果代表實用的話，用不着提到主詞存在問題。 在換質換位的推論則不然。 從日常生活方面看來，好好的命題，用換質換位的推論，三翻四變，可以變成一主詞不存在的命題。 在換質換位方面既有這樣的問題，在對待關係方面這就不能不預為之備。 如果在對待關係方面

A 與 E 不管主詞存在問題，而糊裏糊塗假設主詞存在，則 SAP 與 $\overline{\text{S}}$AP 發生衝突。　具這種形式的命題在日常生活中雖然少見，可是並不見得沒有。　以上所舉的例不是特別古怪的命題，雖大多數的 SAP 與 $\overline{\text{S}}$AP 不同時眞，而旣有同時眞的可能，我們就不能說它們在理論上不能同時眞。

　　總而言之，主詞不存在的可能，不能不顧慮到。　現在許多人的辦法，是把 A, E 兩命題爲不假設主詞存在的命題，I, O, 兩命題爲肯定主詞存在的命題。　那就是說 A 與 E 爲 A_n 與 E_n, 而 I 與 O 爲 I_c 與 O_c。　這個辦法有邏輯系統範圍之外的理由，也有邏輯系統範圍之內的理由。　茲先提出前者稍微說幾句話。

　　系統之外的理由，其最大者當然就是以上所說的空類問題。　關於空類的問題，我們可以總結如下：要邏輯之適用，我們固然要硏究實用的命題；但如果我們把邏輯限制到實用的命題，其結果可以使邏輯不適用。　專就實用的命題着想，我們用不着討論空類或不存在的主詞；但如果我們把邏輯限制實用的命題而忽略空類，其結果就免不了有本節所提出的問題，反使邏輯不適用。

　　但除方才所說的這理由外還有其它的理由。　A 與 E 固爲全稱命題。　全稱頗費解，卽以"所有的人都是有理性的動物"而論，所有的範圍究竟如何呢？　所有以往的人呢？　現在的人呢？　將來的人呢？僅指已往，何以應付現在的人呢？　僅指已往及現在的人，又何以能必將來之人亦有理性呢？　尋常我們說這樣的命題由歸納得來，但是怎樣得法呢?　如果把已往現在及將來的人均包括在所有範圍之內，則命題之全稱誠全稱矣，但它是直言命題嗎？　把命題引用到將來等於說"如果將來有人，那些人也是有理性的動物"。　A，E 兩命題要實在全稱，最好從反面着想。　SAP 從反面着想說沒有 $S\bar{P}$，SEP 從反面着想說沒有 SP。　或者把它們當作假言命題看待：如果 x 是 S，它就是 P；如果 x 是 S，它就不是 P。　這樣的命題可以說是描寫已往，也可以說是範疇將來，也可以說表示 S 與 P 兩概念的關係。　必如是，A 與 E 才無疑義的普遍；果如是，則 A 與 E 卽為 A_n 與 E_n。

全稱命題要不假設主詞存在，才能無疑地全稱；特稱命題要肯定主詞存在，才能無疑地特稱。　"有人是有理性的動物"這樣的命題，如果是真的，諒有事實方面或經驗方面的根據，既然如此，它就得肯定主詞的存在。

系統範圍之內的理由，一方面是簡單與便利，另一方面是直接推論之一致。　前者可以從對待關係着想，後者可以從兩部的推論着想。

a. 對待關係

(一)SA_nP 與 SE_nP 為獨立，SI_cP 與 SO_cP 亦為獨立。　這兩層前此已經提出，此處不贅。

(二)SA_nP 與 SO_cP 為矛盾，SE_nP 與 SI_cP 亦為矛盾。

$$SA_nP=(S\bar{P}=0)\cdots\cdots\cdots\cdots\text{——真}\rightarrow\text{(甲)}S\bar{P}\text{ 不存在，SP 也}$$

不存在。

(乙)$S\bar{P}$ 不存在，SP 存

在。

——假→(甲)$S\bar{P}$ 存在，SP 不

存在。

(乙)$S\bar{P}$ 存在，SP 存在。

$SO_cP = [(S\bar{P} \neq o) \text{ 與} (S \neq o)]$ ——眞→(甲)$S\bar{P}$ 存在，SP 不存在。

(乙)$S\bar{P}$ 存在，SP 存在。

——假→(甲)$S\bar{P}$ 不存在，SP 不存在。

(乙)$P\bar{S}$ 不存在，SP 存在。

SA_nP …………………——眞→(甲)——

SO_cP …………………——假→(甲)——

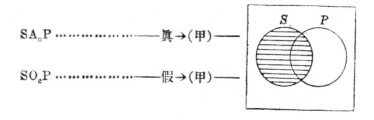

SA_nP …………………——眞→(乙)——

SO_cP …………………——假→(乙)——

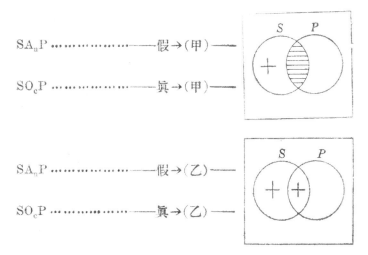

SA_nP ……………………假→（甲）——

SO_cP …………………眞→（甲）——

SA_nP ……………………假→（乙）——

SO_cP ……………………眞→（乙）——

SA_nP 與 SO_cP 不能同眞,不能同假,一眞則另一爲假,一假則另一爲眞;它們爲矛盾的命題。 SE_nP 與 SI_cP 同樣。

(三) SA_nP 與 SI_cP 爲獨立, SE_nP 與 SO_cP 同樣。 茲以 SA_nP 與 SI_cP 爲例。

$SA_nP = (S\bar{P} = 0)$ ……………——眞→（甲）$S\bar{P}$ 不存在,SP 不存在。

（乙）$S\bar{P}$ 不存在,SP 存在。

——假→（甲）$S\bar{P}$ 存在, SP 不存在。

（乙）$S\bar{P}$ 存在, SP 存在。

$SI_cP = [(SP \neq 0) 與 (S \neq 0)]$——眞→（甲）$SP$ 存在, $S\bar{P}$ 不

存在。

(乙)SP 存在，SP 存

在。

——假→(甲)SP 不存在，SP 不

存在。

(乙)SP 不存在，SP 存

在。

SA_nP ··················──眞→(甲)──

SI_cP ··················──假→(甲)──

SA_nP ··················──眞→(乙)──

SI_cP ··················──眞→(甲)──

SA_nP ··················──假→(甲)──

SI_cP ··················──假→(乙)──

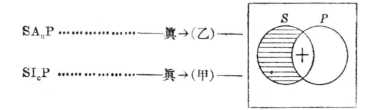

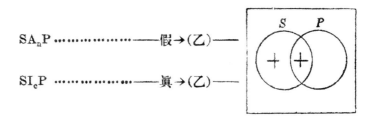

SA_nP ………………——假 → (乙)——

SI_cP ………………——眞 → (乙)——

SA_cP　與　SI_cP　可以同時眞，也可以同時假，一眞則另一可眞可假，一假則另一亦可眞可假。　它們沒有對待關係，所以獨立。　SE_nP　與　SO_cP　同樣。

(四)A_n，E_n，I_c，O_c 的對待關係如下：

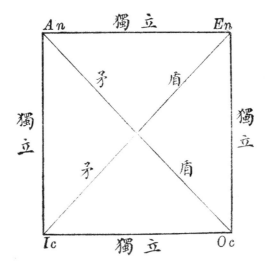

此圖示表示只有　A_n　與　O_c，E_n　與　I_c　有對待關係，其它都是獨立的命題。　這樣對待關係非常之簡單，同時以記號表示命題，只要表示矛盾關係就行，所以也非常之便利。

b.換質換位的推論。　茲特把 A_h，E_n，I_h，O_h 等等的整個換質換位詳例於下。

(一)A_h，E_h，I_h，O_h 的換質換位：

	A_h	E_h	I_h	O_h	
原來命題	SA_hP	SE_hP	SI_hP	SO_hP	
	↓	↓	↓	↓	
初換質	$SE_h\bar{P}$	$SA_h\bar{P}$	$\underline{SO_h\bar{P}}$	$SI_h\bar{P}$	
	↓	↓		↓	
初換位	$\bar{P}E_hS$	$\bar{P}I_hS$		$\bar{P}I_hS$	
	↓	↓		↓	
再換質	$\bar{P}A_h\bar{S}$	$\underline{\bar{P}O_h\bar{S}}$		$\underline{\bar{P}O_nS}$	
	↓				
再換位	$\bar{S}I_h\bar{P}$	$\overline{\bar{S}O_h\bar{P}}$			再換質
	↓	↑			
三換質	$\underline{\bar{S}O_hP}$	$\bar{S}I_hP$			再換位
		↑			
	$\overline{PO_h\bar{P}}$	$PA_h\bar{S}$	$\overline{PO_n\bar{S}}$		初換質
	↑	↑	↑		
	PI_hS	PE_hS	PI_hS		初換位
	↑	不	↑		
	SA_hP	SE_hP	SI_hP	$\overline{SO_hP}$	原來命題

(二)A_c，E_c，I_c，O_c 的換質換位：

	A_c	E_c	I_c	O_c	
原來命題	SA_cP	SE_cP	SI_cP	SO_cP	
	↓	↓	↓	↓	
初換質	$SE_c\bar{P}$	$SA_c\bar{P}$	$\underline{SO_c\bar{P}}$	$SI_c\bar{P}$	
	↓	↓		↓	
初換位	$\bar{P}E_cS$	$\bar{P}I_cS$		$\bar{P}I_cS$	
	↓	↓		↓	
再換質	$\bar{P}A_c\bar{S}$	$\underline{\bar{P}O_c\bar{S}}$		$\underline{\bar{P}O_c\bar{S}}$	
	↓				
再換位	$\bar{S}I_c\bar{P}$	$\overline{\bar{S}O_c\bar{P}}$			再換質
	↓	↑			
三換質	$\underline{\bar{S}O_cP}$	$\bar{S}I_cP$			再換位
		↑			
	$\overline{\bar{P}O_c\bar{S}}$	$PA_c\bar{S}$	$\overline{\bar{P}O_c\bar{S}}$		初換質
	↑	↑	↑		
	PI_cS	PE_cS	PI_cS		初換位
	↑	不	↑		
原來命題	SA_cP	SE_cP	SI_cP	$\overline{SO_cP}$	原來命題

(三) A_n，E_n，I_n，O_n 的換質換位：

	A_n	E_n	I_n	O_n
原來命題	SA_nP	SE_nP	SI_nP	SO_nP
	↓	↓	↓	↓

初換質	$SE_n\bar{P}$	$SA_n\bar{P}$	$SO_n\bar{P}$	$SI_n\bar{P}$	
	↓	↘		↘	
初換位	$\bar{P}E_nS$	$\bar{P}I_nS$		$\bar{P}I_nS$	
	↓			↓	
再換質	$\bar{P}A_n\bar{S}$	$\underline{\bar{P}O_n\bar{S}}$		$\bar{P}O_n\bar{S}$	
	↘				
再換位	$\bar{S}I_n\bar{P}$	$\overline{\bar{S}O_n\bar{P}}$			再換質
	↓	↑			
三換質	$\underline{\bar{S}O_n P}$	$\bar{S}I_n P$			再換位
		不			
	$\overline{\bar{P}O_n\bar{S}}$	$PA_n\bar{S}$	$\overline{\bar{P}O_n\bar{S}}$		初換質
	↑	↑	↑		
	PI_nS	PE_nS	PI_nS		初換位
	不	↑	不		
	$SA_n P$	$SE_n P$	$SI_n P$	$\overline{SO_n P}$	原來命題

(四) A_n, E_n, I_c, O_c 的換質與換位:

	A_n	E_n	I_c	O_c
原來命題	$SA_n P$	$SE_n P$	$SI_c P$	$SO_c P$
	↓	↓	↓	↓
初換質	$SE_n\bar{P}$	$SA_n\bar{P}$	$SO_c\bar{P}$	$SI_c\bar{P}$
	↓	↘		↓
初換位	$\bar{P}E_nS$	$\bar{P}I_cS$		$\bar{P}I_cS$

	↓	↓		↓	
再換質	$\bar{P}A_nS$	$\overline{\bar{P}O_c\bar{S}}$		$\bar{P}O_c\bar{S}$	
	↓				
再換位	$\bar{S}I_c\bar{P}$	$\overline{\bar{S}O_c\bar{P}}$			再換質
	↓	↑			
三換質	$\bar{S}O_cP$	$\bar{S}I_cP$			再換位
		↗̸			
	$\overline{\bar{P}O_c\bar{S}}$	$PA_n\bar{S}$	$\overline{\bar{P}O_c\bar{S}}$		初換質
	↑	↑	↑		
	PI_cS	PE_nS	PI_cS		初換位
	↗̸	↑	↑		
	SA_nP	SE_nP	SI_cP	SO_cP	原來命題

此表表示由全稱命題不能用換質換位的方法推論到特稱命題。

　　由 SA_nP 既不能推論到 $\bar{S}O_cP$，則 SA_nP 與 $\bar{S}A_nP$ 無衝突。由 SA_nP 雖能推論到 $\bar{P}E_nS$，由 $\bar{S}A_nP$ 雖能推論到 $\bar{P}A_nS$，而 $\bar{P}E_nS$ 與 $\bar{P}A_nS$ 既為獨立的命題，而非反對的命題，SA_nP 與 $\bar{S}A_nP$ 也非反對的命題。

　　c.以 A，E，I，O 為 A_n，E_n，I_c，O_c，則

(一)空類問題解決。

(二)對待關係特別簡單。

(三)換質換位雖沒有傳統的換質換位那樣自由，而沒有傳統推論
　　　所有的毛病。

II　對於間接推論的批評

A．三段論

對於三段論的批評，我們可以分三項。　一，繼續以上的討論從主詞存在與否的問題方面着想；二，從主賓詞式命題方面着想；三，從直言或假言命題方面着想。

1.三段論的格式共有十九個，其中第一格之 AAA，EAE，AII，EIO 與第二格之 EAE，AEE，EI O，AOO 無論 A，E，I，O 的解釋如何，均沒有錯。　其餘第三格之 AAI，IAI，AII，EAO，OAO，EIO 與第四格之 AAI，AEE，IAI，EAO，EIO 有些說得通，有些說不通，要看 A，E，I，O 的解釋如何。　前兩格推論此處不提，讀者自己可以用圖形表示。　後兩格的推論，均隱包換位，所以有各種問題發生。

a. 以 A，E，I，O 為 A_h，E_h，I_h，O_h 則第四格之 AEE 不對，其它均通。

（一） A_h，E_h，E_h 之關係用以下圖表示：

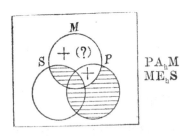

此圖沒有表示有 S 不能得 SE_hP 的結論。

(二)其它各式均用小前提為肯定命題,結論雖包含換位,推論不至於發生問題。 茲以第三格之 A_h A_h I_h 為例:

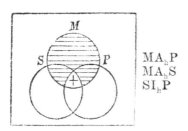

$$\begin{array}{c} MA_hP \\ MA_hS \\ \hline SI_hP \end{array}$$

b.以 A, E, I, O 為 A_c, E_c, I_c, O_c 第四格之 AEE 一樣的說不通,其餘均說得通。 A_c, E_c, E_c 的圖示與上條一樣。 其說得通的格式之中我們可以用另一例以圖表示之。

(一)第四格之 A_c, A_c, I_c:

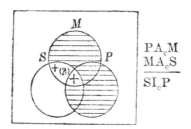

$$\begin{array}{c} PA_cM \\ MA_cS \\ \hline SI_cP \end{array}$$

c.以 A, E, I, O 為 A_n, E_n, I_n, O_n 則第三第四兩格之式,除 A_n, E_n, E_n 外, 均說不通。 茲先表示第四格 A_n, E_n, E_n 說得通,再用一例以表示其餘的格式說不通。

(一)第四格之 A_n, E_n, E_n:

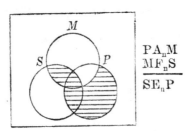

此處 S 或存在或不存在,無論如何, SP 總不存在,所以能得 SE$_n$P
的結論。 我們要記得 E$_n$ 可以換位。

(二)設以第三格之 I$_n$, A$_n$, I$_n$ 為例:

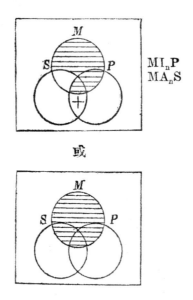

或

第二圖有 SI$_n$P 為假的可能,所以不能得 SI$_n$P 的結論。 其所以不
能得結論者,簡單言之,卽 A$_n$, I$_n$ 不能換位,而除第四格之 A$_n$, E$_n$,
E$_n$ 外,其餘均有 I$_n$, A$_n$ 換位的情形。

d. 以 A, E, I, O 為 A_n, E_n, I_c, O_c 則兩前題為全稱而結論亦為全稱者說得通,兩前提為全稱而結論為特稱者說不通,而前提之中一為特稱者均說得通。

(一)兩前提為全稱而結論亦為全稱者,只有 A_n, E_n, E_n。 這說得通,圖形如上。

(二)兩前提為全稱而結論為特稱者說不通,例如 E_n, A_n, O_c:

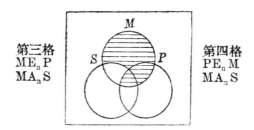

第三格
ME_nP
MA_nS

第四格
PE_nM
MA_nS

(三)兩前提中之一為特稱者 (其結論亦為特稱),例如第三第四兩格之 I_c, A_n, I_c:

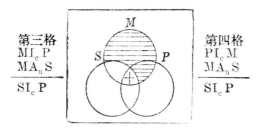

第三格
MI_cP
MA_nS
―――――
SI_cP

第四格
PI_cM
MA_nS
―――――
SI_cP

e. 傳統邏輯本來有"Reduction"一層,本書未曾提及。 這一層在歐洲經院學者手裏弄得很像樣,但本書以為是無關宏旨的枝節問題,所以根本就未談到。 A, E, I, O 的各種解釋當然影響到"Reduction"。如把 A, E, I, O 解作 A_u, E_n, I_c, O_c 傳統的 "Reduction" 有一部分說不過去。 但這一層本書不提出討論。

2. A，E，I，O 有主賓詞式命題之限制。 三段論式的推論不限於主賓詞式的命題，而傳統的三段論式既受主賓詞式之限制，就免不了把一部分推出三段論式的範圍之外。 我們在此處要表示三段論不限於主賓詞式的命題，也不限於三段。 其次我們要表示傳統的三段論，因受主賓詞式的限制範圍太狹。

a. 普通的三段論式可以說是一種傳遞質的表現。這種傳遞質不限於本體與屬性，個體的關係，類的關係，有時亦有之。 這種傳遞質可以說是一種關係質。 這種關係質以後還要談到，在此處我們僅表示傳遞不限於屬性。

(一)傳統邏輯的三段論式的根本原則：凡能形容一命題的賓詞者亦能形容那賓詞所能形容的主詞。 設以 x 代表一具體的東西，ϕ ψ θ ……等等代表屬性。 以上的根本原則說如果 ϕ 能形容 x，ψ 能形容 ϕ 所能形容的東西，ψ 也能形容 x；如果 θ 能形容 ψ 所能形容的東西，θ 也能形容 ϕ……。 所謂傳遞質者即指 θ 之能形容 ψ，可以因 ψ 之能形容 ϕ 而傳遞到形容 ϕ。 "形容"有傳遞質，不能"形容"不必有此傳遞質，此所以三段論式，能有兩肯定的前提，而不能有兩否定的前提。

(二)但此傳遞質不限於屬性的形容情形，類與類的關係亦有此傳遞質。 設以類的包含關係為例。 如果甲類包含乙類，乙類包含丙類，則甲亦包含丙類。 此中亦有傳遞質。 甲類包含乙類，因乙類包含丙類傳遞到甲類包含丙類。 此處請注意類與類的包含關係不是某份子屬於某類的那一種關係。　前面的包含關係是傳遞的，後面的關係不是傳遞的。　張先生是中國一份子，中國是國際聯盟一份子，而張先生不是國際聯盟一份子。　類與類既有此傳遞質，我們也可以有類稱的三段論式法。

(三)命題也是如此。　命題與命題間有好幾種"蘊涵"關係，我們可以舉 Moore 的 Entailment 爲例。　這種蘊涵關係也是傳遞的。　如果 p 蘊涵 q，q 蘊涵 r，p 也蘊涵 r；那就是說，p 蘊涵 q，因 q 蘊涵 r 而傳遞到 p 蘊涵 r。　推論也是如此；如果由 p 可以推論到 q，由 q 可以推論到 r，由 p 也可以推論到 r。　既然如此，我們可以有命題的三段論。

(四)卽個體與個體之間也有傳遞的關係；例如某甲比某乙長，某乙比某丙長，某甲也比某丙長；某甲比某乙高，某乙比某丙高，某甲也比某丙高。　這長短輕重大小高低等等的關係均有此傳遞質。　既有此傳遞質，則以個體爲單位，亦可以有個體的三段論。

以上表示三段論不限於主賓詞式命題所表示的情形或事實，也就表示三段論不限於主賓詞的命題。

b.但傳統的三段論限於主賓詞的命題。　此種限制不能說沒有好處，可是我們要知道它至少也有壞處。

(一)在傳統演繹法中，三段論是最精細的一部分。　從初學者一方面着想，三段論最能使初學者得一種邏輯方面的訓練。　直接推論無論是對待關係也好，換質換位的推論也好，可以說是一種"反正的推論"。這種推論差不多直接根據於二分法，沒有許多"如果——則"的推論，也不能成一練條式的邏輯。　三段論的規律,尤其是各格的規律,頗有差不多成一串的"如果——則"的推論。　這種推論對於初學者的邏輯方面的訓練很有益處。

(二)從另外一方面着想,傳統的三段論旣受限制,傳統的邏輯家聚精會神把這個狹義範圍之內的三段論弄成一個整個的系統。　如果他們最初就研究寬義的三段論,他們或者想不出這許多玩意出來。　從這一方面着想,對於主賓詞式的三段論,傳統邏輯的確可以說有相當的成績。

(三)但無論如何,傳統的三段論免不了範圍大狹的毛病。　其結果是:(甲)三段論限於主賓詞式的命題,而命題的三段論,類稱的三段論及其他三段論或數段論,均不能容納在狹義範圍之內。　"A 比 B 長,B 比 C 長,所以 A 比 C 長" 明明是三段論,而傳統邏輯反無法承認其爲三段論。　(乙)卽以主賓詞式的命題而論,傳統的 A, E, I, O 不是唯一的主賓詞式的命題,以上討論命題時曾經表示這一點。　爲用其他主賓詞式的命題,三段論或者要更改傳統的面目。　(丙)主賓詞式的命題是文法方面的主賓詞,其他方面是否一致的成爲主賓詞式,頗成問題。　設有"MAP, SAM, ∴ 'SAP'"的三段論,在文法上大前提的主詞爲 M, 小前提的賓詞爲 M; 同一名稱在文法上可以是主詞也可以是賓詞。　但如果主詞的解釋是本質,賓詞的解釋是屬性,則在大前提的 M 代表本質,而在小前提的 M 代表屬性,是則 M 的用處在第一格與第四格均不一致。　此所以有人把 A 命題的讀法改成"凡是 S 者均是 P"。

(四)因有三條的理由，三段論式的實例中有 "所有的人都有死"，"蘇格底拉是人"，"所以蘇格底拉有死"。 但小前提中的"蘇格拉底"這一主詞與大前提中的"人"那一主詞不同；後一主詞可以變成表示屬性的名詞，而前一主詞不過是一個體的名字，不容易換成表示屬性的名詞。 總而言之，範圍既狹，有些在寬義範圍之內的三段論反無法承認其為三段論；另一方面分析欠精，不同的主賓詞式的命題反包括在同一形式範圍之內。

3. A，E，I，O 在三段論究竟是直言呢？ 還是假言呢？ 這個問題很有討論的餘地，也值得討論。 普通總以為三段論是直言三段論。 傳統的教科書稱三段論為直言推論，而以具"如果——則"的命題的推論為假言推論。 可是 A，E，I，O 究竟應視為直言或假言命題，似乎不是毫無問題。 在討論命題時，曾以"A"命題為例，提出許多的解釋；在討論直言推論時，曾從主詞存在一方面提出幾個不同的解釋。 現在專從直言或假言方面着想。

a.直言與假言的分別似乎不僅是語言的問題。 從語言方面着想："所有的人都是理性的動物"，"如果一個東西是四方的，它的四邊相等"，這兩命題在語言方面固然不同。 但是它們僅有語言方面的分別嗎？ 而這語言方面的分別就是直言與假言命題的分別嗎？ 討論命題時，曾以"A"命題為例，提出許多不同的解釋，茲特提出兩種解釋。

(一)"所有的人都是理性的動物"這一命題，可以作以下解釋：

甲，有目所能見其它官覺所能覺的趙錢孫李……等等。

乙，趙是人，錢是人，孫是人，李是人，……等命題都是真的，而除趙錢孫李……等等之外沒有是人的東西。

丙，趙是理性的動物，錢是理性的動物，孫是理性的動物，……等等命題都是眞的。

把甲，乙，丙，總結起來成"所有的人都是理性的動物"。 當然以上不過簡單的分析，"所有"的意義及其時空上的範圍，我們都沒有提到；"趙錢孫李……等等"的數目是有量的或無量的，我們也沒有提到。 但以上所舉的甲，乙，丙的情形，表示一種直言命題的性質。 如果我們跑到人家房子裏看一看，說"這裏的棹子都是方的"，我們說了一句直言的話。 傳統邏輯的 A，E，是這種直言命題嗎？

(二)"所有的人都是理性的動物" 這可以解作兩概念的關係：說"人"概念之中有"理性動物"的概念。 可是概念有具體的表示與否，與概念本身無關。 幾何中說"點"，世界上不必有"點"；拍拉圖說"公道"，世界上不必有"公道"；同時我們也不能說一定沒有。 以上命題如果視爲概念與概念的關係，等於說如果任何一具體的東西是人，則這一具體的東西是理性的動物。 這是不是假言命題呢？ 這種假言命題與"如果我不打球，我就回去"，似乎不大相同。 後舉的命題，如果它是命題，不容易變成內稱肯定的命題。

傳統的全稱肯定命題可以作一種直言的解釋，也可以作一種假言的解釋。 傳統的直言與假言命題究竟應作何解釋頗不易說，茲假設它們的解釋以上的解釋。 這假設也不至於大錯。 如照此解釋，則直言與假言不僅是語言方面的分別。

b. A，E，I，O 的情形不一致。 I 與 O 均可以認爲是以上解

釋的那種直言命題。　它們似乎都沒有困難；它們主詞前的"有些"二字
如果視爲"不等於零"，則在經驗範圍之內，它們毫無問題。　如果孔夫
子是有理性的，其他的人無論有理性與否，則"有些人是有理性的"這一
句話總可以站得住腳。　A 與 E 的情形則大不相同。　它們一方面有
時空的問題，另一方面又有經驗的問題。

　　(一)"所有的人"所指的是以往的人，現在的人，將來的人都包括在
內呢？　還是僅指現在的人呢，或僅指以往的人呢，或僅指將來的人
呢？　如僅指以往的人，則"所有的人"實是"所曾有的人"；如僅指現在
的人，則"現在"的界限不容易定，卽能定，而命題之爲眞爲假似乎沒有
一定的意義；如僅指將來的人，則從直言命題一方面着想，根本就說不
通，因爲將來的人尚未實現。　如果"所有的人"包括以往，現在及將來
的人，則以"所有的人"爲主詞的命題根本就不是直言命題。　對於將來
根本就說不上有以上解釋的直言命題。　例如 "所有的人都是有理性
的"這一命題，如認爲直言命題，只能解釋成"所有的人不能不是有理性
的"。　但所謂"不能不是" 者是說"如果 x 不是有理性的，則 x 不是
人"；可是，這樣一來，這命題變成了"如果 x 是人，x 是有理性的"。
從這一方面看來，A 命題如果實實在在是全稱，則 A 命題不是有以
上解釋的直言命題。　E 命題同樣。

　　(二)除時間空間方面的問題之外，還有經驗之內與經驗之外的問
題。　此處所謂經驗之內是已曾經驗，經驗之外是未曾經驗。　I 與 O
兩命題在這一層也沒有問題。　它們可以是有以上解釋的直言命題。
A 與 E 又發生問題，仍以"所有的人都是有理性的"爲例。　"所有的

人”是所有我們所曾經驗的人呢？　還是包含已曾及未曾經驗的人呢？
如係前者，則下段討論。　如係後者，則不能是有以上解釋的直言命
題。我們未曾經驗的 x，y，z……我們旣不知其爲人，也不知道他們是
否有理性。我們不能肯定的說“所有的人都是有理性的”。　如果我們
要說這樣一句肯定的話，我們只能表示無論我們已經經驗也好，未曾經
驗也好，只要 x，y，z……是人，他們就是有理性的。但如此解釋，等於
說“如果 x，y，z……是人，他們就是有理性的”。　可是這又把 A 命
題變成以上解釋的假言命題了。　如果 A 命題普及於未曾經驗的主
詞所代表的東西，則 A 命題只能視爲假言命題。　E 命題亦然。

　　c. 如“所有的人都是有理性的”這一命題僅指曾經經驗的人，則以
下問題又不容易對付。　A 與 I 在傳統邏輯有差等的關係，由 A 之眞
可“以推論”到 I 之眞。“推論”二字在傳統邏輯似有由已知到未知的
意義，在現在的符號或數理邏輯，“推論”無此意義。　茲從傳統的“推
論”着想，看由 A 推論到 I 的推論是否有傳統的意義，第一格之 AA
是否有這種推論。

　　(一)“所有的人都是有理性的”，如視爲直言命題，而同時主詞所代
表的東西限於經驗範圍之內，則此命題有以上(1)條所陳述的(甲)(乙)
(丙)三情形，不過甲情形須加以下修改而已；有已曾經驗的趙錢孫李…
…等等。

　　A 命題“所有的人都是有理性的”可以分成以下部分：

　　甲，有已曾經驗的趙錢孫李……等等。

　　乙，趙是人，錢是人，孫是人，李是人，……等等命題都是眞的，而除

趙錢孫李……等等之外無是人的東西。

丙，趙是有理性的，錢是有理性的，孫是有理性的，李是有理性的
……等等都是眞的。

I 命題"有些人是有理性的"可以分成以下部分：

甲，有已曾經驗的趙錢孫李。

乙，趙是人，錢是人，孫是人。李是人，都是眞的。

丙，趙是有理性的，錢是有理性的，孫是有理性的，李是有理性的，
都是眞的。

傳統的"推論"如有"由已知到未知"的意義，則由 A 到 I 無推
論。 I 不過是 A 的一部分而已。 此處之所謂"推論"是有以上限制
的推論。 在數理邏輯由 "趙雲姓趙，趙雲姓趙" 這一命題可以推論到
"趙雲姓趙"，可是這種推論沒有以上的意義。

（二）現在再看 AAA 是否有以上的推論。 設有以下 AAA 的三
段論：

所有的人都是有理性的；

所有的學生都是人，

∴所有的學生都是有理性的。

在此三段論中大前提的分析如上。 小前提不過加入以下："趙錢
孫李……等等之中至少一部分是學生，而除此部分之外沒有是學生的
東西"。 結論不過是說此部分是學生之趙錢孫李……等等都是有理性
的。 如果我們知道大小兩前提所表示的事實，我們也知道結論所表示
的事實。 從三段論方面着想，卽 AAA 也沒有以上的推論。

現在的問題就是三段論究竟是"直言"的"推論"嗎？　如果傳統邏輯所謂直言是以上的直言，而推論是有以上特殊意義的推論，我們至少可以說如果 A，E，I，O 是直言命題，它們彼此的推論不是傳統的推論。　嚴格的邏輯是否有那種推論是另一問題。　我們可以說嚴格的邏輯沒有這種推論，但此問題現在可以不討論。

現在可把推論的問題撇開。　以上三段論是傳統邏輯所稱爲直言的推論，以下所要提出來的是傳統邏輯所稱爲假言的推論。　直言與假言的問題，以下還要討論。　現在不過要請注意：如果 A，E，當作 A_n，E_n；I，O，當作 I_c，O_c，則傳統邏輯的假言推論與直言推論，至少有一部可以連合起來。

B.假言推論。　關於假言推論的批評可以分以下諸點：1，假言推論中的 Implication。　　2，假言推論中類與類的關係及命題與命題的關係，3，假言推論的證明。

1.蘊涵關係是一命題與命題的關係。　它有以下各不同的種類。最流行的有以下四類：　a.　路易斯的嚴格蘊涵關係，　b.　Moore 的 Entailment 或意義蘊涵關係，　c.形式蘊涵關係，　d.真值蘊涵關係。這幾種推論以後均須從長討論，此處從略。　它們的共同點就是前件眞後件亦眞，後件假前件亦假，但各有其特殊情形。　直值蘊涵沒有意義的關係，那就是說前件與後件在意義上彼此不必相涉。　形式蘊涵一方面是假言命題，另一方面又是一直言命題；一方面前件與後件有實質的關係，另一方面它們也可以說有意義的關係。　一部分傳統邏輯所稱爲假言命題的命題可以解作形式蘊涵，一部分似乎不能。　Moore 的

Entailment　與普通所謂蘊涵或者最近；但如果形式蘊涵總結多數的眞值蘊涵，Entailment　也可以說是總結多數的意義蘊涵。　傳統邏輯是否都是意義的蘊涵呢？　這可不容易說。　路易斯的嚴格蘊涵關係，一方面近乎傳統的蘊涵關係，一方面又的確不是傳統的蘊涵關係，因爲它有它的"Paradox"。

究竟傳統邏輯的蘊涵關係是怎樣的關係、我們不敢說；究竟事實上我們在辯論中所引用的蘊涵關係是怎樣的關係、我們也不敢說。　不但我們不敢說，恐怕當代名師也不敢說。　同時我們似乎也要注意：究竟是有問題未得解決呢？　還是所謂問題者根本就不是問題呢？　如果這問題根本就不是問題，我們用不着討論；如果是問題，究竟是怎樣的問題呢？　對於後一層我們或者可以把它分作好幾個問題。　（一）傳統的蘊涵究竟有一致的或一定的意義呢？　（二）如果有以上所表示的，不過是說我們到現在還不知道它一致的或一定的意義如何；如果沒有，我們的問題是傳統的蘊涵有幾種，而各種的不同點又何在呢？　（三）各種不同的蘊涵有共同的意義呢？　還是止有最低限度的意義呢？　還是共同的意義就是最低限度的意義呢？　蘊涵的問題太大，牽扯出來的問題太多，本書不必討論，也不能討論；現在所要表示的就是傳統的蘊涵關係，或者意義不清楚，或者有一致的意義而我們不知其意義之所在。

2. 假言命題中類與類的關係及命題與命題的關係。　在討論假言推論的時候，我們曾說表示充分條件的假言推論有三式，而三式之中有以下兩式。

a. 如果甲是乙，則甲是丙：

$\qquad$ 甲是乙，　　　　或甲不是丙，

$\qquad$ 所以甲是丙；　　　所以甲不是乙。

b.如果甲是乙,則丙是丁：

$\qquad$ 甲是乙，　　　　或丙不是丁，

$\qquad$ 所以丙是丁；　　　所以甲不是乙。

此中(a)式的大前提僅有三名詞,(b)式的大前提有四。　僅有三名詞的假言命題很容易變成表示名詞的關係的直言命題,例如:(a)式的大前提可以變成"所有的乙都是丙"或"所有的甲乙(旣甲且乙)都是丙"。既然如此,我們可以把(a)式假言命題中前件與後件表示的關係解作名詞的關係。　比方我說"如果一個人是河北人,則他是中國人",我們可以把它限制到狹義的表示,解作"所有的河北人都是中國人"。　這似乎毫無牽強的地方。　(b)式的大前提則不然。　它這樣的假言命題不容易變成表示名詞的關係的直言命題。　"如果甲是乙,則丙是丁"表面上似乎可以變成:

(一)所有是丙之丁都是是乙之甲。

(二)所有的丙是甲,所有的乙是丁。

(三)所有甲是乙的時候,都是丙是丁的時候。

但舉一例卽知此種假言命題不容易變成表示名詞的關係的直言命題。如果我說"如果你有工夫,我們就上北平去",我們不能把他變成:

(一)所有你有工夫,都是我們上北平去。

(二)所有我們都是你,所有上北平去的都是有工夫的。

(三)所有你有工夫的時候,都是我們上北平去的時候。

以上第三變化最不免強，可是其所以比較不免強的道理似乎就是把前件整個的命題當作一名詞後件整個的命題當作另一名詞。　可見最便當的方法卽承認（b）種假言命題根本就表示命題與命題的關係而不表示名詞的關係。

以上兩種假言命題均見傳統邏輯，它們所表示的是怎樣的蘊涵關係呢？　頭一種似乎近乎 Moore 的 Entailment，一種比較起來與它最相近的似乎是眞値蘊涵。　但究竟是不是呢？

3.敘傳統邏輯的時候曾以三段論證明假言推論之規律。　讀者或者已經注意我們所"證明"的都是以上（a）種的假言推論。　其所以如此者，一方面固然是因為以上（a）種假言推論最簡單，但另一方面也就是因為以上（b）種假言推論中的大前提不容易變成表示名詞關係的直言命題。　既然有此困難，當然就不能以三段論的形式去表示這種假言推論，那也就是說，不容易以三段論去證明它的規律。　我們對於假言推論似應注意以下諸點。

a.表示兩命題的蘊涵關係的假言命題，不必能改作表示名詞的關係的直言命題。　命題間的蘊涵不必根據於類與類的包含。　類的邏輯與命題的邏輯似乎要分開。　它們或者能包括於一系統之內，但要把它們包括系統之內，它們的樞紐應該是嚴格的，明文的，用推論方式的樞紐才行。

b.所謂"三段論"者不必是三個名詞的關係或三個類的關係，關係可以有三段論，命題也可以有"三段論"。　傳統的三段論限於三個名詞的關係，或三個類的關係，所以是狹義的三段論。　假言推論的一部分雖不能或不易改作狹義的三段論，而我們不能說它不能改作寬義的三段論。　以上（b）種假言推論就是一種三段論，不過它是命題的三段論，而不是名詞或類的三段論而已。

　　c. 名詞的三段論或類的三段論似乎均同時也是命題的三段論。卽以 Barbara 而論，我們固然可以把它分析到大詞中詞小詞的關係的三段論，可是我們也可以把它當作前兩個命題與後一命題的蘊涵關係的三段論。　從這一點看來，命題比名詞或者根本。　此處根本兩字僅表示由命題推到類或名詞，比由類或名詞推到命題或者容易一點。

　　C. 柝取推論。　關於析取命題析取推論的批評與以上的差不多。這裏的問題也是名詞的析取與命題的析取。　它們有時可以通，有時不能通。　有時命題的析取可以變成名詞的析取，有時不能。　請先表示命題的析取不能或不容易改成名詞的析取；次表示名詞的析取在傳統邏輯範圍之內很容易改成命題的析取；又次表示有些名詞的析取不容易改成命題的析取。　三者既明，我們又似乎把這兩種析取分開。　分開之後，所應注意諸點與以上提出的差不多。

　　1. 命題的析取有不易或不能改作名詞的析取者。　討論析取命題時，曾舉以下的式：

　　　　甲是乙或丙是丁；

　　　　　甲是乙，

　　　　所以丙不是丁。

　　這是命題的析取，表示"甲是乙"與"丙是丁"兩命題不能同眞同假。"或"字在這裏這種用法，在中文似乎少見，舉列不容易。　屈原卜居那篇文章裏或者有這類的命題方面的析取。　例如"甯正言不諱以危身乎？　將從俗富貴以偷生乎"？　我們可以說："正言不諱以危身，所以不從俗富貴以偷生；或從俗富貴以偷生，所以不正言不諱以危身"。　這裏大前提不容易改成表示名詞的關係的命題，這種命題的析取不容易變成名詞的析取。

　　a.設以以上的式爲例，我們想法子把它變成表示名詞的關係，恐怕最便當的辦法是先把它改成假言命題。　因爲這裏的析取是兩不相容而又彼此窮盡的命題，所以改成假言命題的時候，它可以有以下兩式：

　　(一)如果甲是乙，則丙不是丁；

　　　　甲是乙，

　　　所以丙不是丁。

　　(二)如果甲不是乙，則丙是丁；

　　　　甲不是乙，

　　　所以丙是丁。

這裏無論(一)式也好(二)式也好，不容易以傳統邏輯的工具變成表示名詞的關係的命題。　至爲什麼不容易變成表示名詞的命題，在批評假言命題的時候，已經討論過，此處不贅。

　　b.但以上的析取推論，我們很容易表示它所包含的是命題的析取。

　　設以 p 代替"甲是乙"，以 q 代替"丙是丁"。　如果這個析取推論說得通，它一定要守規矩，那就是說，"或"一定是彼此不相容而又彼此窮盡的"或"。　p 與 q 兩命題只有四個真假可能：(一) pq，(二) p$\bar{\text{q}}$，(三) $\bar{\text{p}}$q，(四) $\bar{\text{p}}\bar{\text{q}}$，(p 或 q 上加一條線表示非 p 或非 q)。　這兩命題既彼此不相容,則(一) pq 的可能取消;它們既彼此窮盡,則(四) p̄q̄ 也就取消。 既然(一)與(四)均取消,所餘者僅 (二) pq̄ 與(三) p̄q,(二)表示 p 眞 q 假,(三)表示 p 假 q 眞;那就是說"甲是乙","丙是丁"兩命題中,承認其一卽否認其二,承認其二卽否認其一,否認其一卽承認其二,否認其二卽承認其一。

2.名詞的析取在傳統邏輯所舉的例的範圍之內似乎都可以變成命題的析取。 例如以下的式:

甲是乙,或是丙;

甲是乙,

所以甲不是丙。

此式中 "甲是乙或是丙" 這一析取命題很容易變成 "甲是乙" 或 "甲是丙",例如:"某甲姓李或姓張", 此命題很容易變成"某甲姓李"或"某甲姓張"。 但前一命題同時是表示名詞的關係的命題,我們可以把它先變作假言命題,然後再變成三段論。

沒有姓李的是姓張的,

某甲是姓李的;

所以某甲不是姓張的。

這可以表示"某甲姓李或姓張",可以視作表示名詞的關係的命題;可是它也可以解作 "某甲姓李" 或 "某甲姓張"。 只要前後兩命題中的"某甲"代表一個人, "某甲姓李" 或 "某甲姓張"這一命題與原來的命題無異。 我們要注意,我們現在所討論的,不僅是兩名詞析取的命題而且是兩命題的析取命題。 如果僅是前者,我們有時不能以之爲析取推論的大前提（見第四部關於或者的討論），析取推論的大前提一定要同時是命題的析取，才能由小前提而推論到結論。　我們可以說在析取推論中的析取命題，雖可以表示名詞的析取，一定同時是命題的析取。

3. 名詞的析取不必是命題的析取。　有時一命題中有名詞的析取，而命題爲一直言命題。　有時一命題中有名詞的析取，而命題爲一假言命題。　　如果有一件血案，因偵查的結果，巡警局知道殺人者不是姓張就是姓李的，而二人又有不能同謀的確實證據，那我們可以有以下的命題：

（殺人者一定是"姓張的或姓李的"）

這一命題僅有名詞的析取，它不是一個析取的命題。　這裏"一定"兩字是說姓張的與姓李的兩人中必有其一；但這命題沒有說殺人者一定是姓張的，也沒有說殺人者一定是姓李的。　如果我們把它分成兩個命題而以或字聯起來成一整個的析取命題如下：

（"殺人者一定是姓張的"或"殺人者一定是姓李的"）

則此命題的意義與原來那命題的意義不同。　照原來那命題的意義看來，這析取命題的前後兩部分都是假的。

以後對於"或"尚要提出討論，此處不必多說。　以上所說的不過是表示名詞的析取有時不能或不容易變成命題的析取。　在傳統的析取推論的範圍之內，名詞的析取雖均可以變成命題的析取，而命題的析取不都可以變成名詞的析取。　既然如此，則以三段論去證明析取推論就發生問題。　這問題與以上對假言推論的批評是一樣的。

D. 二難推論。　　如果邏輯是一種思想的藝術，二難推論在邏輯上或者有它的地位。　如果邏輯是客觀的必然的性質，則二難推論在邏輯上似乎沒有任何特殊的地位。　它似乎是辯論的工具，它使人注意的地方完全在實質方面。　詭辯家或者要利用它做詭辯的工具，治邏輯學者不必特別注意它，因爲它的普遍形式不過是一種假言與析取命題相聯合的推論而已。

1. 所謂二難推論者是指推論中析取部分的兩可能，但析取命題既不限於命題方面排中律的析取，則可能不必限制於兩可能。　可能既不限於兩可能，則所謂"難"者不必爲"二"。　設有以下的推論：

如果一個人的生活有意義，他或者可以得道，或者可以長生，或者可以享福。

但一個人既不能得道，又不能長生，又不能享福。

所以一個人的生活無意義。

如果這裏有所"難"，則所難者不僅爲二。　從形式方面着想，可能不只於二，可能既不只於二，則在形式上無特別提出二難推論的理由。

2. 以上是就"二"字方面着想，現在我們可以從"難"字方面着想。邏輯所注重的是形式，而不是實質。　而所謂"難"者完全是實質問題，而不是形式問題。　形式既無所謂難與不難，則所謂"難"者與邏輯不至於發生任何關係。　茲以例說明之：

a. 如果甲是乙則丙是丁，如果戊是己則丙是丁；

甲是乙或戊是己，

所以丙是丁。

b. 如果你特立獨行你受人罵，如果你隨流合汙你受人罵；

你或者特立獨行或者隨流合汙，

所以你受人罵。

對於不願意受人罵的人，(ｂ)例有二難；但無論對於甚麼樣的人，(ａ)例均無所謂"難"。　舉例雖非證明，而的確可以表示所謂"難"是實質問題，而非普遍的形式問題。　聯合假言命題與析取命題的推論，既不必限於"二"也不必有所"難"，可見二難推論不過是普遍形式之下一種特別實質的辯論而已。

總而言之，以上的討論表示在形式方面假言命題與析取命題聯合起來的推論不限制於兩可能，也無所謂"難"，而所謂"二難推論"者根本就是實質上彼此非難的工具，而不是邏輯方面的普遍形式。

以上所討論的結果可以總結如下：

1. 關於對待關係：

a. 兩全稱命題均視為不假設主詞存在的命題，兩特稱命題均肯定主詞存在的命題，所以傳統的 A，E，I，O，變成立 A_n，E_n，I_c，O_{co}

b. 既然如此，則對待關係中僅有矛盾一關係，其他如反對，下反對，差等，等等關係均取消。

2. 關於換質與換位：

a. 為求與上面一致，A 既是 A_n，E 既是 E_n，則全稱命題的換質說得通，全稱否定的換位也說得通，全稱與特稱肯定的換位說不通。

3. 關於三段論：

a. A，E，I，O 的解釋既如以上所述，則前兩格無問題，第三格之

AAI, EAO, 第四格之 AAI, EAO, 均說不通。　其他如把大小前提當作整個的命題看待,似均說得通。　但三段論的變換法,須完全更改。

　　b. 傳統的三段論僅是主賓詞式的三段論,其他如類的三段論,關係的三段論,命題的三段論,均不正式地在傳統的邏輯範圍之內。

　　c. 如把傳統三段論當作類的包含關係看待, 有時一類包含在另一類的關係,與一份子屬於一類的關係相混。

　　4. 關於假言推論:

　　a. 假言推論根據於蘊涵關係,而蘊涵關係有許多不同的種類,傳統邏輯似乎沒有把各種不同的蘊涵關係弄清楚。

　　b. 傳統假言推論中的假言命題,有兼表示名詞的關係,有僅表示命題的關係,二者宜分別清楚。

　　c. 表示名詞的關係者很容易變成傳統的三段論, 僅表示命題的關係者不容易變成傳統的三段論。

　　5. 關於析取推論:

　　a. 在傳統的析取推論中名詞的析取與命題的析取沒有分清楚。在傳統析取推論的範圍之內,前者均同時為命題的析取,而後者不一定為名詞的析取。

　　b. 名詞的析取很容易變成傳統的三段論,而命題的析取不容易。此處的不容易與以上關於假言推論的(c)條所說的不容易, 均指傳統邏輯的工具而言。

　　c. 有名詞的析取而不容易變成命題的析取者, 但此種名詞的析取似不在傳統析取推論的範圍之內。

6.關於二難推論："二難"推論不是普遍形式問題,而是一種特殊的辯論工具,在邏輯範圍之內似乎根本就用不着討論。

以下第三第四兩部所要表示如下：(一)傳統邏輯的各部分彼此不相關聯,不是一個整個的系統, 但可以容納於一個整個的系統範圍之內； (二)整個系統可以表示邏輯各部分的關聯, 且可以表示它們出於一源；(三)整個系統的各部分有些非傳統邏輯之所能有,所以範圍廣；(四)整個演繹系統的命題, 除所謂基本概念與基本命題之外, 均有證明,所以形式嚴格而表面上相似的命題不至於相混。 本書第三部提出一個節略的系統,第四部討論邏輯與邏輯系統的種種問題

本書對於傳統的邏輯旣有這樣長的批評, 而對於所謂新式邏輯沒有批評,讀者或不免發生誤會,以為傳統邏輯有毛病, 而新式邏輯沒有毛病。 新式邏輯也有毛病,有些毛病或者是傳統邏輯所沒有的。 如果一個人要寫一部集大成的邏輯書, 他當然要提出新式邏輯（以下介紹的系統在內)的種種毛病,當然也要提出種種批評。 本書意不在此,不批評新式邏輯,不見得新式邏輯沒有毛病；批評傳統邏輯,也不僅是因為傳統邏輯有毛病。 本書的宗旨在使初學者得批評的練訓,使其對於任何邏輯及任何思想,均能運用其批評的能力。

第 三 部

介紹一邏輯系統

本篇要介紹一整個邏輯系統的一部分。 因爲現在的邏輯系統化，所以要介紹一系統以爲例；因爲所介紹的是溶邏輯算學於一爐的大系統，本書只能選擇最前及最根本的一部分；同時最前及最根本的部分的題材也就包含傳統邏輯教科書的題材。 根據作者個人教書的經驗，在未舉邏輯系統實例之前，關於邏輯系統之種種問題不容易提出，也不容易討論；此所以在第三部介紹系統，而在第四部討論關於邏輯系統的種種問題。

本篇在 I 節提出未解析的命題的推演。 這一部分在原書中分爲好幾部分，共一百六十餘命題，I 節僅抄六十餘命題。 每一命題都有証明。 讀者或不免感覺這種証明的麻煩，可是其所以完全寫出証明者就是因爲習而慣之，讀者可以得一種訓練。

I 未解析的命題的推演。

A. 解釋弁言。

這裏的解釋分以下兩條： (1)關於符號， (2)關於推論。

1. 關於符號。

以下的符號不必有以下的意義， 可是事實上我們給它們以以下的意義。 "p, q, r,……"等解釋成未解析的命題。 在本書我們不說它們是最初級的命題。 "最初級的命題"這一名稱似乎有困難。 如果命題要解釋，如果我們免不了要用解析的方法以研究命題的意義，則是否有"最初級的命題"，頗發生疑問。 卽有這樣的命題，我們也不容易舉例。 我們手指一物說"這是紅的"。 "這是紅的"是否最初級的命題頗不易說；但只要我們不解析它，它總是未解析的命題。

"├"表示斷定。 每一命題都有斷定的成分在內。 假如我向窗外一望說"今天天晴"，"今天天晴"是一命題，有斷定成分夾在裏面；假如我討論命題，說"卽以"今天天晴""爲例，嚴格地說，"今天天晴"不是命題，因爲它沒有斷定的成分。 "├"旣表示斷定，有此符號的命題，均爲此系統斷定爲眞的命題。

"～"表"非"，"負"，"假"。 它可以視爲運算(Operation)，也可以視爲眞假兩值中的假值。 有時運算與值一樣，有時不一樣。 有此符號的命題有時此符號表示此命題之爲假，有時無此表示。 卽以本系統的矛盾律而論，"├.～(p.～p)"，括弧外面那個"～"表示括弧裏面的命題是假的；可是括弧裏面那個"～"，嚴格地說，只能視爲運算；因爲假設 p 代表一眞命題，則括弧裏的"～"不過表示 p 的反面而已。 但系統的推行旣沒有因此發生什麼困難，我們也不必多所計較。

"∨"表示"或者"，"p∨q"表示"p是眞的或者 q 是眞的"。 這裏的"或者"是相容的或者，所以 p, q 皆眞也是一可能，所排除的不過是二者皆假而已。 "p∨q"也可以讀成"p, q, 之中至少有一爲眞"。 負 p 或負 q 的情形同樣，"～p∨～q"可以讀成"～p, ～q, 之中至少有一爲眞"。 ～(p∨q)卽""p, q, 之中至少有一爲眞"是假的"，那就是說"p

是假的 q 也是假的"。

"=……Df" 表示定義,例如"p⊃q.=.~p∨qDf"。 定義不是本系統的命題, 它不過表示符號的用法而已。 等號之後, 加上"Df", 卽表示定義; 那就是說, 左邊符號的意義就是右邊符號的意義。 定義旣是以比較簡單的符號代替比較複雜的符號, 所以嚴格地說來, 系統無定義也可以推行, 不過不甚方使而已。

"⊃"表示"蘊涵"或"如果——則", "p⊃q" 表示"如果 p 是眞的, 則 q 是眞的"。 照定義, 這句話的意義就是"p 是假的或者 q 是眞的", 或者""p 是眞的而 q 是假的"是假的"。 這樣的"如果——則"很受了些批評。 它是否普通的"如果——則", 頗發生問題; 普通的"如果——則", 究竟是怎樣的"如果——則"也不見得容易認清楚。 但普通"如果——則"的諸意義中有這裏的"如果——則"的意義, 同時這裏的"如果——則", 在本系統範圍之內, 似乎沒有不清楚的地方。

"·"表示"與"或"和", 或"而且", 或"旣——又"; "p·q"表示"p與 q 都是眞的"。 這命題所要求的是 p 與 q 無一是假。 基本定義說"p·q"的意義就是 "~(~p∨~q)" 的意義。 點尙有另外用法, 詳見下。

"="表示命題的眞假值相等, "p=q" 表示"p與q或者同眞, 或者同假"。 它的定義是"(p⊃q)·(q⊃p)"。 這就是說"p.q"或者"~p.~q", 因爲 (p⊃q) 取消"p.~q", 而(q⊃p)取消"~p.q"。 在P.M.——Principia Mathematica 之簡稱——"∨", "·", "=", 是分開來的, 本書把它們的推演集爲一部。

點除表示"與", "和"……之外, 尙有以之爲括弧的用法, 點的數

目表示括弧的大小，數目愈大，則所包括的愈多；而斷定符號"⊢"後之點表示斷定的範圍。　茲以

$$\text{"⊢}: p \supset q . \supset . \sim q \supset \sim p\text{"}$$

爲例：斷定符號後之兩點表示所斷定者爲整個公式所表示的命題；命題中左右俱一有點的"⊃"爲命題中的主要蘊涵關係。　表示與的點例如"p.q"力量最小；在"⊢：p.p.⊃.p.p"，"⊃"兩旁雖僅有一點，與表示"與"的點的數目相等，然因其力量大，"⊃"仍爲此命題中之主要符號。

　　每一命題均有號數表示，而証明所根據的命題僅寫其號數。　假如証明中有〔1·1.1·2〕這樣的符號，此符號表示所引用以爲証明的根據的命題爲"1.1"與"1.2"兩基本命題。

　　"$\dfrac{\sim p}{p}$"表示以"$\sim p$"代替"p"，例如$\left[1\cdot 2 \dfrac{\sim p}{p}\right]$，此符號表示"1·2"那一基本命題——"p∨p.⊃.p"——以"$\sim p$"代替"p"，成所要引用的命題"$\sim p \vee \sim p.\supset.\sim p$"。

　　2.關於推論。

　　P. M.中基本命題共有十個，本書僅抄六個。　其餘四個一方面在本書不甚重要，另一方面它們所應付的問題，本節不預備提出，所以根本沒有抄寫的必要。

　　此處所謂"推論"是英文裏的 Inference, 推論原則即 Principle of Inference。　推論原則是非常之麻煩的原則，我們在第四部討論它一方面的困難問題，此處不談到。

　　本節的推論約有以下諸點我們應注意。

　　以下系統是現在所稱爲自足系統的系統，它有它本身所備的推

論原則。 旣然如此,它的基本命題不僅是前提,而且是推論的方式。
命題雖只有一套,而用法不只一樣。 有些前提只是前提,不能以爲之
推論方式,例如:

>所有的人都是有理性的動物

>孔子是人

>所以孔子是有理性的動物。

這裏的前提均不是推論的方式,前提的眞假與推論的對不對不相干。
設有下例,則情形不同:

>所有眞命題所蘊涵的命題都是眞命題

>"q" 是眞命題所蘊涵的命題

>所以 "q" 是眞命題。

這裏的推論方式與以前的一樣, 其不同之處卽此推論方式亦同時爲其
本身之一例。 在此處我們承認大小前提爲眞命題,也承認大小前提蘊
涵結論,也承認結論是眞命題; 可是, 我們沒有明白地說這裏的結論就
是小前提所說的 "q" 那樣的命題。 我們可以換一方法表示此意:設以
此種推論方式爲 "A" 方式, 這裏由大小兩前提而達到結論的推論方式
也是 "A" 方式; 可是,我們雖知此方式爲 "A" 方式,而沒有明文表示它
是 "A" 方式。 所有的推論都有這裏所說的情形, 這情形不是推論
原則的問題, 是引用推論原則的問題。 推論原則可以明文表示,而推
論原則的引用,嚴格地說,不能以明文表示;因爲推論原則的引用總是
特殊的,而承認此引用爲普遍方式之一例,也是特殊的。 我們雖欲以
明文表示推論方式的引用, 每次所表示的雖在明文範圍之內, 而那一

次的表示不在明文範圍之內。　換句話說，總有一次的引用是直接的；旣然如此，我們不如乾乾脆脆，一刀兩斷，承認推論原則的引用是直接的。　在第四部我們對於此困難問題，稍加討論，此處不再提及。

照以上所說的看來，頭一例中的前提僅是前提，後一例中的前提不僅是前提而且也是推論的方式。　本系統中的基本命題不僅是前提而且是推論原則；這不過是說，它們有兩種用法。　以它們爲前提是把它們當作結論的根據，由它們所能得到的結論是本系統所能承認爲眞的命題；以它們爲推論原則是把它們當作推論的根據；合乎此原則的推論是本系統所承認爲對的推論。

在解釋符號的時候，我們曾舉“$\left[1\cdot2 \quad \dfrac{\sim p}{p} \right]$”，說這符號表示“⊢：p∨p.⊃.p，這一基本命題，以“$\sim p$”代替“p”之後，卽爲“⊢：$\sim p \lor \sim p.⊃.\sim p$”。　這裏就有以基本命題爲原則，直接斷定後一命題卽爲前一命題的例。　本系統中的p,q,r……等等旣均爲任何未解析的命題，則“$\sim p$”亦可爲“p”之一例，（$\sim p$也是未解析的命題，這一點本書沒有明文表示），所以我們能以“$\sim p$”代替“p”；所要求的是，如果在一處以“$\sim p$”代替“p”，則一公式中所有的“p”，均須以“$\sim p$”代替之。

本系統的基本命題之中，我們寫上了：“眞命題所蘊涵的命題是眞命題”這一命題。　原書中有兩個類似的基本命題、一引用於未解析的命題，一引用於命題函量。　但如果本書所抄的系統僅用以下的“1.1”已經盡職（是否如此頗有問題），我們不必有兩個類似的基本問題。

B.基本概念與基本命題。

1.　基本概念：

a. "p,q,r……"等等表示未解析的命題；

b. "∨"，表示"或"；"p∨q" 表示p,q,中至少有一為眞；

c. "∼"，表示"非"或"假"；"∼p"表示"非p"，或"p是假的"。

2. 基本定義：

a. p⊃q · ═ · ∼p∨q Df；

b. p · q · ═ · ∼(∼p∨∼q) Df；

c. p═q · ═ · p⊃q · q⊃p Df。

3，基本命題：

1· 1， 眞命題所蘊涵的命題是眞命題。

1· 2， ⊢:p∨p · ⊃ · p

1· 3， ⊢:q · ⊃ · p∨q

1· 4， ⊢:p∨q · ⊃ · q∨p

1· 5， ⊢:p∨(q∨r) · ⊃ · q∨(p∨r)

1· 6， ⊢:.q⊃r · ⊃ : p∨q · ⊃ · p∨r

C.命題的推演。

2·01, ⊢ : p⊃∼p · ⊃ · ∼p   [2·01]

証 $\left[1\cdot2\ \dfrac{\sim p}{p} \right]$ ⊢ : ∼p∨∼p · ⊃ · ∼p   (1)

[(1)(.Df a)] ⊢ : p⊃∼p · ⊃ · ∼p

（這個命題說：如果一命題p是眞的蘊涵它自己是假的，則它是

假的。 右角的號數是原書中此命題的號數。）

2·02,⊢ : q · ⊃ · p⊃q   [2·02]

証 $\left[1\cdot3\ \dfrac{\sim p}{p} \right]$ ⊢ : q · ⊃ · ∼p∨p   (1)

$[(1).(\text{Df a})] \vdash : q \cdot \supset \cdot p \supset q$

（這命題說：任何命題蘊涵一眞命題。　請注意此處的蘊涵是所謂**眞值蘊涵**。　此點在第四部會提出討論。）

2'03,　　$\vdash : p \supset \sim q \cdot \supset \cdot q \supset \sim p$　　　　　　　　　[2'03]

証$\left[1.4 \dfrac{\sim p. \sim q}{p, \ q} \right] \vdash : \sim p \vee \sim q \cdot \supset \cdot \sim q \vee \sim p$　　　　(1)

$[(1).(\text{Df a})] \vdash : p \supset \sim q \cdot \supset \cdot q \supset \sim p$

（這個命題說：如果 p 是眞的蘊涵 q 是假的,則 q 是眞的蘊涵 p 是假的。　前一部分爲一假言命題,如果 p 眞則 q 假；後一部分亦爲一假言命題,但對於前一部分等於說否認前一部分的後件,亦卽否認前一部分的前件。）

2'04,　　$\vdash : . p \cdot \supset \cdot q \supset r : \supset : q \cdot \supset \cdot p \supset r$　　　　　　[2'04]

証$\left[1'5 \dfrac{\sim p. \sim q}{p \quad q} \right] \vdash : \sim p \vee (\sim q \vee r) \cdot \supset \cdot \sim q \vee (\sim p \vee r)$ (1)

$[(1).(\text{Df a})] \ \vdash : . p \cdot \supset \cdot q \supset r : \supset : q \cdot \supset \cdot p \supset r$

（這命題說：如果在 p 眞條件之下, q 蘊涵 r ；則在 q 眞條件之下, p 蘊涵 r。　在眞值蘊涵的情形之下,前後兩部分的 p, q, 可以更換位置。　參觀 G. Moore, Philosophical Studies 一書中關於外在關係的討論。）

2'05,　　$\vdash : . q \supset r \cdot \supset : p \supset q \cdot \supset \cdot p \supset r$　　　　　[2'05]

証$\left[1'6 \dfrac{\sim p}{p} \right] \vdash : . q \supset r \cdot \supset : \sim p \vee q \cdot \supset \cdot \sim p \vee r$　　　(1)

$[(1).(\text{Df a})] \ \vdash : . q \supset r \cdot \supset : p \supset q \cdot \supset \cdot p \supset r$

2'06,　　$\vdash : . p \supset q \cdot \supset : q \supset r \cdot \supset \cdot p \supset r$　　　　　[2·06]

証$\left[2'04 \dfrac{q \supset r, p \supset q, p \supset r}{p, \quad q, \quad r} \right] \vdash :: q \supset r. \supset : p \supset q. \supset . p \supset r :.$

$$⊃ :. p⊃q \cdot ⊃ : q⊃r \cdot ⊃ \cdot p⊃r \qquad\qquad (1)$$

$$[2 \cdot 05] ⊢ :. q⊃r \cdot ⊃ : p⊃q \cdot ⊃ \cdot p⊃r \qquad\qquad (2)$$

$$[(1) \cdot (2) \cdot (1˙1)] ⊢ :. p⊃q \cdot ⊃ : q⊃r \cdot ⊃ \cdot p⊃r$$

（此處最後一行括弧內的數目表示(1)(2)皆眞，(2)旣爲(1)之前件，則根據(1˙1)(1)之後件亦眞，而(1)之後件卽爲所欲證明之命題。　以上 2˙05, 2˙06，在 P. M. 稱爲三段論原則。　以後的 "Barbara" 三段論卽由他們推出。）

2˙07,　$⊢ : p \cdot ⊃ \cdot p\lor p$ 　　　　　　　　[2˙07]

$$証 \left[1˙3 \ \frac{p}{q} \right] ⊢ : p˙⊃˙p\lor p$$

2˙08,　$⊢ \cdot p⊃p$ 　　　　　　　　　　　　[2˙08]

$$証 \left[2˙05 \frac{p\lor p, p}{q, \ r} \right] ⊢ :: p\lor p ⊃ \cdot p :⊃ :. p \cdot ⊃ \cdot p\lor p : ⊃ \cdot p⊃p \quad(1)$$

$$[1˙2] \quad ⊢ : p\lor p \cdot ⊃ \cdot p \qquad\qquad (2)$$

$$[(1) \cdot (2) \cdot (1˙1)] ⊢ :. p \cdot ⊃ \cdot p\lor p : ⊃ \cdot p⊃p \qquad (3)$$

$$[2˙07] ⊢ : p \cdot ⊃ \cdot p\lor p \qquad\qquad (4)$$

$$[(3) \cdot (4) \cdot 1˙1] ⊢ \cdot p⊃p$$

（此爲同一原則。　在 P. M. 中同一原則與同一律不同。　本書不討論這一點。）

2˙09,　$⊢ \cdot \sim p\lor p$ 　　　　　　　　　　[2˙1]

$$証 [2˙08 \ (Df \ a)] ⊢ \cdot \sim p\lor p$$

2˙10,　$⊢ \cdot p\lor \sim p$ 　　　　　　　　　　[2˙11]

$$証 \left[1˙4 \ \frac{\sim p, \ p}{p, \ q} \right] ⊢ : \sim p\lor p. ⊃. p\lor \sim p \qquad (1)$$

$$[2˙09] ⊢ \cdot \sim p\lor p \qquad\qquad (2)$$

$[(1) \cdot (2) \cdot 1\cdot1]\ \vdash \cdot p\lor\sim p$

（此兩命題均爲排中律：那就是說一命題或眞或假。）

2·11，　$\vdash \cdot p\supset\sim(\sim p)$　　　　　　　　　[2·12]

証$\left[\ 2\cdot10\dfrac{\sim p}{p}\ \right]\ \vdash \cdot \sim p\lor\sim(\sim p)$　　　　　　(1)

$[(1)\cdot(\mathrm{Df}\ a)]\ \vdash \cdot p\supset\sim(\sim p)$

2·12，　$\vdash \cdot p\lor\sim\{\sim(\sim p)\}$　　　　　　　[2·13]

証$\left[\ 1\cdot6\ \dfrac{\sim p,\ \sim\{\sim(\sim p)\}}{q,\ \qquad r}\ \right]\ \vdash : \sim p.\supset.\sim\{\sim(\sim p)\}.\supset$

$: p\lor\sim p\cdot\supset\cdot p\lor\sim\{\sim(\sim p)\}$　　　(1)

$\left[\ 2\cdot11\dfrac{\sim p}{p}\ \right]\ \vdash : \sim p.\supset.\sim\{\sim(\sim p)\}$　　　　(2)

$[(1)\cdot(2)\cdot1\cdot1]\ \vdash : p\lor\sim p\cdot\supset\cdot p\lor\sim\{\sim(\sim p)\}$　　(3)

$[2\cdot10]\ \vdash \cdot p\lor\sim p$　　　　　　　　(4)

$[(3)\cdot(4)\cdot1\cdot1]\ \vdash \cdot p\lor\sim\{\sim(\sim p)\}$

2·13，　$\vdash \cdot \sim(\sim p)\supset p$　　　　　　　[2·14]

証$\left[\ 1\cdot2\ \dfrac{\sim\{\sim(\sim p)\}}{q}\ \right]\ \vdash : p\lor\sim\{\sim(\sim p)\}.\supset.\sim\{\sim$

$(\sim p)\}\lor p$　　　　　　(1)

$[2\cdot12]\ \vdash \cdot p\lor\sim\{\sim(\sim p)\}$　　　　　(2)

$[(1)\cdot(2)\cdot1\cdot1]\ \vdash \cdot \sim\{\sim(\sim p)\}\lor p$　　　(3)

$[(3)\cdot(\mathrm{Df}\ a)]\ \vdash \cdot \sim(\sim p)\supset p$

（以上三命題所表示的都是反反爲正的意思。）

2·14，　$\vdash : \sim p\supset q\cdot\supset\cdot\sim q\supset p$　　　　[2·15]

証$\left[\ 2\cdot05\dfrac{\sim p\ \sim(\sim q)}{p.\ \qquad r}\ \right]\ \vdash :. q\supset\sim(\sim q)\cdot\supset:\sim p\supset q\cdot\supset\cdot$

$\sim p\supset\sim(\sim q)$　　　　　　(1)

$$\left[\ 2\text{·}11\frac{p}{q}\ \right] \vdash .q\supset\sim(\sim q) \tag{2}$$

$$[(1)\cdot(2)\cdot1\text{·}1]\ \vdash:\sim p\supset q\cdot\supset\cdot\sim p\supset\sim(\sim q) \tag{3}$$

$$\left[\ 2\text{·}03\frac{\sim p,\ \sim q}{p,\ \ q}\ \right]\vdash:\sim p\supset\sim(\sim q)\cdot\supset\cdot\sim q\supset\sim(\sim p) \tag{4}$$

$$\left[\ 2\text{·}05\frac{\sim q,\sim(\sim p),p}{p,\ \ q,\ \ r}\ \right]\vdash:.\sim(\sim p)\supset p\cdot\supset:\sim q\supset$$
$$\sim(\sim p)\cdot\supset\cdot\sim q\supset p \tag{5}$$

$$[(5)\cdot2\text{·}13\cdot1\text{·}1]\ \vdash:\sim q\supset\sim(\sim p)\cdot\supset\cdot\sim q\supset p \tag{6}$$

$$\left[\ 2\text{·}05\frac{\sim p\supset q,\sim p\supset\sim(\sim q),\sim q\cup\sim(\sim p)}{p,\ \ q,\ \ r}\ \right]\vdash::\sim p\supset\sim$$
$$(\sim q)\cdot\supset\cdot\sim q\supset\sim(\sim q):\supset:.\sim p\supset q\cdot\supset\cdot\sim p\supset\sim$$
$$(\sim q):\supset:\sim p\supset q\cdot\supset\cdot\sim q\supset\sim(\sim p) \tag{7}$$

$$[(4)\cdot(7)\cdot1\text{·}1]\ \vdash:.\sim p\supset q\cdot\supset\cdot\sim p\supset\sim(\sim q):\supset:\sim$$
$$p\supset q\cdot\supset\cdot\sim q\supset\sim(\sim p) \tag{8}$$

$$[(3)\cdot(8)\cdot1\text{·}1]\ \vdash:\sim p\supset q\cdot\supset\cdot\sim q\supset\sim(\sim p) \tag{9}$$

$$\left[\ 2\text{·}05\frac{\sim p\supset q,\sim q\supset\sim(\sim p),\sim q\supset p}{p,\ \ q,\ \ r}\ \right]\vdash::\sim q\supset\sim(\sim p)$$
$$\cdot\supset\cdot\sim q\supset p:\supset::\sim p\supset q\cdot\supset\cdot\sim q\supset\sim(\sim p):\supset$$
$$:\sim p\supset q\cdot\supset\cdot\sim q\supset p \tag{10}$$

$$[(6)\cdot(10)\cdot1\cdot1]\ \vdash:.\sim p\supset q\cdot\supset\cdot\sim q\supset\sim(\sim p):\supset$$
$$:\sim p\supset q\cdot\supset\cdot\sim q\supset p \tag{11}$$

$$[(9)\cdot(11)\cdot1\cdot1]\ \vdash:\sim p\supset q\cdot\supset\cdot\sim q\supset p$$

（在此証明中請注意以下諸點：設以$\sim p\supset q$為p_1，以$\sim p\supset\sim$
$(\sim q)$為p_2，$\sim q\supset\sim(\sim p)$為$p_3$，$\sim q\supset p$為$p_4$；以上 (3) 行表示
p_1蘊涵p_2，(4)行表示p_2蘊涵p_3，(6)行表示p_3蘊涵p_4。　最後

証明的命題爲p_1 蘊涵p_4。 爲使推論的層次嚴緊起見,此証明利用 $2\cdot05$ 所表示的三段論原則,証明 p_1 旣蘊涵 p_2,p_2旣蘊涵 p_3,(8)行表示 p_1 蘊涵p_2 蘊涵p_1 蘊涵$_3$, (9)行的結論是p_1 蘊涵p_3;(10)行的推論是p_3 蘊涵p_4 蘊涵p_1 蘊涵p_3 蘊涵p_1 蘊涵p_4,而此最後卽爲所要証明的命題。

此証明中有連鎖推論;若從簡便,由(3)(4)(6)已可以得p_1 蘊涵p_4 的結論。

同時如果利用"⊃"的定義,則第四基本命題卽爲此處所要証明的命題。)

2.15, $\bot: p\supset q \cdot \supset \cdot \sim q\supset\sim p$ $\qquad\qquad$ [$2\cdot16$]

証 $\left[2\cdot05\dfrac{\sim(\sim q)}{r}\right] \vdash \therefore \mathbf{q\supset\sim(\sim q)} \cdot \supset : p\supset q \cdot \supset \cdot p\supset\sim(\sim q)$ $\quad$ (1)

$\left[2\cdot11\dfrac{q}{p}\right] \vdash \cdot q\supset\sim(\sim q)$ $\qquad\qquad\qquad\qquad\qquad$ (2)

$[(1)\cdot(2)\cdot1\cdot1] \vdash : p\supset q \cdot \supset \cdot p\supset\sim(\sim q)$ $\qquad\qquad$ (3)

$\left[2\cdot03\dfrac{\sim q}{q}\right] \vdash : p\supset\sim(\sim q) \cdot \supset \cdot \sim q\supset p$ $\qquad\qquad$ (4)

$[2\cdot05] \vdash \cdot(1)\cdot(4)\cdot \supset \vdash : p\supset q \cdot \supset \cdot \sim q\supset\sim p$

2.16, $\vdash : \sim q\supset\sim p \cdot \supset \cdot p\supset q$ $\qquad\qquad\qquad$ [2.17]

証 $\left[2.03\dfrac{\sim q, p}{p, \ q}\right] \vdash : \sim q\supset\sim p \cdot \supset \cdot p\supset\sim(\sim q)$ $\qquad\qquad$ (1)

$\left[2\cdot05\dfrac{\sim(\sim q), q}{q, \quad r}\right] \vdash \therefore \sim(\sim q)\supset q : \supset : p\supset\sim(\sim q)$

$\cdot \supset \cdot p\supset q$ $\qquad\qquad\qquad\qquad\qquad$ (2)

$\left[2.13\dfrac{p}{q}\right] \vdash \cdot \sim(\sim q)\supset q$ $\qquad\qquad\qquad\qquad$ (3)

$[(2)\cdot(3)\cdot1\cdot1] \vdash : p\supset\sim(\sim q) \cdot \supset \cdot p\supset q$ $\qquad\qquad$ (4)

[2˙05]　⊢ · (1) · (4) · ⊃ ⊢ : ∼q⊃∼p · ⊃ · p⊃q

（以上2˙14，2˙15 2˙16，與2˙03 那一命題相似，屬於一類。　他們都是表示否認後件亦卽否認前件。　至於前件與後件單獨地究竟爲眞爲假與他們當然無關。　在 P. M. 中這四個命題稱爲

Principles of Transportation。）

2˙17,　⊢ · ∼p⊃p · ⊃ · p　　　　　　　　　　　　　　[2˙18]

　証[2˙11]　⊢ · p⊃∼(∼p) · ⊃

　[2˙05]　⊢ : ∼p⊃p · ⊃ · ∼p⊃∼(∼p)　　　　　　　　(1)

　$\left[2˙01\frac{∼p}{p}\right]$　⊢ : ∼p⊃∼(∼p) · ⊃ · ∼(∼p)　　　(2)

　[2˙05]　⊢ · (1) · (2) · ⊃ ⊢ : ∼p⊃p · ⊃ · ∼(∼p)　　(3)

　[2˙13]　⊢ · ∼(∼p)⊃p　　　　　　　　　　　　(4)

　[2˙05]　⊢ · (3) · (4) · ⊃ ⊢ : ∼p⊃p · ⊃ · p

（2˙17 與2˙01 成一對。　2˙01 說：如果 p 是眞的蘊涵 p 是假的，則p是假的；2˙17 說：如果p是假蘊涵 p 是眞的，則p是眞的。　這裏前後兩部分僅說是"眞"或是"假"，但"則"字後之"眞"可以有必然的意義，"則"字後之"假"，也可以有不可能的意義。）

2˙18,　⊢ : p · ⊃ · p∨q　　　　　　　　　　　　　[2˙2]

　証$\left[1˙3\frac{p,q}{q,p}\right]$　⊢ : p · ⊃ · q∨p　　　　　　　(1)

　[1˙4]　⊢ : q∨p · ⊃ · p∨q　　　　　　　　　(2)

　[2˙05]　⊢ · (1) · (2) · ⊃ ⊢ : **p · ⊃ · p∨q**

2˙19,　⊢ : ∼p · ⊃ · p⊃q　　　　　　　　　　　　[2˙21]

　証$\left[2˙18\frac{∼p}{p}\right]$　⊢ : ∼p · ⊃ · ∼p∨q　　　　　(1)

$[(1) (\mathrm{Df\ a})]\ \vdash : \sim p \cdot \supset \cdot p \supset q$

（此命題與 2·02 成對，均爲眞值蘊涵的特別情形。　2·02 說：任何命題蘊涵一眞命題；2·19 說：一假命題蘊涵任何命題；這一點在第四部還要提及。）

2·20,　$\vdash : p \cdot \supset \cdot p \supset q : \supset \cdot p \supset q$　　　　　　　　　[2·43]

証[1·2]　$\vdash : p \lor p \cdot \supset \cdot p$　　　　　　　　　(1)

$\left[1·6\ \dfrac{p \lor p,\ p,\ q,}{q,\ \ r,\ \ p}\right]\ \vdash : . p \lor p \cdot \supset \cdot p : \supset : . q \cdot \lor \cdot p \lor p : \supset \cdot q \lor p$　　　(2)

$[(1) \cdot (2) \cdot 1·1]\ \vdash : q \cdot \lor \cdot p \lor p : \supset \cdot q \lor p$　　　(3)

$\left[1·4\ \dfrac{p \lor p}{p}\right]\ \vdash : p \lor p \cdot \lor \cdot q : \supset \cdot q \cdot \lor \cdot p \lor p$　　　(4)

$[2·05]\ \vdash \cdot (3) \cdot (4) \cdot \supset \vdash : . p \lor p \cdot \lor \cdot q : \supset \cdot q \lor p$　　(5)

$\left[1·4\ \dfrac{q, p}{p, q}\right]\ \vdash : q \lor p \cdot \supset \cdot p \lor q$　　　(6)

$[2·05]\ \vdash \cdot (5) \cdot (6) \cdot \supset \vdash : p \lor p \cdot \lor \cdot q : \supset \cdot p \lor q$　(7)

$\left[1·4.1·6\ \dfrac{p \lor q,\ q \lor p,}{q,\ \ \ r}\right]\ \vdash : . p \cdot \lor \cdot p \lor q : \supset : p \cdot \lor \cdot q \lor p$　　　(8)

$\left[1·5\ \dfrac{p}{r}\right]\ \vdash : . p \cdot \lor \cdot q \lor p : \supset : q \cdot \lor \cdot p \lor p$　　(9)

$[2·05]\ \vdash \cdot (8) \cdot (9) \cdot \supset \vdash : . p \cdot \lor \cdot p \lor q : \supset : q \cdot \lor \cdot p \lor q$　　　(10)

$\left[1·4\ \dfrac{q,\ p \lor p}{p\ \ \ q}\right]\ \vdash : . q \cdot \lor \cdot p \lor p : \supset : p \lor p \cdot \lor \cdot q$　(11)

$[2·05]\ \vdash \cdot (10) \cdot (11) \cdot \supset \vdash : . p \cdot \lor \cdot p \lor q : \supset : p \lor p \cdot \lor \cdot q$　　　(12)

$[2·05]\ \vdash \cdot (7) \cdot (12) \cdot \supset \vdash : . p \cdot \lor \cdot p \lor q : \supset \cdot p \lor q$　(13)

$$\left[(13)\frac{\sim p}{p}\right] \vdash :. \sim p \cdot \vee \cdot \sim p \vee q : \supset \cdot \sim p \vee q \tag{14}$$

$$[(14)(\text{Df a})] :. p \cdot \supset \cdot p \supset q : \supset \cdot p \supset q$$

（此証與原書中的証明不同。　因爲我們拋開了好些命題，我們不能用原來的証明。　可是，一個証明用不着這樣長，讀者可想方法求短的簡單的証明。　此後有好些証明都不是原書中的証明，但本書沒有特別表示它們不是。）

2·21,　$\vdash : \sim (p \vee q) \cdot \supset \cdot \sim p$　　　　　　　　　　[2·45]

　証[2·18] $\vdash : p \cdot \supset \cdot p \vee q \tag{1}$

　　[2·15] $\vdash : p \cdot \supset \cdot p \vee q : \supset : \sim (p \vee q) \cdot \supset \cdot \sim p \tag{2}$

　　$[(1) \cdot (2) \cdot 1\cdot 1] \vdash : \sim (p \vee q) \cdot \supset \cdot \sim p$

2·22,　$\vdash : \sim (p \vee q) \cdot \supset \cdot \sim q$　　　　　　　　　　[2·46]

　証[1·3. 2·15.1·1] $\vdash : \sim (p \vee q) \cdot \supset \cdot \sim q$

2·23,　$\vdash : \overset{.}{\sim}(p \supset q) \cdot \supset \cdot \sim p \supset q$　　　　　　　　　[2·5]

　証$\left[2\cdot 21 \frac{\sim p}{p}\right] \vdash : \sim (\sim p \vee q) \cdot \supset \cdot \sim (\sim p) \tag{1}$

　　$\left[2\cdot 19 \frac{\sim p}{q}\right] \vdash : \sim (\sim p) \cdot \supset \cdot \sim p \supset q \tag{2}$

　　$[2\cdot 05] \vdash \cdot (1) \cdot (2) \cdot \supset \vdash : \sim (\sim p \vee q) \cdot \supset \cdot \sim p \supset q \tag{3}$

　　$[(3)(\text{Df a})] \vdash : \sim (p \supset q) \cdot \supset \cdot \sim p \supset q$

2·24,　$\vdash : \sim (p \supset q) \cdot \supset \cdot q \sim q$

　証[2·22] $\vdash : \sim (p \vee q) \cdot \supset \cdot \sim q \tag{1}$

　　$\left[1\cdot 3 \frac{\sim q}{q}\right] \vdash : \sim q \cdot \supset \cdot p \vee \sim q \tag{2}$

　　$[2\cdot 05] \vdash \cdot (1) \cdot (2) \cdot \supset \vdash : \sim (p \vee q) \cdot \supset \cdot p \vee \sim q \tag{3}$

$$\left[(3)\ \frac{\sim p}{p}\right]\ \vdash\ :\ \sim(\sim p\lor q)\ \boldsymbol{\cdot}\ \supset\ \boldsymbol{\cdot}\ \sim p\lor\sim q \tag{4}$$

$$[(4)(\text{Df a})]\ \vdash\ :\ \sim(p\supset q)\ \boldsymbol{\cdot}\ \supset\ \boldsymbol{\cdot}\ p\supset\sim q$$

2·25,　$\vdash\ :\ \sim(p\supset q)\ \boldsymbol{\cdot}\ \supset\ \boldsymbol{\cdot}\ \sim p\supset\sim q$ 　　　　　　[2·52]

証[2·21]　$\vdash\ :\ \sim(p\lor q)\ \boldsymbol{\cdot}\ \supset\ \boldsymbol{\cdot}\ \sim p$ 　　　　　　(1)

$$\left[2\text{·}18\ \frac{\sim p,\sim q}{p,\ \ q}\right]\ \vdash\ :\ \sim p\ \boldsymbol{\cdot}\ \supset\ \boldsymbol{\cdot}\ \sim p\lor\sim q \tag{2}$$

$$[2\text{·}05]\ \vdash\ \boldsymbol{\cdot}\ (1)\ \boldsymbol{\cdot}\ (2)\ \boldsymbol{\cdot}\ \supset\ \vdash\ :\ \sim(p\lor q)\ \boldsymbol{\cdot}\ \supset\ \boldsymbol{\cdot}\ \sim p\lor\sim q \tag{3}$$

$$\left[(3)\ \frac{\sim p}{p}\right]\ \vdash\ :\ \sim(\sim p\lor q)\ \boldsymbol{\cdot}\ \supset\ \boldsymbol{\cdot}\ \sim(\sim p)\lor\sim q \tag{4}$$

$$[(4)(\text{Df a})]\ \vdash\ :\ \sim(p\supset q)\ \boldsymbol{\cdot}\ \supset\ \boldsymbol{\cdot}\ \sim p\supset\sim q$$

2·26,　$\vdash\ :\ \sim(p\supset q)\ \boldsymbol{\cdot}\ \supset\ \boldsymbol{\cdot}\ q\supset p$ 　　　　　　[2·521]

証[2·25]　$\vdash\ :\ \sim(p\supset q)\ \boldsymbol{\cdot}\ \supset\ \boldsymbol{\cdot}\ \sim p\supset\sim q$ 　　　　　　(1)

$$[2\text{·}16]\ \vdash\ :\ \sim p\supset\sim q\ \boldsymbol{\cdot}\ \supset\ \boldsymbol{\cdot}\ q\supset p \tag{2}$$

$$[2\text{·}05]\ \vdash\ \boldsymbol{\cdot}\ (1)\ \boldsymbol{\cdot}\ (2)\ \boldsymbol{\cdot}\ \supset\ \vdash\ :\ \sim(p\supset q)\ \boldsymbol{\cdot}\ \supset\ \boldsymbol{\cdot}\ q\supset p$$

（此命題說：如果 p 不蘊涵 q，則 q 蘊涵 p。 如果所謂獨立的命題是彼此沒有蘊涵關係的命題，則本系統的未解析的命題沒有獨立的。）

2·27,　$\vdash\ :.\ p\ \boldsymbol{\cdot}\ \supset\ \boldsymbol{\cdot}\ q\supset r\ :\ \supset\ :\ p\supset q\ \boldsymbol{\cdot}\ \supset\ \boldsymbol{\cdot}\ p\supset r$ 　　　[2·77]

証[2·04]　$\vdash\ :.\ p\ \boldsymbol{\cdot}\ \supset q\ \boldsymbol{\cdot}\ \supset r\ :\ \supset\ \boldsymbol{\cdot}\ \supset\ \boldsymbol{\cdot}\ q\ \boldsymbol{\cdot}\ \supset\ \boldsymbol{\cdot}\ p\supset r$ 　　(1)

$$\left[2\text{·}05\ \frac{p\supset r}{r}\right]\ \vdash\ ::q\ \boldsymbol{\cdot}\ \supset\ \boldsymbol{\cdot}\ p\supset r\ :\ \supset:.\ p\supset q\ \boldsymbol{\cdot}\ \supset\ :\ p\ \boldsymbol{\cdot}\ \supset\ \boldsymbol{\cdot}$$

$$p\supset r \tag{2}$$

$$[2\text{·}05]\ \vdash\ \boldsymbol{\cdot}\ (1)\ \boldsymbol{\cdot}\ (2)\ \boldsymbol{\cdot}\ \supset\ \vdash\ ::p\ \boldsymbol{\cdot}\ \supset\ \boldsymbol{\cdot}\ q\supset r\ :\ \supset:.\ p\supset q\ \boldsymbol{\cdot}$$

$$\supset\ :\ p\ \boldsymbol{\cdot}\ \supset\ \boldsymbol{\cdot}\ p\supset r\ : \tag{3}$$

$$\left[2\cdot20\,\frac{\mathrm{r}}{\mathrm{q}}\right]\ \vdash:\mathrm{p}\cdot\supset\cdot\mathrm{p}\supset\mathrm{r}:\supset\mathrm{p}\supset\mathrm{r}\tag{4}$$

$$[(3)(4)]\ \vdash:.\mathrm{p}\cdot\supset\cdot\mathrm{q}\supset\mathrm{r}:\supset:\mathrm{p}\supset\mathrm{q}\cdot\supset\cdot\mathrm{p}\supset\mathrm{r}$$

2.28,　$\vdash:\mathrm{p}\cdot\mathrm{q}\cdot\supset\cdot\sim(\sim\mathrm{p}\vee\sim\mathrm{q})$　　　　　　　$[3\cdot1]$

証$\left[2\cdot08\,\dfrac{\mathrm{p}\cdot\mathrm{q}}{\mathrm{p}}\right]\ \vdash:\mathrm{p}\cdot\mathrm{q}\cdot\supset\cdot\mathrm{p}\cdot\mathrm{q}$

$[(\mathrm{Df}\ \mathrm{p})]\vdash:\mathrm{p}\cdot\mathrm{q}\cdot\supset\cdot\sim(\sim\mathrm{p}\vee\sim\mathrm{q})$

2·29,　$\vdash:\sim(\sim\mathrm{p}\vee\sim\mathrm{q})\cdot\supset\cdot\mathrm{p}\cdot\mathrm{q}$　　　　　　　$[3\cdot11]$

証$[2\cdot08\ (\mathrm{Df}\ \mathrm{b})]$

2·30,　$\vdash:\sim(\mathrm{p}\cdot\mathrm{q})\cdot\supset\cdot\sim\mathrm{p}\vee\sim\mathrm{q}$　　　　　　　$[3\cdot13]$

証$[2\cdot14]\ \vdash:\cdot\sim(\sim\mathrm{p}\vee\sim\mathrm{q})\cdot\supset\cdot\mathrm{p}\cdot\mathrm{q}:\supset:\sim(\mathrm{p}\cdot\mathrm{q})\cdot$

$\supset\cdot\sim\mathrm{p}\vee\sim\mathrm{q}\tag{1}$

$[2\cdot29]\ \vdash:\sim(\sim\mathrm{p}\vee\sim\mathrm{q})\cdot\supset\cdot\mathrm{p}\cdot\mathrm{q}\tag{2}$

$[(1)\cdot(2)\cdot1\cdot1]\ \vdash:\sim(\mathrm{p}\cdot\mathrm{q})\cdot\supset\cdot\sim\mathrm{p}\vee\sim\mathrm{q}$

2·31,　$\vdash:\sim\mathrm{p}\vee\sim\mathrm{q}\cdot\supset\cdot\sim(\mathrm{p}\cdot\mathrm{q})$　　　　　　　$[3\cdot14]$

証$[2\cdot28]\ \vdash:\mathrm{p}\cdot\mathrm{q}\cdot\supset\cdot\sim(\sim\mathrm{p}\vee\sim\mathrm{q})\tag{1}$

$[2\cdot03]\ \vdash:.\mathrm{p}\cdot\mathrm{q}\cdot\supset\cdot\sim(\sim\mathrm{p}\vee\sim\mathrm{q}):\supset:\sim\mathrm{p}\vee\sim\mathrm{q}\cdot\supset\cdot$

$\sim(\mathrm{p}\cdot\mathrm{q})\tag{2}$

$[(1)\cdot(2)\cdot1\cdot1]\ \vdash:\sim\mathrm{p}\vee\sim\mathrm{q}\cdot\supset\cdot\sim(\mathrm{p}\cdot\mathrm{q})$

2·32,　$\vdash:\mathrm{p}\cdot\supset:\mathrm{q}\cdot\supset\cdot\mathrm{p}\cdot\mathrm{q}$　　　　　　　$[3\cdot2]$

証$\left[2\cdot10\,\dfrac{\sim\mathrm{p}\vee\sim\mathrm{q}}{\mathrm{p}}\right]\ \vdash:\sim\mathrm{p}\vee\sim\mathrm{q}\cdot\vee\cdot\sim(\sim\mathrm{p}\vee\sim\mathrm{q})\tag{1}$

$[(1)(\mathrm{Df}\ \mathrm{b})]\ \vdash:\sim\mathrm{p}\vee\sim\mathrm{q}\cdot\vee\cdot\mathrm{p}\cdot\mathrm{q}\tag{2}$

$[1\cdot4]\ \vdash:.\sim\mathrm{p}\vee\sim\mathrm{q}\cdot\vee\cdot\mathrm{p}\cdot\mathrm{q}:\supset:\mathrm{p}\cdot\mathrm{q}\cdot\vee\cdot\sim\mathrm{p}\vee\sim\mathrm{q}\tag{3}$

$[1\cdot5]\ \vdash:.\mathrm{p}\cdot\mathrm{q}\cdot\vee\cdot\sim\mathrm{p}\vee\sim\mathrm{q}:\supset:\sim\mathrm{p}\cdot\vee:\mathrm{p}\cdot\mathrm{q}\cdot$

$$\bigvee \cdot \sim q : \tag{4}$$

$$[1\cdot4] \qquad\qquad \supset : \sim p \cdot \bigvee : \sim q \cdot \bigvee \cdot p \cdot q \tag{5}$$

$$[2\cdot05] \vdash \cdot (3) \cdot (5) \cdot \supset \vdash :. \sim p \bigvee \sim q \cdot \bigvee \cdot p \cdot q : \supset : \sim$$

$$p \cdot \bigvee : \sim q \cdot \bigvee \cdot p \cdot q \tag{6}$$

$$[(2) \cdot (6) \cdot 1\cdot1] \vdash : \sim p \cdot \bigvee : \sim q \cdot \bigvee \cdot p \cdot q \tag{7}$$

$$[(7)(\mathrm{Df}\ a)] \vdash : p \cdot \supset : q \cdot \supset \cdot p \cdot q$$

（這命題說：如果 p 是眞的，則 q 是眞的 蘊涵 p 與 q 都是眞的。
這命題可以是一種推論的方式，至少在本系統範圍之內，我們可
以利用它把兩個分別斷定的眞命題，合起來斷定其爲眞。　例如
$2\cdot28$ 與 $2\cdot29$ 可以使我們得 "$\vdash : p \cdot q \cdot \textbf{===} \cdot \sim(\sim p \bigvee \sim q)$"
的結論。）

$$2\cdot33, \quad \vdash \cdot \sim(p \sim p) \qquad\qquad\qquad [3\cdot24]$$

$$\text{証}\left[2\cdot10\ \frac{\sim p}{p}\right] \vdash \cdot \sim p \bigvee \sim(\sim p) \tag{1}$$

$$\left[2\cdot31\ \frac{\sim p}{q}\right] \vdash : \sim p \bigvee \sim(\sim p) \cdot \supset \cdot \sim(p.\sim p) \tag{2}$$

$$[(1) \cdot (2) \cdot 1\cdot1] \vdash \sim(p \sim p)$$

（此爲"矛盾律"："p 是眞的又是假的是假的。"　我們以"與"
的思想表示矛盾律，以"或"的思想表示排中律；"或"的思想出
現在前，所以排中律先矛盾律而出現。　這不過是說在本系統的
成文秩序中，排中律在前，矛盾律在後，這與它們彼此的重要問
題沒有干係。

在此証明中，我們利用排中律去証明矛盾律；這當然統是根據於
成文的先後；設成文的先後反轉過來。我們也可以利用矛盾律去

証明排中律。)

2·34,　⊢ : p・q・⊃・**p**　　　　　　　　[3·26]

証$\left[2·21.\dfrac{\sim p,\sim q}{p,\ q}\right]$ ⊢ : $\sim(\sim p \vee \sim q)・⊃・\sim(\sim p)$　　(1)

[2·13] ⊢・$\sim(\sim p)⊃p$　　　　　　　(2)

[2·05] ⊢・(1)・(2)・⊃ ⊢ : $\sim(\sim p\vee\sim q)・⊃・$**p**　(3)

[(3)・(Df b)] ⊢ : p・q・⊃・p

2·35,　⊢ : p・q・⊃・q　　　　　　　　[3·27]

証$\left[2·22\dfrac{\sim p,\sim q,}{p,\ q}\right]$ ⊢ : $\sim(\sim p\vee\sim q)・⊃・\sim(\sim q)$　(1)

[2·13] ⊢・$\sim(\sim q)⊃q$　　　　　　　(2)

[2·05] ⊢・(1)・(2)・⊃ ⊢ : $\sim(\sim p\vee\sim q)・⊃・q$　(3)

[(3)(Df b)] ⊢ : p.q・⊃・q

2·36,　⊢ : p.q・⊃・q.p　　　　　　　　[3·22]

証$\left[2·30\dfrac{q,p,}{p,q}\right]$ ⊢ : $\sim(q.p)・⊃・\sim q\vee\sim p.$　(1)

[1·4]　　　　　　　$⊃・\sim p\vee\sim q.$　(2)

[2·31]　　　　　　　$⊃・\sim(p.q)$　(3)

[2·16] ⊢・(3)・⊃ ⊢ : p・q・⊃・q・p

2·37,　⊢:.p・q・⊃・r : ⊃ : p・⊃・q⊃r　　[3·3]

証[2·08. (Df b)] ⊢:.p.q・⊃・r : ⊃ : $\sim(\sim p\vee\sim q)・$

　　　$⊃・r$　　　　　　　(1)

[2·14] ⊢:.$\sim(\sim p\vee\sim q)・⊃・r : ⊃ : \sim r・⊃・$

　　　$\sim p\vee\sim q$　　　　　　(2)

[2·08. (Df **a**)] ⊢:.$\sim r・⊃・\sim p\vee\sim q : ⊃ : \sim r$

$$\cdot \supset \cdot p \supset \sim q \qquad\qquad (3)$$

$$[2\cdot04] \vdash :. \sim r \cdot \supset \cdot p \supset \sim q : \supset : p \cdot \supset \cdot \sim r \supset \sim q \qquad (4)$$

$$[2\cdot05] \vdash \cdot (1) \cdot (2) \cdot (3) \cdot (4) \cdot \supset \vdash :. p.q. \supset \cdot r$$

$$: \supset : p \cdot \supset \cdot \sim r \supset \sim q$$

$$[2\cdot16] \qquad \supset \cdot q \supset r \qquad\qquad (5)$$

$$[(5)] \vdash :. p.q \cdot \supset \cdot r : \supset : p. \supset \cdot q \supset r$$

2·38, $\vdash :. p \cdot \supset \cdot q \supset r : \supset : p \cdot q \cdot \supset \cdot r$ $\qquad$ [3·31]

証[2·08. (Df a)] $\vdash :. p \cdot \supset \cdot q \supset r : \supset : \sim p \cdot \lor \cdot \sim q \lor r :$

$$[1\cdot4] \qquad\qquad\qquad \supset : \sim p \cdot \lor \cdot r \lor \sim q \qquad (1)$$

$$[1\cdot5] \vdash :. \sim p \cdot \lor \cdot r \lor \sim q : \supset : r \cdot \lor \cdot \sim p \lor \sim q \qquad (2)$$

$$[1\cdot4] \vdash :. r \cdot \lor \cdot \sim p \lor \sim q : \supset : \sim p \lor \sim q \cdot \lor \cdot r \qquad (3)$$

$$[(Df \ a) \qquad\qquad\qquad \supset : \sim (\sim p \lor \sim q) \supset r \qquad (4)$$

$$[2\cdot05] \vdash \cdot (1) \cdot (2) \cdot (3) \cdot (4) \cdot \supset \vdash :. p \cdot \supset \cdot q \supset r$$

$$: \supset \cdot \sim (\sim p \lor \sim q) \supset r \qquad (5)$$

$$[(Df \ b)] \vdash :. p \cdot \supset \cdot q \supset r : \supset : p \cdot q \cdot \supset \cdot r$$

(P. M. 稱 2·37 爲 Principle of exportation, 稱 2·38 爲 Principle of importation 。)

2·39, $\vdash : p \supset q \cdot q \supset r \cdot \supset \cdot p \supset r$ $\qquad$ [3·33]

$$証\left[2\cdot38 \ \frac{p \supset q, \ q \supset r, \ p \supset r,}{p, \qquad q, \qquad r} \ \right] \vdash :: p \ q \cdot \supset : q \supset r \cdot \supset \cdot p \supset r :.$$

$$\supset : p \supset q \cdot q \supset r \cdot \supset \cdot p \supset r \qquad (1)$$

$$[2\cdot06] \vdash :. p \supset q \cdot \supset : q \supset r \cdot \supset \cdot p \supset r \qquad (2)$$

$$[(\cdot) \cdot (2) \cdot 1\cdot1] \vdash : p \supset q \cdot q \supset r \cdot \supset \cdot p \supset r$$

$2\cdot40,\quad \vdash : q\supset r \cdot p\supset q \cdot \supset \cdot p\supset r$ [3·34]

証 $[2\cdot05]\ \vdash :. q\supset r\cdot \supset : p\supset q\cdot \supset \cdot p\supset r$ (1)

$$\left[2\cdot38\ \frac{q\supset r,\ p\supset q,\ p\supset r}{p,\quad p,\quad r}\right]\ \vdash :. q\supset r\cdot\supset : p\supset q.\supset p\supset r :.$$

$$\supset : q\supset r\cdot p\supset q\cdot\supset\cdot p\supset r \tag{2}$$

$[(1)\cdot(2).\ 1\cdot1]\ \vdash : q\supset r\cdot p\supset q\cdot\supset\cdot p\supset r$

（此兩命題均爲三段論原則之另兩種表示，以後亦利用之以爲推論。 這兩個命題與傳統的三段論比之 2·05, 2·06 更爲切近，2·40 使人想到 "Barbara"。 情形當然不同，因爲這裏的 p, q, r, p⊃q, q⊃r, p⊃r, 不必是傳統三段論中的 A E I O 那樣的命題。）

$2\cdot41,\quad \vdash : p.p\supset q\cdot \supset \cdot q$ [3·35]

証 $\left[2\ 09\ \dfrac{p\vee q}{p}\right]\ \vdash : \sim(p\vee q)\cdot\vee\cdot(p\vee q)$ (1)

$[1\cdot5(1)]\ \vdash :. \sim(p\vee q)\cdot\vee\cdot(p\vee q) : \supset : p\cdot\vee\cdot \langle\sim$

$(p\vee q)\cdot\vee\cdot q\rangle :$ (2)

$[(1)\cdot(2)\cdot 1\cdot1\ (\text{Df a})]\quad \supset\vdash :. p:\vee : p\vee q\cdot\supset\cdot q$ (3)

$\left[(3)\ \dfrac{\sim p}{p}\right]\ \vdash :. \sim p:\vee : \sim p\vee q\cdot\supset\cdot q$ (4)

$[(4)(\text{Df a})]\ \vdash :. p.\supset : p\supset q.\supset\cdot q$ (5)

$\left[2\cdot38\ \dfrac{p\supset q}{q}\ \dfrac{b}{r}\right]\ \vdash :: p\cdot\supset : p\supset q\cdot\supset\cdot q:.\supset : p\cdot p\supset q$

$\cdot\supset\cdot q$ (6)

$[(5)\cdot(6)\cdot 1\cdot1]\ \vdash : p\cdot p\supset q\cdot\supset\cdot q$ (7)

（此命題說：如果 p 是眞的，而 p 蘊涵 q 也是眞的，則 q 是眞的。

請注意在此証明中，由 (5) (6) 而得 (7) 的結論，其推論與 2·41

這一命題相似；我們可以把它寫成：

p・⊃：p⊃q・⊃q::p・⊃：p⊃q・⊃・q::⊃：p・p⊃q・q::⊃：p・p⊃q・⊃・q不同之點如下：

(一)在証明中的推論，(5) 與 (6) 兩前件本系統均斷定其爲眞，而在 2˙41 這一命題中，p與p⊃q 兩前件，我們僅假設其爲眞，究竟爲眞與否，無從說起；2˙41 所斷定的是整個的命題，而不是前面那一部分。

(二)在証明中的是推論，是 Inference。而在這命題中的是蘊涵，是 Implication。推論說得通的時候，定有蘊涵關係；但有蘊涵關係的時候，不必能有推論。在証明中，我們可以說 (5) 是眞的，(6) 是眞的，"所以"(7) 是眞的；2˙41 這一命題雖是眞的，而我們既不能說前件是眞的，我們也不能說"所以"後件是眞的。

(三)証明中的推論的根據是 I˙I 那一基本命題，由此可以知道 I˙I 與 2˙41 爲不同的命題。)

2˙42,　⊢:.p・q・⊃・r:⊃:p・∼r・⊃・∼q　　　　　　　[3˙37]

　証[2˙15] ⊢：q⊃r・⊃・∼r⊃∼q　　　　　　　　　　　(1)

　[2˙05(1)] ⊢:.p・⊃・q⊃r:⊃:p・⊃・∼r⊃∼q　　　　(2)

　[2˙37] ⊢:.p・q・⊃・r:⊃:p・⊃・q⊃r　　　　　　　(3)

　[2˙05] ⊢・(2)・(3)・⊃⊢:.p・q・⊃r:⊃:p・⊃・

　　　　∼r⊃∼q　　　　　　　　　　　　　　　　　　(4)

　[2˙38] ⊢:.p・⊃・∼r⊃∼q:⊃:p・∼r・⊃・∼q　　　　(5)

[2·39]　⊢ · (4) · (5) · ⊃ ⊢ :. p.q · ⊃ r : ⊃ : p · ∼r ·

⊃ · ∼q

（此命題所表示的可以用所謂 Anti-Syllogism 爲例。　設有以下甲乙兩組的命題,以普通的三段論的形式表示之,　2·42 說甲組蘊涵乙組。

甲,　所有的人都是有理性的動物　　(p)

瘋子是人　　　　　　　　　　(q)

瘋子是有理性的動物　　　　　(r)

乙,　所有的人都是有理性的動物　　(p)

瘋子不是有理性的動物　　　(∼r)

瘋子不是人　　　　　　　　(∼q)

請注意以上的例有很不妥當的地方；　2·42 這一命題沒有斷定 p,q,r 之爲眞爲假;用普通語言表示,它不過是說如果甲組是對的,乙組也是對的。）

2·43,　⊢ :. p⊃q · p⊃r · ⊃ : p · ⊃ · q · r　　　　[3·43]

証 $\left[2\text{·}32 \dfrac{q, r}{p, q} \right]$ ⊢ :. q · ⊃ : r · ⊃ · q · r　　　　　　(1)

[2·05]　⊢ · (1) · ⊃ ⊢ :: p⊃q · ⊃ :. p · ⊃ : r · ⊃ · q · r　(2)

[2·27]　⊢ :: p · ⊃ : r · ⊃ · q · r :. ⊃ :. p⊃r · ⊃ : p ·

⊃ · q.r　　　　　　　　　　　　　　(3)

[2·05]　⊢ · (2) · (3) · ⊃ ⊢ :: p⊃q · ⊃ :. p⊃r ·

⊃ : p · ⊃ · q · r　　　　　　　　(4)

[(4)2·38]　⊢ :. p⊃q · p⊃r · ⊃ : p · ⊃ · q · r

2·44,　⊢:.q⊃p・r⊃p・⊃:q∨r・⊃・p

証$\left[2·39\dfrac{\sim q,r,p,}{p,q,r}\right]$ ⊢ : ~q⊃r・r⊃p・⊃~q⊃p　　　　　(1)

　[1·6] ⊢:.~q⊃p・⊃:p∨~q・⊃・p∨p:

　[1·4]　　　　⊃:~q∨p・⊃・p∨p　　　　　(2)

　[1·2. (Df a)・(2)] ⊢:.~q⊃p・⊃:q⊃p・⊃・p　　(3)

　[2·05] ⊢・(1)・(3)・⊃⊢:.~q⊃r・r⊃p・⊃:

　　　q⊃p・⊃・p　　　　　　　　　(4)

　[2·37] ⊢・(4)・⊃⊢::~q⊃r・⊃:.r⊃p・⊃:q⊃p・

　　　⊃・p:.　　　　　　　　　(5)

　[2·04]　　　　　　⊃:.q⊃p・⊃:r⊃p・⊃・p:.

　[2·38]　　　　　　⊃:q⊃p・r⊃p・⊃・p　(6)

　[2·04] ⊢・(6)・⊃⊢:.q⊃p・r⊃p・⊃:~q⊃r・⊃・p:

　[(Df a)]　　　　　　⊃:~(~q)∨r・⊃・p:　(7)

　[2·14.(7)] ⊢:.q⊃p・r⊃p・⊃:q∨r・⊃・p

2·45,　⊢:.p⊃q・⊃:p・r・⊃・q・r　　　　　[3·45]

　証[2·06,] ⊢:.p⊃q・⊃:q⊃~r・⊃・p⊃~r　　　(1)

　[2·15] ⊢:.q⊃~r・⊃・p⊃~r:⊃:~(p⊃~r)・⊃・

　　　~(q⊃~r)　　　　　　　　(2)

　[2·08. (Df a)] ⊢:.q⊃~r・⊃・p⊃~r:⊃:~(~p∨~r)

　　　⊃・~(~q∨~r)　　　　　　(3)

　[2·08.(Df b)] ⊢:.~(~p∨~r)・⊃・~(~q∨~r):

　　　⊃:p・r・⊃・q・r　　　　　(4)

［2·39］⊢·(1)·(3)·(4)·⊃⊢:.p⊃q·⊃:p·r·
　　　⊃·q·r

（此命題與第六基本命題成對，第六基本命題表示"或"方面的
關係，而此命題表示"與"方面的關係。）

2·46,　⊢:.p⊃r·q⊃s·⊃:p·q·⊃·r·s　　　　　　　　　　［3·47］

　証［2·34］⊢:.p⊃r·q⊃s·⊃·p⊃r　　　　　　　　　　　　(1)

　［2·45］⊢:.p⊃r·⊃:p·q·⊃·r·q

　［2·36］　　　　　　　　　　⊃·q·r　　　　　　　　　　(2)

　［2·05］⊢·(1)·(2)·⊃⊢:.p⊃r·q⊃s·⊃:p·
　　　q·⊃·q·r　　　　　　　　　　　　　　　　　　　　(3)

　［2·35］⊢:.p⊃r·q⊃s·⊃·q⊃s　　　　　　　　　　　　(4)

　［2·45］⊢:.q⊃s·⊃:q·r·⊃·s·r·

　［2·36］　　　　　　　　　　⊃·r·s　　　　　　　　　　(5)

　［2·05］⊢·(4)·(5)·⊃⊢:.p⊃r·q⊃s·⊃:q·r·
　　　⊃·r·s　　　　　　　　　　　　　　　　　　　　　(6)

　［2·43］⊢·(3)·(6)·⊃⊢::p⊃r·q⊃s·⊃:.p·q·
　　　⊃·q·r:q·r·⊃r·s　　　　　　　　　　　　　　　(7)

　［2·39］⊢:.p·q·⊃·q·r:q·r·⊃·r·s:⊃:
　　　p·q·⊃·r·s　　　　　　　　　　　　　　　　　　(8)

　［2·39］⊢·(7)·(8)·⊃⊢:.p⊃r·q⊃s·⊃:p·q·
　　　⊃·r·s

2·47,　⊢:.p⊃r·q⊃s·⊃:p∨q·⊃·r∨s　　　　　　　　　　［3·48］

証[2·34] ⊢ : p⊃r・q⊃s・⊃・p⊃r   (1)

[1·6] ⊢ .:p⊃r・⊃ : q∨p・⊃・p∨r :

[1·4]   ⊃ : p∨q・⊃・q∨r   (2)

[2·39] ⊢ ・(1)・(2)・⊃⊢:.p⊃r・q⊃s・⊃ : p∨q・

⊃・q∨r   (3)

[2·35] ⊢ : p⊃r・q⊃s・⊃・q⊃s   (4)

[1·6.1·4] ⊢ :.q⊃s・⊃ : q∨r・⊃・r∨s   (5)

[2·39] ⊢ ・(4)・(5)・⊃⊢:.p⊃r・q⊃s・⊃ : q∨r

・⊃・r∨s   (6)

[2·43] ⊢ ・(3)・(6)・⊃⊢:.p⊃r・q⊃s・⊃:.p∨q・

⊃・q∨r : q∨r・⊃r∨s   (7)

[2·39] ⊢::p∨q・⊃・q∨r : q∨r・⊃・r∨s : ⊃ :

p∨q・⊃・r∨s   (8)

[2·39] ⊢ ・(7)・(8)・⊃⊢:.p⊃r・q⊃s・⊃ : p∨q・

⊃・r∨s

2·48, ⊢ : p⊃q・＝・~q⊃~p   [4·1]

証[2·15] ⊢ : p⊃q・⊃・~q⊃~p   (1)

[2·16] ⊢ :.~q⊃~p・⊃・p⊃q   (2)

[2·32] ⊢::p⊃q・⊃・~q⊃~p : ⊃:.~q⊃~p・⊃・

p⊃q : ⊃⊢:.p⊃q・⊃・~q⊃~p : ~q⊃~p・

⊃・p⊃q   (3)

[(3)・(Df c)] ⊢ : p⊃q・＝・~q⊃~p

（以後雖用 2·32 ，而不必把整個的公式寫出來。）

2·49,　⊢ : p⩵q · ⩵ · ∼p⩵∼q

証[2·15] ⊢ : p⊃q · ⊃ · ∼q⊃∼p　　　　　　　　　　(1)

$\left[2\cdot15\ \dfrac{q,p}{p,q} \right]$ ⊢ : q⊃p · ⊃ · ∼p⊃∼q　　　　　(2)

[2·46] ⊢ · (1) · (2) · ⊃⊢ : p⊃q · q⊃p · ⊃ ·

∼q⊃∼p · ∼p⊃∼q　　　　　　　　　　(3)

[2·36] ⊢ : ∼q⊃∼p · ∼p⊃∼q · ⊃ · ∼p⊃∼q · ∼q⊃∼p　(4)

[2·05] ⊢ · (3) · (4) · ⊃⊢ : p⊃q · q⊃p · ⊃ · ∼p⊃∼

q · ∼q⊃∼p　　　　　　　　　　　　(5)

[(5) (Df ⩵)] ⊢ : p⩵q · ⊃ · ∼p⩵∼q　　　　　(6)

[2·16] ⊢ : ∼p⊃∼q · ⊃ · q⊃p　　　　　　　(7)

[2·16] ⊢ : ∼q⊃∼p · ⊃ · p⊃q　　　　　　　(8)

[2·46] ⊢ · (7) · (8) · ⊃⊢ : ∼p⊃∼q · ∼q⊃∼p · ⊃ ·

q⊃p · p⊃q　　　　　　　　　　　(9)

[2·36] ⊢ : q⊃p · p⊃q · ⊃ · p⊃q · q⊃p　　　(10)

[2·05] ⊢ · (9) · (10) · ⊃⊢ : ∼p⊃∼q · ∼q⊃∼p ·

⊃ · p⊃q · q⊃p　　　　　　　　　(11)

[(11) (Df ⩵)] ⊢ : ∼p⩵∼q · ⊃ · p⩵q　　　　(12)

[(Df ⩵)2·32] ⊢ · (6) · (12) · ⊃⊢ : p⩵q · ⩵ · ∼p≡∼q

2·50,　⊢ : p⩵∼q · ⩵ · q⩵∼p

（此命題的証明與以上一樣，請讀者自備。）

2·51,　⊢ · p⩵∼(∼p)

証[2·11.2·13.(Df c)] ⊢ . p═∼(∼p)

2·52, ⊢:.p・q・⊃・r:═:p・∼r・⊃・∼q   [4·14]

   証[2·42] ⊢:.p・q・⊃・r:⊃:p・∼r・⊃・∼q   (1)

    [2·42] ⊢:.p・∼r・⊃・∼q:⊃:p・∼(∼q)・⊃・∼(∼r):

    [2·51]   ⊃:p・q・⊃・r   (2)

    [(Df c)] ⊢・(1)・(2)・⊃⊢:.p・q・⊃・r:═:p・∼r・⊃・∼q

2·53, ⊢:.p・q・⊃・∼r;═:q・r・⊃・∼p   [4·15]

   証$\left[2·36\dfrac{q}{p}\right]$ ⊢:q・p・⊃・p・q   (1)

    [2·06.(1)] ⊢:.・p・q・⊃・∼r:⊃:q・p・⊃∼r   (2)

    [2·42] ⊢:.q・p・⊃∼r:⊃:q・r・⊃・∼p   (3)

    [2·39] ⊢・(2)・(3)・⊃⊢:.p・q・⊃・∼r:⊃:q・

       r・⊃・∼p   (4)

    [2·36] ⊢:p・q・⊃・q・p   (5)

    [2·06(5)] ⊢:.q・p・⊃・∼r:⊃:p・q・⊃・r   (6)

    [2·42] ⊢:.q・r・⊃・∼p:⊃:q・p・⊃・∼r   (7)

    [2·40] ⊢・(6)・(7)・⊃⊢:.q・r・⊃・∼p:⊃:p・

       q・⊃・∼r   (8)

   [(Df c)・2·32] ⊢・(4)・(8)・⊃⊢:.p・q・⊃・∼r

      :═:q・r・⊃・∼p

2·54, ⊢・p═p   [4·2]

  証[2·08] ⊢・p⊃p   (1)

    [2·32] ⊢:.p⊃p・⊃:p⊃p・⊃・p⊃p・p⊃p   (2)

$$[(1) \cdot (2) \cdot 1\cdot1] \vdash : p \supset p \cdot p \supset p \tag{3}$$

$$[(3) \cdot (Df\ c)] \vdash \cdot p \equiv p$$

2·55,　　$\vdash : p \equiv q \cdot \equiv \cdot q \equiv p$　　　　　　　　　　　　　　[4·21]

　　証[2·36] $\vdash : p \supset q \cdot q \supset p \cdot \supset \cdot q \supset p \cdot p \supset q$ (1)

　　　　　　　$\vdash : q \supset p \cdot p \supset q \cdot \supset \cdot p \supset q \cdot q \supset p$ (2)

　　[Df(c)] $\vdash \cdot (1) \cdot (2) \cdot \supset \vdash : p \equiv q \cdot \equiv q \equiv p$

2·56,　　$\vdash : p \equiv q \cdot q \equiv r \cdot \supset \cdot p \equiv r$　　　　　　　　　[4·22]

　　証[2·34] $\vdash : p \equiv q \cdot q \equiv r \cdot \supset \cdot p \equiv q \cdot$

　　[(Df c) ·2·34]　　　　　　$\supset \cdot p \supset q$ (1)

　　[2·35] $\vdash : p \equiv q \cdot \equiv r \cdot \supset \cdot q \equiv r \cdot$

　　[(Df c)2·34]　　　　　$\supset \cdot q \supset r$ (2)

　　[(1) · (2) · 2·43. 2·39] $\vdash : p \equiv q \cdot q \equiv r \cdot \supset \cdot p \supset r$ (3)

　　[2·35] $\vdash : p \equiv q \cdot q \equiv r \cdot \supset \cdot q \equiv r$

　　[(Df c) · 2·35]　　　　　$\supset \cdot r \supset q$ (4)

　　[2·34] $\vdash : p \equiv q \cdot q \equiv r \cdot \supset \cdot p \equiv q \cdot$

　　[(Df c) · 2·35]　　　　　$\supset \cdot q \supset p$ (5)

　　[(4) · (5) · 2·43.2·39] $\vdash : p \equiv q \cdot q \equiv r \cdot \supset \cdot r \supset p$ (6)

　　[(3) · (6) · 2·43] $\vdash : p \equiv q \cdot q \equiv r \cdot \supset \cdot p \supset r \cdot r \supset p$ (7)

　　[(Df c).7] $\vdash ; p \equiv q \cdot q \equiv r \cdot \supset \cdot p \equiv r$

　（以上 2·54，2·55，2·56，三命題表示命題的眞假値相等有自反質 (Self-reflexive)，對稱質 (Symmetrical)，傳遞質 (Transitive)。　蘊涵僅有自反與傳遞質。）

2·57, ⊢ : p · ▦ · p · p   [4·24]

  證[2·34] ⊢ : p · p · ⊃ · p   (1)

    [2·32] ⊢ :. p · ⊃ : p · ⊃ · p · p   (2)

    [2·20] ⊢ :. p · ⊃ : p · ⊃ · p · p :. ⊃ : p · ⊃ · p · p   (3)

    [(2) · (3) · 1·1] ⊢ : p · ⊃ · p · p

    [2·32(Df c)] ⊢ · (4) · (1) · ⊃⊢ : p · ▦ · p · p

2·58, ⊢ : p · ▦ · p∨p   [4·25]

  證[2·07] ⊢ : p · ⊃ · p∨p   (1)

    [1·2] ⊢ : p∨p · ⊃ · p   (2)

    [(Df c)] ⊢ · (1) · (2) · ⊃⊢ : p · ▦ · p∨p

2·59, ⊢ : (p · q) · r · ▦ · p · (q · r)   [4·32]

  證[2·53] ⊢ :. p · q · ⊃ · ∼r : ▦ · p · r · ⊃ · ∼p :

    [2·50]   ▦ : p · ⊃ · ∼(q · r)   (1)

    [(1).2·49] ⊢ : ∼(p · q · ⊃ · ∼r) : ▦ : ∼⟨ p · ⊃∼ ·

       (q · r) ⟩   (2)

    [(2).Df(a)] ⊢ : ∼⟨ ∼(p · q) · ∨ · ∼r ⟩ · ▦ ·

       ∼⟨ ∼p · ∨ · ∼(q · r) ⟩   (3)

    [(3) · (Df b)] ⊢ : (p · q)r · ▦ · p · (q · r)

2·60, ⊢ : (p∨q)∨r ▦ · p∨(q∨r)   [4·33]

  證[1·4] ⊢ : (p∨q)∨r · ⊃ · r∨(p∨q)   (1)

    [1·5] ⊢ : r∨(p∨q) · ⊃ · p∨(r∨q)   (2)

    [1·4] ⊢ : p∨(r∨q) · ⊃ · p∨(q∨r)   (3)

[2·39] ⊢ · (1) · (2) · (3) · ⊃⊢ : (p∨q)∨r · ⊃ · p∨

(q∨r) (4)

[1·5] ⊢ : p∨(q∧r) · ⊃ · q∨(p∨r) (5)

[1·4] ⊢ : q∨(p∨r) · ⊃ · q∨(r∨p) (6)

[1·5] ⊢ : q∨(r∨p) · ⊃ · r∨(q∨p) (7)

[1·4] ⊢ : r∨(q∨p) · ⊃ · r∨(p∨q) (8)

[1·4] ⊢ : r∨(p∨q) · ⊃ · (p∨q)∨r (9)

[2·39] ⊢ · (5) · (6) · (7) · (8) · (9) · ⊃⊢ : p∨(q∨r) ·

⊃ · (p∨q)∨r (10)

[(Df c)] ⊢ · (4) · (10) · ⊃⊢ : (p∨q)∨r.=.p∨(q∨r)

2·61,　⊢:.p · q∨r.=: pq · ∨ · p · r [4·4]

証⊢ · 2·32 · ⊃⊢::p · ⊃ : q · ⊃ · p · q:.p · ⊃ : r ·

⊃ · p · r:: (1)

[2·43] ⊃⊢::p · ⊃:.q · ⊃ · p · q:r · ⊃ · p · r:: (2)

[2·47] ⊃::p · ⊃:.q∨r · ⊃ : p · q · ∨ · p · r (3)

[2·38] ⊢ · (3) · ⊃⊢:.p · q∨r · ⊃ : p · q · ∨ · p · r (4)

⊢ · 2·34. 2·32. ⊃⊢:.p · q · ⊃ · p : p · r · ⊃ · p:. (5)

[2·44]　⊃⊢:.p · q · ∨ · p · r : ⊃ · p (6)

⊢ · 2·35. 2·32 · ⊢⊃:.p · q · ⊃ · q : p · r · ⊃ · r:. (7)

[2·47]　⊃⊢:.p · q · ∨ · p · r : ⊃ · q∨r (8)

⊢ · (6) · (8) · 2·43.⊃⊢:.p · q · ∨ · p · r : ⊃ · p · q∨r (9)

[(Df c)] ⊢ · (4) · (9) 2·32.⊃⊢:.p · q∨r.=: p · q∨ · p · r

2·62,　⊢:.p・∨・p・r:═・p∨p・p∨r　　　　　　　　［4·41[

証[2·34 $\frac{q, r}{p, q}$] ⊢:q・r・⊃・q:　　　　　　　　(1)

［1·6］⊃⊢:.p・∨・q・r:⊃・p∨q　　　　　(2)

[2·35 $\frac{q,r}{p,q}$] ⊢:q・r・⊃・r:　　　　　　　　(3)

［1·6］⊃⊢:.p・∨・q・r:⊃・p∨r　　　　　(4)

［2·43］⊢・(2)・(4)・⊃⊢:.p・∨・qr:⊃・

　　　　p∨q・p∨r　　　　　　　　　　　　(5)

［2.11］⊢・p⊃∼(∼p)・　　　　　　　　(6)

［1·6.1·4］⊃⊢:p∨p・⊃・∼(∼p)∨q:　　(7)

［(Df a)］⊃⊢:p∨q・⊃・∼p⊃q　　　　(8)

［2·46］⊢:.p∨q・⊃・∼p⊃q:p∨r・⊃・∼p⊃r:.　(9)

　　　　⊃⊢:p∨q・p∨r・⊃・∼p⊃q・∼p⊃r・　(10)

［2·43］　　　　　　⊃:∼p・⊃・q・r:　　(11)

［2·54.(Df a).2·51］　⊃:p・∨・q・r　　(12)

［2·32(Df c)］⊢・(5)・(12)・⊃⊢:.p・∨・q・r:═・

　　p∨q・p∨r

2·63,　⊢:.p・═:p・q・∨・p・∼q　　　　　　　　［4·42］

証[2·32 $\frac{q∨∼q,p}{p・q}$] ⊢:.q∨∼q・⊃:p・⊃・q∨∼q・p・

［2·36］　　　　　　　　　⊃・p・q∨∼q　　(1)

［2·20］⊢・(1)・⊃⊢:p・⊃・p・q∨∼q　　(2)

［2·34］⊢:p・q∨∼q・⊃・p　　　　　　(3)

［(Df c)］⊢(2)・(3)・⊃⊢:p・═・p・q∨∼q　(4)

$[2\cdot61]\ \vdash:p\cdot q\lor\sim q\cdot\boxed{=}:p\cdot q\cdot\lor\cdot p\cdot\sim q$ (5)

$[2\cdot56]\ \vdash\cdot(4)\cdot(5)\cdot\supset\vdash:.p\cdot\boxed{=}:p\cdot q\cdot\lor\cdot p\cdot\sim q$

2·64,　$\vdash:.p\cdot\boxed{=}:p\lor p\cdot p\lor\sim q$　　　　$[4\cdot43]$

証$[2\cdot18]\ \vdash:p\cdot\supset\cdot p\lor q:p\cdot\supset\cdot p\lor\sim q:.$

$[2\cdot43]\ \supset\vdash:p\cdot\supset\cdot p\lor q\cdot p\lor\sim q$ (1)

$[1\cdot6]\ \vdash:p\supset q\cdot\supset:q\lor p\cdot\supset\cdot q\lor q$ (2)

$[1\cdot4.2\cdot04.(\mathrm{Df\ a})\cdot1\cdot2]\ \vdash\cdot(2)\cdot\supset\vdash:p\lor q\cdot\supset:\sim$
$\qquad p\lor q\cdot\supset\cdot q$ (3)

$\left[(3)\ \dfrac{q,p}{p,q}\right]\ \vdash:q\lor p\cdot\supset:\sim q\lor p\cdot\supset\cdot p$ (4)

$\left[(4)\ \dfrac{\sim p}{p}.1\cdot4\right]\ \vdash:\sim p\lor q\cdot\supset:\sim p\lor\sim q\cdot\supset\cdot\sim q$ (5)

$[(5)(\mathrm{Df\ a})]\ \vdash:p\supset q\cdot\supset:p\supset\sim q\cdot\supset\cdot\sim p$ (6)

$\left[(6)\ \dfrac{\sim p}{p}\right]\ \vdash:.\sim p\supset q\cdot\supset:\sim p\supset\sim q\cdot\supset\cdot\sim(\sim p)$ (7)

$[2\cdot38]\ \vdash(7).2\cdot13.\supset\cdot\vdash:\sim p\supset q\cdot\sim p\supset\sim q\cdot\supset\cdot p$ (8)

$[(8)(\mathrm{Df\ a})]\ \vdash:\sim(\sim p)\lor q\cdot\sim(\sim p)\lor\sim q\cdot\supset\cdot p$ (9)

$[2\cdot514(9)]\ \vdash:p\lor q\cdot p\lor\sim q\cdot\supset\cdot p$ (10)

$[2\cdot32.(\mathrm{Df\ e})]\ \vdash\cdot(1)\cdot(10)\supset\vdash:.p\cdot\boxed{=}:p\lor q\cdot p\lor\sim q$

2·65,　$\vdash:.p\cdot\boxed{=}:p\cdot\lor\cdot p\cdot q$　　　　$[4\cdot44]$

証$\left[2\cdot18\ \dfrac{p\cdot q}{q}\right]\ \vdash:p\cdot\supset:p\cdot\lor\cdot p\cdot q$ (1)

$[2\cdot08.\ 2\cdot34.2\cdot32]\ \vdash:.p\supset p:p\cdot q\cdot\supset\cdot p:.$

$[2\cdot44]\ \ \ \ \supset\vdash:.p\cdot\lor\cdot p\cdot q:\supset\cdot p$ (2)

$[2\cdot32.(\mathrm{Df\ e})]\ \vdash\cdot(1)\cdot(2)\cdot\supset\vdash:.p\cdot\boxed{=}:p\cdot\lor\cdot p\cdot q$

2·66,　⊢ : p⚊ • p • p∨q　　　　　　　　　　　　　[4·45]

　証[2·08. 2·18. 2·32] ⊢ : p⊃p : p • ⊃ • p∨q :.

　　[2·43]　　⊃⊢ : p • ⊃ • p • p∨q　　　　　　　　　(1)

　　[2·34]　　⊢ : p • p∨q • ⊃ • p　　　　　　　　　(2)

　　[2·32.(Df c)] ⊢ • (1) • (2) • ⊃⊢ : p • ⚊ • p • p∨q

2·67,　⊢ :. p⊃q • ⚊ : p • ⊃ • p • q

　　[2·35] ⊢ : p • q • ⊃ • q :

　　[2·05] ⊃⊢ :. p • ⊃ • p • q : ⊃ • p⊃q　　　　　　(1)

　　[2.37.2·42] ⊢ :. p⊃p • p⊃q • ⊃ : p • ⊃ • p·q :.　(2)

　　[2·37] ⊃⊢ :: p⊃q • ⊃ :. p⊃q • ⊃ : p • ⊃ • p • q　(3)

　　[2·08]　　⊢ • p⊃p　　　　　　　　　　　　　(4)

　　[(4) • (3) • 1·1] ⊢ :. p⊃q • ⊃ : p • ⊃ • p • q　　(5)

　　[2·32 • (Df c)] ⊢ • (1) • (5) • ⊃ • ⊢ :. p⊃q • ⚊ : p • ⊃

　　　• p • q

II 由未解析的命題到類與關係的推演。

本章分以下各節： A,具一表面任指詞的命題的推演； B,具兩表面任指詞的命題的推演； C,具相同思想的命題的推演； D,具叙述詞的命題的推演； E,類詞的發現與關係詞的發現。 本節的宗旨在介紹原書中一步一步的推演辦法。

A.具一表面任指詞的命題的推演。

1.解釋弁言

茲假設未解析的命題是 "這（指一東西）是紅的," 或 "這（指一東西）比那個（指另一東西）大," 這樣的命題。 這樣的命題可以解析成 "個體詞（數目不定）——謂詞（此處的謂詞非第一部的賓詞）"。如以 x, y, z,……等表示個體，為個體詞；以 φ, Ψ, χ,……等表示"性質",為謂詞；則未解析的命題可以容納到 "φx" 或 "φ(x,y)"……等式的命題；而 "φx" "φ(x,y)"……等,本書稱之為命題函量。

x,y,z,……, φ, Ψ, χ,……等等均稱之為任指詞。 所謂任指詞者,是說 "x,y,z,……" 等雖指個體,而不指某一個體；"φ, Ψ, χ,……" 等雖指性質,而不指某一屬性,或某一關係質。 這裏的任指詞似乎可以稱為"變詞",但無論"任指詞"這一名詞是否有毛病,而"變詞"這一名詞總有毛病。 詞無所謂變,而 "x,y,z,……", "φ,Ψ,χ,……"等等也無所謂變。 說它們變者在此處似乎是定與不定的問題。 任指詞一方面 "定",因為 "x,y,z,……" 等定指個體；另一方面"不定",因為它們不定指某某個體。 普通指必有所指,而所指者大都是能以 "某

一”相稱的東西或情形。　任指詞既不指出一能以“某一”相稱的東西
或情形,而同時又有一固定的範圍,所以“x, y, z, ……”等指個體範圍
之內的任何一個,而“ϕ, $\varPsi$, χ, ……”等指性質範圍之內的任何一性
質。

　　“x, y, z, ……”等所表示的個體,可以是,而不必是我們經驗方
面的“具體的東西”。　個體兩個字僅有相對的意義,它們所代表的不是
性質,不是命題,不是函量;可是在一公式內是個體者在另一公式內不
必是個體。　此處所要求的個體不過是在一範圍之內不是那一範圍之
內的性質或命題或函量而已。

　　“ϕ, $\varPsi$, χ, ……”等為“謂詞”,它們所代表的是性質。　照此處
的用法,性與質不同;性為質,而質不必為性;性屬於一個體,所以稱之
為屬性;質可以兼存於多數個體之間。　茲以性質二字總其和。　代表
性質之詞稱之為“謂詞”。　謂詞在此處與第一部所談的賓詞不同;在那
裏的賓詞可以說是完全代表屬性,此處的謂詞也代表關係。　“ϕ, $\varPsi$,
χ, ……”等均為謂詞,均代表性質,不過沒有指出某一性質而已。

　　“ϕx”為命題函量,而非命題。　“x”既未指出某一個體,“ϕ”也
沒有指出某一性質,“ϕx”無所謂真假,所以不是命題。　它也是任指
詞,它雖未指出某一命題,而代表具某種形式的命題。　假設“ϕ”所指
者為“是紅的”,則“x”的範圍受限制;假設“x”所指者為我們所稱為
“書”的個體,則“ϕ”受限制。　這裏有能有意思與不能有意思的問題,
本篇不提出討論。

　　我們可以用符號表示“ϕx”總是真的。　如果我們遵照 P.M 的

辦法用"(x)"表示"任何"或"所有"或"凡"x,則"(x)φx"表示"一切都是φ",或"φx總是眞的"。　如果我們用"∃x"表示"有x"或"至少有一x",則"(∃x)φx"表示"有x是φ",或"至少有一x是φ"。　在P. M. ,(x)φx與(∃x)φx均視爲命題,這或者是對於"φ, ψ, χ,……"之所指, P. M.根本沒有興趣。　無論如何,假設我們寫出這樣一句話來, "(x)x是紅的";這句話是一命題,因爲這等於說"一切都是紅的",而這裏的x已經不是貨眞價實的任指詞,而是P. M.書中的 Apparent variable,本書稱之爲表面任指詞。

　　P. M.中一部分的推論是 (x)φx, (∃x)φx, 這樣命題的推論,而這樣命題的推論中也有(x)φx⊃ψx這樣的命題。　這一部分就是本段的具一表面任指詞的推論,它也有幾個基本命題,可是在本書我們可以不必提出。　本段僅抄出幾個命題。　証明的方式與I節的一樣。　我們在此處所注意的既僅是命題,而不是它們排列的系統化,我們不必抄寫舊証明,也不必發現新証明。　各命題的號數均爲原書中的號數。

　2.本段所選的幾個命題

　　10˙25,　⊢ : (x) · φx · ⊃ · (∃x) · φx

　　（這命題看起來似乎就是傳統演繹法裏的由 A 到 I 的推論,其實有問題。　傳統邏輯中的 A, E, I, O,不是(x)φx, (∃x)φx,這樣的命題,但蘊涵關係相似。）

　　10˙251,　⊢ : (x) · ∼φx · ⊃ · ∼{(x) · φx}

　　（此與10˙25有同樣的情形,它很像由E之眞推到 A 之假。）

　　10˙252,　⊢ : ∼{(Ex) · φx} · ═ · (x) · ∼φx

10·253，　⊢：∼{(x)・φx}・≡・(∃x)・∼φx

（10·252 好像是說 I 命題的假等於 E 命題的眞，10·253 好像是說 A 命題的假等於 O 命題的眞。　可是，我們還是要記在心裏(x)φx，(∃x)φx，等等不是傳統邏輯中的 A，I，等等命題。）

10·26，　⊢：.(x)・φz⊃Ψz：φχ：⊃・Ψx

（此卽普通三段論之一種。　設"φz"代表"z是人"，"Ψz"代表"z是會死的"，"x"代表任何一個體；則此命題說"如果任何一個體 z 是人蘊涵 z 是會死的，而 x 這一個體是人，則 x 是會死的"。　普通常引用的 "所有的人都是會死的，孔子是人，孔子是會死的" 是這樣的三段論，其推論的根據就是這個命題。　可是這命題與 10·3 那一命題不同。　嚴格地說，只有那一命題才是 AAA，這一命題不是，因爲如果 (z)・φz⊃Ψz 是 "A" 命題，則φx 不是 "A" 命題，而Ψx 的結果也不是 "A" 命題。　同時我們也可以注意：傳統演繹法旣把三命題分開來，使人注重到它們在事實方面個別的眞假問題；P. M. 系統沒有說 (z)・φz⊃Ψz 是眞的，也沒有說φx 是眞的，也沒有說Ψx 是眞的；P. M. 只說 10·26 這一整個的命題是眞的。）

10·27　⊢：.(z)・φz⊃Ψz・⊃：(z)・φ・z⊃・(z)・Ψz

10·28　⊢：.(x)・φx⊃Ψχ・⊃：(∃x)・φx・⊃・(∃x)・Ψx

（此兩命題是一對，10·27 說如果凡φ是Ψ，那麼，如果一切是φ，則一切是Ψ。　10·28 說如果所有的φ都是Ψ，則有φ卽有Ψ。）

10·29　⊢ :. (x) . φx ⊃ Ψx : (x) . φx ⊃ χx : ═ : (x) :

　　　　　　φx . ⊃ . Ψx . χx

（這就是說：說凡 φ 是 Ψ，凡 φ 是 χ，等於說凡 φ 既是 Ψ 又是

χ。）

10·3　⊢ :. (x) . φx ⊃ Ψx : (x) . Ψx ⊃ χx : ⊃ . (x) . φx ⊃ χx

（此命題實卽傳統演繹法裏的"AAA"，不過三個命題的位置稍

有不同而已。　傳統的"AAA"的排列爲大前提，小前提，而後結

論；若照那樣排法，此命題中的第二命題應該擺在最前面。　可

是，我們要知道，這命題前件中的兩命題，那一在前那一在後，在

本系統沒有干係。

在原書中，此命題的証明利用 I 節中已証明的三段論的原則。

這沒有什麼毛病，因爲 II 節的命題是未解析的命題，所以是另外

一套。　茲以下例表示。

2·39 那一命題如下，"⊢ : p ⊃ q . q ⊃ r . ⊃ . p ⊃ r"

設以"p"代表"孔子是中國人"

　　"q"代表"孔子是人"

　　"r"代表"孔子是會死的"

那麼，2.39 說："如果孔子是中國人蘊涵孔子是人，而孔子是人又

蘊涵孔子是會死的；則孔子是中國人蘊涵孔子是會死的"。　我

們若不用以上三命題，用另外意義無關的三命題，只要它們有以

上眞值蘊涵的關係，2·39 那一命題仍爲三段論原則。　可是它沒

有表示："如果凡中國人是人，凡人是會死的；則凡中國人是會

死的"。　這個,在本系統中,到10·3這一命題才表示出來,而這個推論才是眞正的"ＡＡＡ"。)

10·301,　⊢∶.(x)·φx＝Ψx∶(x)·Ψx＝χx∶⊃·(x)·

φx＝χx

10·32,　⊢∶(x)·φx＝Ψx·＝·(x)·Ψx＝φx

(此兩命題中頭一個表示相等有傳遞質, 第二個表示相等有對稱質。)

10·412,　⊢∶(x)·φx＝Ψx·＝·(x)·∼φx＝∼Ψx

(此命題與傳統的直接推論的換質法相似, 可是傳統演繹法中的"Ａ"命題不是"(x)·φx＝Ψx"這樣的命題。　這樣的命題,用普通語言表示,可以說是"所有的 φ 是所有的Ψ", 或"無論那一件東西說它是 φ 等於說它是Ψ", 或"凡φ是Ψ,凡Ψ是φ"。
10·412說∶"說所有的φ是所有的Ψ,等於說所有的非φ是所有的非Ψ",或"說凡φ是Ψ,凡Ψ是φ,等於說凡非φ是非Ψ,凡非Ψ是非φ"。)

10·42,　⊢∶.(∃x)·φx·∨·(∃x)·Ψx∶＝·(∃x)·φx∨Ψx

(這命題說∶"說有φ或有Ψ等於說有φ或Ψ"。)

10·5　⊢∶.(∃x)·φx·Ψx·⊃∶(∃x)·φx∶(∃x)·Ψx

(此命題與10·42那一命題表示"或"與"與"的分別。　那一命題的等號不僅表示前一部分蘊涵後一部分,而且後一部分蘊涵前一部分。　10·5則不然,它說∶"如果有x是φ與Ψ(此一部分暫視爲傳統邏輯的"Ｉ"命題,"有φ是Ψ"),則有x是φ而且有x是

Ψ"。　舉例來說,"如果有x是四方棹子,則有x是四方的,而且有

x是棹子";但反過來可不成,如果有x是中國人,而且有x是外國

人,我們不能跟着就說有x是中國外國人(旣中國且外國的人)。

在"或"一方面,前部與後部相等;在"與"一方面,前件與後件不

相等。　可是,我們要知道在普通言語中,有些用"或"的話也是

不能反過來的,例如"殺人者一定是張三或李四"不等於"殺人者

一定是張三或殺人者一定是李四")

10·51,　⊢:.∼⟨(∃x)·ϕx·Ψx⟩·﹦:(x)·ϕx·⊃·∼Ψx

　　（此命題可以視爲對待關係中由"I"假而得"E"眞,由"E"眞而

得"I"假的推論;"有ϕ是Ψ是假的等於無ϕ是Ψ是眞的"。　此命

題也可以視爲由"E"到"A"的換質:"無ϕ是Ψ等於凡ϕ是非

Ψ"。)

10·53,　⊢:∼(∃x)·ϕx·⊃:(x)·ϕx⊃Ψx

　　（這命題表示第三部的討論是相干的討論,因爲這命題差不多

明明白白地說(x)·ϕx⊃Ψx不是A_c,也不是A_n,而是A_n。　它

的前件說沒有是"ϕ",的x,或"ϕ"不存在;旣然如此,則設(x)·

ϕx⊃Ψx爲A_c,後件爲假命題,設(x)·ϕx⊃Ψx 爲A_n,後件無意

思。　此命題旣說如果無ϕ,則凡ϕ是Ψ是眞的,則所謂"凡ϕ是

Ψ"者只能是A_n。　而不能是A_c或A_n。)

10·56　⊢:.(x)·ϕx⊃Ψx:(∃x)·ϕx·χx:⊃·(∃x)·

　　　　　Ψx·χx

　　（此命題可以視爲 Disamis ,第三格三段論之一式:

有 ϕ 是 χ

凡 ϕ 是 Ψ

所以有 Ψ 是 χ

不同之處就是：$(x) \cdot \phi x \supset \Psi x$ 不是傳統的"A"命題，$(\exists x) \cdot \phi$ $x \cdot \chi x$ 也不是傳統的"I"命題，它們的位置也不是傳統三段論大小前提的位置。）

B. 具兩表面任指詞的命題的推演。

1. 解釋弁言。

在原書中，本段有好幾個定義，有一個基本命題。 我們在此處仍用 A 段的辦法，抄寫幾個命題。 本書所選的命題不一定就是原書中所認爲重要的命題。 這情形不限於本段，本節各段均有。

表面任指詞的數目可以很多，但在具多數表面任指詞的命題中，僅舉具兩個表面任指詞的命題以爲例，已經夠了。

這裏的 "$\phi, \Psi, \chi \cdots\cdots$" 等仍爲謂詞，但個體詞的數目增加，謂詞所指的情形與以前的不一樣，而謂詞的解釋也受影響。 最容易使人想到的就是關係，可是 $\phi(x, y)$ 在此處仍爲命題函量，關係詞尚未出現。

2. 本段所選擇的幾個命題。

11·22， $\vdash : (\exists x, y) \cdot \phi(x, y) \cdot \equiv \cdot \sim \{(x, y) \cdot \sim \phi(x, y)\}$

（此命題與A段的10·252, 10·253 那樣的命題相似。 本段的命題在普通的語言方面都有表示的困難。 若必欲以普通語言表示，我們似乎可以說：＂說有是 ϕ 的x, y是眞的（x, y不必代表兩個個體）等於說無是 ϕ 的x, y 是假的＂。 x, y 雖不必代表兩個

個體,而可以代表兩個個體。　在普通語言方面,對於一個體 x ,
說 x "是" 什麼,似乎不發生問題;對於兩個個體 x , y , 說它們
"是" 什麼,就有問題;至少在中文方面,有時用 "是" ,有時不
用。)

11·25　⊢ : ∼ ⟨(∃x,y) · φ(x,y)⟩ · ▬ · (x,y ∼ φ(x,y)

（這就是上面那個命題,把它反過來說而已。）

11·26,　⊢ : . (Ex) : (y) · φ(x,y) · ⊃ : (y) : (∃x) · φ(x,y)

（這是很重要的命題。　我們可以舉例如下:如果有 x 是任何 y
的上帝,則任何y有 x 是他的上帝;可是反過來不成,如果任何 y
有x是他的上帝,不見得有 x 是任何 y 的上帝;因為不僅所有的y
可以有他們的共同的上帝, 而且任何的 y 可以有他的個別的上
帝。　說這命題重要,不是說它包藏特別的大道理,是因為有好
些人的反感以為它的後件真 , 前件亦真;沒有這命題的明白表
示,這反感或者不容易取消。）

11·32,　⊢ : . (x,y) : φ(x,y) · ⊃ · Ψ(x,y) : ⊃ : (x,y) ·

　　　　φ(x,y) · ⊃ · (x,y) · Ψ(x,y)

11·33,　⊢ : . (x,y) : φ(x,y) · ▬ · Ψ(x,y) : ⊃ : (x,y) ·

　　　　φ(x,y) · ▬ · (x,y) · Ψ(x,y)

（這兩個命題與 10·27 相似,不過前一命題表示蘊涵,後一命題
表示相等而已。　11·32 說: "如果凡是φ的 x,y 都是Ψ的x,y,那
麼,如果一切x,y是φ,則一切x,y是Ψ。　11·33 說: "如果凡 x,y
說它們是 φ 等於說它們是Ψ,那麼,如果說凡x,y是 φ 等於說凡

x,y是Ψ。)

11·34,　⊢∴(x,y)：ϕ(x,y)・⊃・Ψ(x,y)：⊃：($\exists$x,y)・

ϕ(x,y)・⊃・($\exists$x,y)・Ψ(x,y)

11·341,　⊢∴(x,y)：ϕ(x,y)・＝・Ψ(x,y)：⊃：($\exists$x,y)・

ϕ(x,y)＝・($\exists$x,y)・Ψ(x,y)

（這與以上兩命題差不多，不過後件不是具 (x,y) 這種表面任
指詞之命題，而是具($\exists$x,y) 這種表面任指詞的命題而已。 這
兩種表面任指詞的解釋與A 段一樣）

11·37,　⊢：：(x,y)：ϕ(x,y)・⊃・Ψ(x,y)：.(x,y)：Ψ(x,y)

・⊃・χ(x,y)：.⊃：(x,y)：ϕ(x,y)・⊃・χ(x,y)

（這命題與 10·3 一樣，也是三段論原則，不過它是兩個表面任
指詞的三段論而已。 以關係爲例或者容易清楚一點："如果對
於任何的 x,y，x 是 y 的哥哥，則 x 與 y 有共同的父母；對於任
何 x,y，x 與 y 有共同的父母，則 x 與 y 有共同的祖宗；那麼，
對於任何x,y，如果 x 是 y 的哥哥，則 x 與 y 有共同的祖宗。"

11·371,　⊢：：(x,y)：ϕ(x,y)・＝・Ψ(x,y)：.(x,y)：Ψ(x,y)

・＝・χ(x,y)：.⊃∵(x,y)：ϕ(x,y)・＝・χ(x,y)

（以上命題可以說表示蘊涵有傳遞質，這個命題表示相等有傳
遞質。 同時它也是三段論原則之一。）

11·41,　⊢∴($\exists$x,y)・ϕ(x,y)：$\vee$：($\exists$x,y)・Ψ(x,y)：＝：

($\exists$x,y)：ϕ(x,y)・$\vee$・Ψ(x,y)

（這命題與 10·42 那一命題一樣。 這可見它所表示的道理不

限於表面任指詞的數目的多少。　"說有是 φ 的 x y 或有是 Ψ 的 x y 等於說有是 φ 或是Ψ的x,y。"　還是以關係爲例容易清楚一點，　我們可以說如果有比 y 長的x,或者有比 y 大的x,則有比 y 長或比 y 大的 x；反過來我們也可以說如果有比 y 長或比 y 大的 x,則有比 y 長的 x,或者有比 y 大的 x。　由前到後由後到前旣均可以說得通,則照定義,前後相等。)

11·42,　⊢∴(∃x,y)・φ(x,y)・Ψ(x,y)∶(∃x,y)・
　　　　φ(x,y)∶(∃x,y)・Ψ(x,y)

{ 此命題與 10·5 那一命題相似。　它與 11·41 的分別也就是 10·42 與 10·5 的分別。　卽以上面的例也可以証實此命題。 "如果有旣比 y 長又比 y 大的x,則有比 y 長的x,也有比 y 大的 x。"　反過來可不成了。　如果有比 y 長的 x,也有比 y 大的 x,不見得有旣比 y 長又比 y 大的 x,因比 y 長者不必比 y 大,比 y 大者不必比 y 長。)

11·421,　⊢∴(x,y)・φ(x,y)・∨・(x,y)・Ψ(x,y)∶⊃∶
　　　　(x,y)∶φ(x,y)・∨・Ψ(x,y)

（此命題與 11·41 差不多,分別僅在(x,y)與(∃x,y)而已。)

11·5　⊢∴(∃x)∶∼≺(y)・φ(x,y)・≻∶＝∶∼≺(x,y)・φ(x,y)≻　＝∶(∃x,y)・∼φ(x,y)

（此命題分三部分：頭一部分說 "有 x,對於它" 無論任何 y,φ (x,y)" 是假的", 第二部分說 ""無論任何 x,y,φ (x,y)" 是假的",第三部分說 "有不是φ的x,y"。　本命題說 "說第一部分等於說第二部分等於說第三部分”。　舉例頗不容易。　設第一部分爲 “有整數 x，對於其它任何整數 y，x 大於 y 是假的”，這等於說“任何一整數大於另一整數是假的”，而這又等於說“有不大於 y 整數的 x 整數”。）

11·51,　⊢ :.$(\exists x):(y)\cdot\phi(x\cdot y):\blacksquare:\sim\big\langle(x):(\exists y)\cdot$
　　　　$\sim\phi(x,y)\big\rangle$

（這命題的形式與 10·252 差不多，但複雜多了。　我們可以說，說有 x 無論任何 y，x 小於 y，等於說無論任何 x，有 y，x 不小於 y 是假的。）

11·52,　⊢ :.$(\exists x,y)\cdot\phi(x,y\supset\cdot\Psi(x,y)\cdot\blacksquare\cdot\sim\big\langle(x,y):$
　　　　$\phi(x,y)\cdot\supset\cdot\sim\Psi(x,y)\big\rangle$

（此命題與“I”眞等於“E”假差不多，但複雜多了。　說有 ϕ 是 Ψ 的 x,y，等於說無 ϕ 是 Ψ 的 x,y 是假的。　設 $\phi(x,y)$ 代表 x 與 y 同姓，$\phi(x,y)$ 代表 x 與 y 結婚，這命題說：說有同姓結婚者等於說同姓不婚是假的。）

11·521,　⊢ :.$\sim\big\langle(\exists x,y)\cdot\phi(x,y)\cdot\sim\Psi(x,y)\big\rangle\cdot\blacksquare:$
　　　　$(x,y):\phi(x,y)\cdot\supset\cdot\Psi(x,y)$

（11·52 那一命題與 “I” 眞等於 “E” 假差不多，11·521 這一命題與 “O” 假等於 “A” 眞差不多。）

11·54　⊢ :.$(\exists x,y)\cdot\phi x\cdot\Psi y\cdot\blacksquare\cdot(\exists x)\cdot\phi x:(\exists y)\cdot\Psi y$

（這命題在語言方面前後兩部分的分別很少。“它說有 ϕx 與 Ψy 等於說有 ϕx 與有 Ψy”。　此命題與 11·42 及 10·5 的不同處就是 x 與 y 無論代表一個體或不同的個體，它們總是兩個個體詞；此命題把 φ, Ψ 兩謂詞分別地引用於兩個體詞，無論事實上分與合，前後兩部分的眞假值相等。　舉例言之，盼望能淸楚一點。　先就分言，設 x, y 代表兩個體，例如有椅子與筆，則有椅子與有筆；而有椅子與有筆，則有椅子與筆，照定義，前後兩部分相等。　再就合言，請注意在此處我們先假設 x, y 代表一個體，在所談的是一個個體的假設之下　10.5 那一命題的前後兩部也相等；例如有紅臉與穿綠袍的 "關雲長"，則有紅臉的 "關雲長"，有穿綠袍的 "關雲長"；而有紅臉的 "關雲長"，有穿綠袍的 "關雲長" 則有紅臉與穿綠袍的 "關雲長"。　此處利用 "關雲長" 以爲個體者，不過是要表示所談的是一個個體而已。　在 10.5 的後一部分，$(\exists x) \cdot \phi x : (\exists x) \cdot \Psi x$，我們無法知道是 φ 的 x 是否卽爲是 Ψ 的 x；如果是一個體，則那一命題的前後兩部分的眞假值相等，如果不是，則它們不相等。　在本命題的前後部分，x 與 y 事實上雖可以代表一個體，而在形式上它們本來是分開來的；無論是一個體也好，兩個體也好，前後兩部分的眞假值總是相等。）

11.63　$\vdash : . \sim (\exists x, y) \cdot \phi (x, y) \cdot \supset : (x, y) : \phi (x, y) \cdot \supset \cdot \Psi$ (x, y)（此命題與 10.53 相似。　如果把 $(x, y) : \phi (x, y) \cdot \supset \cdot \Psi$ (x, y) 視爲 "A" 命題那樣的命題，則它不是 A_c，不是 A_h，而是 A_n。）

C. 具相同的思想的命題的推演。

1.解釋弁言。

P.M.中這一部分的命題在本書中有解釋方面的困難。 相同的定義在原書中利用 Predicative function 與 Axiom of Reducibility 兩思想。 本書因爲種種理由，這兩個思想根本沒有介紹。 所以原來的定義，本書不能直抄。 同時用另外方法解釋此定義，又爲作者才力之所不能及。

這裏的同，本書說是"相同"，因爲它是否即爲我們在知識論方面所能承認爲同一律之"同"頗有問題。 爲便利起見，我們分"同"爲以下四種：

甲， ϕ 與 ϕ 同

乙， ϕ 與 ψ 同

丙， x 與 x 同

丁， x 與 y 同

以上四種，甲乙爲一類，丙丁爲一類。 甲乙是謂詞方面的同，概念方面的同，關係方面的同，共相方面的同；丙丁的 x, y 雖不必是我們經驗中的具體的東西，而可以是具體的東西，所以丙丁的同可以說是個體的具體的東西方面的同。

有些人的主張是把同一律的同限制到甲乙類，因爲甲乙類的同不發生變的問題，而丙丁類的同免不了變的問題。 本書的作者，不僅主張把同一律之同限制到頭一類，而且主張把同一律之同限制到甲種；如此則同一之同是完全的，絕對的，而事物的變化無論如何的快， 決不至於影響到這樣的同，因爲這樣一來，同一律對於具體的東西， 沒有肯

定的積極的主張。 照此看法,表示同一律的命題在 P. M. 中可以是
"├·p⊃p" 那一命題,或 "├·p═p" 那一命題,而不是 x,y,z……
出現之後的 "├·x═x" 那一命題。

但 P. M. 那本書的主張不是這樣。 它的同是丙丁類的同,是 x,
y, z, ……出現之後才有的同, 而表示同一律的那一命題在原書中是
"├·x═x"那一命題。 這樣的同,照本書的作者看來,只是相同。

x,y,z,……等雖不必代表我們經驗中的具體的東西,而可以代表那樣
的東西; 如果代表那樣的東西,則 "├·x═x" 免不了變遷的問題,除
非把這命題的效力限制到時點上去。

無論如何,本段所談的同是原書中的同,不是本書作者所要求於
同一律之同。

2.本段所選擇的幾個命題。

13·101, ├:x═y·⊃·Ψx⊃Ψy

（這就是說:如果 x 與 y 相同,那麼,如果 x 是 Ψ,則 y 也是 Ψ,
（或 y 有 x 所有的性質）。 根據以上的討論"性質"二字,照 A
段的解釋,就發生問題。）

13·12, ├:x═y·⊃·Ψx═Ψy

（這命題比以上的更進一層。 如果 x 與 y 相同,則說 x 是 Ψ 等
於說 y 是 Ψ。 x 與 y 間的等號 "═" 是個體的同,Ψx 與 Ψy 間
的 "═" 是命題的真假值的相同。）

13·13, ├:Ψx·x═y·⊃·Ψy

（這就是說:如果 Ψx 是真的,而 x 與 y 同,則 Ψy 也是真的。

這裏的證明是很容易的，讀者可以試試。）

13·14，　⊢：$\Psi x \cdot \sim \Psi y \cdot \supset \cdot x \neq y$

（如果 Ψx 是眞的，而 Ψy 是假的，則 x 與 y 不同。　這命題的証明也是很容易的。　13·101，13·13，13.14，這三命題可以視爲一套。）

13.15，　⊢：$x = x$

（此卽原書中的同一律。）

13.16，　⊢：$x = y \cdot = \cdot y = x$

（說 x 與 y 同等於說 y 與 x 同。）

13·17，　⊢：$x = y \cdot y = z \cdot \supset \cdot x = z$

（這個命題說：如果 x 與 y 同，y 與 z 同，則 x 與 z 同。　這裏的三個命題也成一組。　頭一命題表示相同有自反質，第二命題表示相同有對稱質，第三命題表示相同有傳遞質。）

13·171，　⊢：$x = y \cdot x = z \cdot \supset \cdot y = z$

13·172，　⊢：$y = x \cdot z = x \cdot \supset \cdot y = z$

（這兩個命題表示凡與一物相同者彼此亦相同。　這兩命題與13·17 那一命題實在表示一樣的情形。）

13·18，　⊢：$x = y \cdot x \neq z \cdot \supset \cdot y \neq z$

13.181，　⊢：$x = y \cdot y \neq z \cdot \supset \cdot x \neq z$

（這兩個命題表示凡與一物不相同者與與其相同者彼此亦不相同。）

13·182，　⊢：$. x = y \cdot \supset : (z) : z = x \cdot = \cdot z = y$

13·183, ⊢ :. x＝y · ≡ : (z) : z＝x · ≡ · z＝y

（這裏頭一個命題說:如果 x 與 y 相同,則說任何 z 與 x 相同等於說 z 與 y 相同。 第二命題更進一步說: 說 x 與 y 相同等於說,任何 z ,說它與 x 相同等於說它與 y 相同。）

13·191, ⊢ :. (y) : y＝x · ⊃ · ϕy : ≡ · ϕx

（這命題說: 如果任何 y 與 x 相同,則 ϕy 是眞的等於說 ϕx 是眞的。 這是顯而易見的理。 說任何與 x 相同的東西是圓的等於說 x 是圓的,其它形形色色同樣。）

13·192, ⊢ :: (∃c):. (x) : x＝b · ≡ · x＝c : Ψc :. ≡ · Ψb

（這命題在下段有用。 它說: 有 c (c 指某一個體, b 亦然) 說任何個體與 b 相同等於說它與 c 相同,而 Ψc 是眞的,這一句整個的話等於說 Ψb 是眞的。）

13·195, ⊢ : (∃y) · y＝x · ϕy · ≡ · ϕx

（這命題與 13·191 成一對。 根據那一命題的例,我們可以說有與 x 相同的東西而它是圓的, 等於說 x 是圓的。 其它性質同樣。）

13·22, ⊢ : (∃z,w) · z＝x · w＝y · ϕ(z,w) · ≡ · ϕ(x,y)

（這個命題就是引用於兩個表面任指詞的13·195。）

D. 具叙述詞的命題的推演。

1. 解釋弁言。

P. M. 的作者對於 "美國皇帝是胖子" 這樣的話,很費了一番解析的工夫。 這樣的話一方面有存在的問題,另一方面又有所謂叙述詞的問題。　所謂叙述詞者在原書中爲 Description 。　"叙述詞"這一名詞很不好,可是如果我們改用"形容詞"或"摹狀詞"結果恐怕更壞。

　　在此處我們稍微談談存在方面的困難。　"龍不存在"這樣一命題有什麼困難呢?　如果龍存在,那麼就有那樣存在的東西,我們不能先假設這樣存在的東西,而又否認它的存在。　如果龍不存在,我們的困難更大,我們不能提出一不存在的東西,叫它做龍,說它不存在。這樣看來,龍存在,有困難;龍不存在,也有困難。　照 P. M. 的作者的解析,龍根本不是邏輯上的主詞,僅是文法上的主詞;不是命題的主詞,而是一句話的主詞。　照他們的解析,"龍不存在"等於"'有 x ,而 x 是龍'是假的"。　這樣一來,主詞的龍已經消滅。

　　以上存在的問題,發生於叙述詞。　P. M. 曾舉 " Author of Waverley" 以爲叙述詞的例。　從這個例看來,原書中的 "Description" 不便稱之爲摹狀詞,或形容詞。　我們可以用"孔子是春秋的作者"爲例。　這命題中的 "春秋的作者" 就是所謂叙述詞。　在英文裏這種詞都有 " The " 字在前面,很容易識別,在中文裏似乎不容易; 卽以以上"龍不存在"那一命題中的"龍"字而論,它可以解釋成叙述詞,而不必作如是的解釋。　但"春秋的作者" 是 P. M. 書中所討論的叙述詞,它就是 "(ix)(x作春秋)"。"孔子是春秋的作者" 這一命題表示孔子與春秋的作者是一個人。　但如果"春秋的作者"是某甲的名字,則此命題成爲"孔子是某甲" ;如果某甲不是孔子,則此命題是假的;如果某甲是孔子,則此命題成爲 "孔子是孔子",而此決非原來命題的意義。

"春秋的作者" 這樣的叙述詞, P. M. 稱之爲不完整的符號,其所以認爲不完整的符號的道理，因爲它們似乎沒有獨立的意義。 它們雖沒有獨立的意義，而具叙述詞的命題仍有真假。 單就 "春秋的作者" 而言，我們或不至於發生此處所提出的問題，但如果所討論者爲 "法國的國王姓趙"，"美國的皇帝是胖子"，"帝堯是冬夏的作者"……等等，則此處所提出的問題就會發生。

　　叙述詞旣無獨立的意義，而只有具叙述詞的命題的意義，我們所要解釋的當然是後者，仍以 "孔子是春秋的作者" 爲例，我們所要解釋的不是 "春秋的作者" 這樣的叙述詞，而是 "孔子是春秋的作者" 這樣的命題。 解析起來，這一命題所肯定的有以下三命題：

　　a，有一個 x 作春秋

　　b，只有一個 x 作春秋

　　c，作春秋的 x 是 c，而 c 是孔子

如果三個命題之中有一爲假，則 "孔子是春秋的作者" 爲假。 如第一命題爲假，則根本就沒有春秋的作者；如第二命題爲假，即有春秋的作者，而作者不只一人；如第三個命題爲假，則春秋的作者即有其人，而且即只有一人，那個人也不是孔子。 茲以 "ϕ" 代表作春秋，"f" 代表是孔子，"孔子是春秋的作者" 可以有以下的表示：

$$(\exists c):.(x):\phi x \cdot \equiv \cdot x = c : fc$$

在此表示中，叙述詞已經消滅。 "孔子是春秋的作者" 看起來是簡單的命題，其實不是。

　　P.M. 以 $(ix)(\phi x)$ 代表叙述詞，那就是說，滿足 ϕ 的 x。 這種叙述詞有時叙述存在的個體，有時叙述不存在的個體。 前者的問題以

上的討論已經很夠,後者的問題尚有應該補充的地方。 例如 "英國的
國王不是胖子", 假設這一命題是假的,其根據是英國的國王事實上不
滿足 "胖子" 的定義,而不是沒有英國的國王。 但是, 如果我們的命
題是"美國的皇帝不是胖子",則這一命題的假有不清楚的地方。 我們
可以把它解釋成"有美國的皇帝,而他不是胖子";但我們也可以把它解
釋成 "有美國的皇帝,而他是胖子" 是假的。 "美國皇帝不是胖子"
照第一解釋是假命題,因爲根本就沒有美國的皇帝;照第二解釋是眞命
題,因爲美國皇帝是胖子是一假命題。 這兩種不同的解釋要有符號方
面的分別才行。 P. M. 有以下不同的表示其不同之處根據於叙述詞
力量所及的範圍,而這個範圍以叙述詞右旁的點的多少以表示之。 例
如以下甲乙兩公式:

甲, $[(\imath x)\phi x] \cdot \Psi(\imath x)(\phi x) \cdot \supset \cdot p$

$(\exists c) : (x) \cdot \phi x \cdot \equiv \cdot x = c : \Psi c : \supset \cdot p$

乙, $[(\imath x)\phi x] : \Psi(\imath x)\phi x \cdot \supset \cdot p$

$(\exists c) :. (x) \cdot \phi x \cdot \equiv \cdot x = c : \Psi c \cdot \supset \cdot p$

在甲公式中, $(\imath x)(\phi x)$ 的力量僅及於 Ψ $(\imath x)$ (ϕx) 而已 , 不達到
p;如果 $(\imath x)(\phi x)$ 叙述一不存在的東西,則 "$\supset$" 之前的命題既是
假的,照以前已經証明 "$\supset$" 所有的涵義看來,整個的命題是眞的。 在
乙公式中, $(\imath x)(\phi x)$ 的力量及於整個的命題,如果 $(\imath x)(\phi x)$ 叙述
一不存在東西,則此整個的命題是假的。 這裏甲乙兩式的分別完全在
叙述詞右旁的點的多少。 舉例或者能使我們清楚一點。 設 $(\imath x)$
(ϕx) 叙述美國的皇帝,Ψ代表是胖子,p 代表 "我不是人" 甲說 "如

果有美國的皇帝而他是胖子,則我不是人";乙說"有美國的皇帝,如
果他是胖子,則我不是人"。　前一命題是我們日常生活中打賭的時候
常說的話,它不過表示前件為假而已;所以如果前件是假的,則整個的
命題是真的。　後一命題中,美國皇帝的存在不是假設,所以如果沒有
美國的皇帝,則整個的命題是假的。

　　上面所說的"美國皇帝不是胖子"那一句話的兩個解釋有同樣
的問題,不過在此處與其從叙述詞的力量的範圍方面着想,不如從"不"
的力量的範圍方面着想。　第一解釋"有美國的皇帝,而他不是胖子"
可以有以下的表示:

　　　丙,　(ix)(ϕx)・$\sim\Psi$(ix)(ϕx):
第二解釋"'有美國的皇帝,而他是胖子'是假的"可以有以下的表示:

　　　丁,　$\sim\langle$(ix)(ϕx)・Ψ(ix)(ϕx)$\rangle$。
在丙式中"不"的力量僅及於美國皇帝的"胖"而無關於美國皇帝的
存在;所以只要美國皇帝不存在,這一命題就是假的。　在丁式中"不"
的力量及於美國皇帝是胖子這一整個命題;所以只要美國的皇帝不存
在,這一命題就是真的。

　2.本段所選擇的幾個命題。

　　14·1,　⊢::[(ix)(ϕx)]・Ψ(ix)(ϕx)・■:.($\exists$b):.(x):ϕx・

　　　　　■・x=b:Ψb

　　　(這就是利用具叙述詞的命題的定義說它與某樣不具叙述詞的
　　　命題真假值相等。　前一部的寫法可以從簡僅寫Ψ(ix)(ϕx)。)

　　14112,　⊢:.f$\langle$(ix)(ϕx)・(ix)(Ψx)$\rangle$・■:.($\exists$b,c):.(x)

$$: \phi x \cdot \text{\rule{1em}{0.4pt}} \cdot x = b : (x) : \Psi x \cdot \text{\rule{1.5em}{0.4pt}} \cdot x = c : f(b, c)$$

（這不過是具兩個叙述詞的命題，其它情形與以上一樣）

14·12,　　⊢ :. E! $(ix)(\phi x) \cdot \supset :. (x, y) : \phi x \cdot \phi y \cdot \supset \cdot x = y$

（這裏表示如果滿足 ϕ 的 x 存在，則凡滿足 ϕ 的 x, y 都相同。這裏的叙述詞是唯一的叙述詞。）

14·13,　　⊢ : $a = (ix)(\phi x) \cdot \text{\rule{1em}{0.4pt}} \cdot (ix)(\phi x) = a$

（上段 13·16 那一命題說：$x = y \cdot \text{\rule{1em}{0.4pt}} \cdot y = x$，本命題不是由那一命題直接推論出來的，因為 "$a = (ix)(\phi x)$" 不是 "$a = y$" 的值，因為叙述詞無獨立的意義。）

14·131　　⊢ : $(ix)(\phi x) = (ix)(\Psi x) \cdot \text{\rule{1em}{0.4pt}} \cdot (ix)(\Psi x) = (ix)(\phi x)$

（以上的注解在此處亦同樣引用。）

14·14,　　⊢ : $a = b \cdot b = (ix)(\phi x) \cdot \supset \cdot a = (ix)(\phi x)$

14·142,　　⊢ : $a = (ix)(\phi x) \cdot (ix)(\phi x) = (ix)(\Psi x) \cdot \supset \cdot a =$
　　　　　　$(ix)(\Psi x)$

（這段裏的 a, b, c,……等都指具體的個體而言。　這兩個命題所表示的情形一樣，不過方法不同而已。　如果某甲是伯夷列傳的作者，而伯夷列傳的作者是貨殖列傳的作者，則某甲是貨殖列傳的作者。　前一命題不過少一叙述詞而已。）

14·144,　　⊢ $(ix)(\phi x) = (ix)(\Psi x) \cdot (ix)(\Psi x) = (ix)(\chi x) \cdot \supset \cdot$
　　　　　　$(ix)(\phi x) = (ix)(\chi x)$

（這與 14·142 那一命題的分別不遲是那一命題的 "a" 在這一命題中也以一叙述詞表示之。　這三個命題表示叙述詞有傳遞質。）

14·16,　⊢∴$(\imath x)(\phi x)=(\imath x)(\Psi x) \cdot \supset \colon \chi \langle (\imath x)(\phi x) \rangle \cdot \equiv \cdot$

$\chi \langle (\imath x)(\Psi x) \rangle$

（舉例來說：“如果伯夷列傳的作者就是貨殖列傳的作者，　則說前者是漢朝人等於說後者是漢朝人”。　這裏的“等”是眞假質的等。）

14·18,　⊢∴$E! (\imath x)(\phi x) \cdot \supset \colon (x) \cdot \Psi x \cdot \supset \cdot \Psi (\imath x)(\phi x)$

（如果一叙述詞所叙述的東西存在，則如果所有的東西是 Ψ，這東西也是Ψ。　P. M. 的意見是以叙述詞的存在爲它有無性質的條件；如果它不存在，則存在東西所有的最普遍的邏輯方面的情形，它也沒有；例如法國皇帝（現在的）旣不胖也不不胖。這裏的意見是否爲泛邏輯者所能贊成爲另一問題。）

14·201,　⊢∴$E! (\imath x)(\phi x) \cdot \supset \cdot (\exists x) \cdot \phi x$

（這見一極顯而易見的命題。　如果有是 ϕ 的x,則有 x 是ϕ。“是”字不妥當,舉實例時常用不着它。）

14·202,　⊢∴$(x) \colon \phi x \cdot \equiv \cdot x = b \colon \equiv \colon (\imath x)(\phi x) = b \colon \equiv \colon$

$(x) \colon \phi x \cdot \equiv \cdot b = x \colon \equiv \colon b = (\imath x)(\phi x)$

（說 “任何東西是 ϕ 等於說它是 b ”，這一整個的命題等於說“是 ϕ 的 x 是 b ”……。）

14·204　⊢∴$E! (\imath x)(\phi x) \cdot \equiv \cdot (\exists b) \cdot (\imath x)(\phi x) = b$

（這個也很易見,讀者自己可以給它以語言方面的解釋。）

14·205,　⊢∴$\Psi (\imath x)(\phi x) \cdot \equiv \cdot (\exists b) \cdot b = (\imath x)(\phi x) \cdot \Psi b$

（例舉來說：說春秋的作者是聖人等於說有某甲，他是春秋的作者而他是聖人。）

14·21, ⊢ : $\Psi(ix)(\phi x) \cdot \supset \cdot E! \ (ix)(\phi x)$

（這命題表示叙述詞的存在至爲重要。 存在是具叙述詞的命題的必要條件。 如果我們能說春秋的作者是聖人，則春秋的作者存在。）

14·22, ⊢ : $E! \ (ix)(\phi x) \cdot == \cdot \phi(ix)(\phi x)$

（這命題也表示叙述詞的存在的重要。 說春秋的作者存在等於說春秋的作者作春秋。"春秋的作者作春秋"，照 P. M. 看來，不是必然的命題，因爲如果沒有春秋的作者，則這句話是假的。）

14·28, ⊢ : $E! \ (ix)(\phi x) \cdot == \cdot (ix)(\phi x) = (ix)(\phi x)$

（14·13，與 14·131，兩命題可以說是表示叙述詞有對稱質； 14·14, 14·142, 與 14·144，三命題均表示叙述詞有傳遞質。 本命題表示在叙述詞這一方面自反質與其他兩質不同，叙述詞的自反質須存在爲條件。"春秋的作者是春秋的作者"這一命題以"春秋的作者"的存在爲條件，它不是必然命題；"美國的皇帝是美國的皇帝"是一假命題。）

E. 類詞與關係詞的出現。

1. 類詞的出現，

每一"$\phi \chi$"這樣的命題函量有時有"x, y, z……"等個體滿足它的要求而滿足一命題函量的個體就是那一命題函量所定的類。 類是一命題函量的外延函量。　如果兩命題函量的眞假值相等——那就是說，如滿足這兩命題函量的命題或者同眞或者同假——則這命題函量所定的類是一類。

關於類，一九零十年版的 P. M. 說，須有以下情形，才能盡類所要盡的職務。

(一)類的份子，其數目可以無量，可以等於一，可以等於零；設等於零，那一類就是空類。

(二)兩眞假值相等的命題函量所定的類是一類。　例如："x 是無毛的兩足動物"，與"x 是人"，無論 x 所指的是什麼；頭一命題是眞的，後一命題也是眞的；頭一命題是假的，後一命題也是假的；在這樣情形之下，無毛的兩足動物類就是人類。

(三)反過來，定一類的兩個命題函量，其眞假值相等。　這不過是表示一類的份子就只有那一類的份子，不屬於一類的個體不成一類。

(四)不僅個體有類，類亦有類。

(五)在任何情形之下，一類不能視爲它自己份子之一。　所謂不能視爲它自己份子之一者，是說斷定它爲自己份子之一的那一命題是無意思的話。

以上（四）（五）兩條各有它的特別情形，（四）條可以說是數學基礎之一，（五）條可以說是避免矛盾的原則。　關於這一點以後如有機會還要提及。

在 P. M. 類詞與叙述詞相似，它也是不完整的符號，這就是說它沒有獨立的意義。　P. M. 說我們不必假設類的存在。　這部書的作

者只承認具類詞的命題是有意義的命題，而類稱在工具方面給我們以
很大的便利。

　　在本書範圍之內，類詞的定義與摹狀詞一樣有很大的困難。　所
要下定義的不是類詞，而是具類詞的命題。　具類詞的命題的定義也牽
扯到 Axiom of reducibility 與 Predicative function，而這都是本書
沒有提及的思想；所以對於定義本書根本就不說什麼。　關於類的命題
都是關於能滿足一命題函量的個體的命題。　設以 " ẑ (φz)" 代表所
有滿足 φx 命題的個體，則關於類的命題或具類詞的命題都是 "f〈
ẑ (φz)〉" 式的命題。 P. M. 給 "f〈ẑ (φz)〉下定義，而 "f〈ẑ
(φz)〉" 是一具類詞的命題函量。

　　滿足一命題函量的個體就是一類，ẑ (φz)就是滿足 φx 的類。
以後除少數命題外，在大多數命題中，我們用 A, B, C, D, 等替代 ẑ
(φz)符號。

　2.關係詞的出現。

　　在本節的 A 段，我們已經表示，φ, Ψ, χ, ……等謂詞任指詞表示
性質。　性為屬性，質為關係質。　本書以為 x 有一種關係質，就是 x 與
另一個體有某種關係，（此意見不必是原書作者的意見）。　屬性屬於
一個體，而關係質存於多數個體之間。　既然如此，引用於一個體詞的
謂詞表示屬性，引用於多數個體詞的謂詞的表示關係。　屬性定類，凡
滿足 φx 命題函量的個體為一類；關係質定關係，凡滿足 φ (x, y)的個
體有一種關係。

　　類與關係均有兩方面，一為內包，一為外延。　類的內包茲以類

概念名之,類的外延就是類的份子。　對於類,我們似乎很容易注重外延;可是對於關係,普通不大注重它的外延。　本書的類是外延的類,那就是說,屬於一類的個體;本書的關係是外延的關係,那就是說,有某種關係的個體。　引用於一個體的謂詞表示屬性,所以 ϕx 這一命題函量所定的是類,而 "$\hat{z}(\phi z)$" 表示類;引用於多數個體的謂詞表示關係,所以 $\phi(xy)$ 這命題函量所定的是關係,而 $\hat{z}$, $\hat{y}\,\phi(x,y)$ 表示關係。

P. M. 不給類詞下定義,給具類詞的命題函量 "$f\langle \hat{z}(\phi z)\rangle$" 下定義;不給關係詞下定義,給具關係詞的命題函量 "$f\langle \hat{x}$, $\hat{y}\,\phi(x,y)\rangle$" 下定義。

III 類與關係的推演。

本章分兩節，A 節為類的推演，B 節為關係的推演。 A 節分
（1）（2）兩段，（1）段為普遍的具類詞的命題，（2）段為類的推
算；B 節也分（1）（2）兩段，（1）段為普遍的具關係詞的命題，
（2）段為關係的推算。 本章的各段不過選出原書中幾個命題而已。
A.類的推演。

本節的（1）段承上接下，介紹具類詞的命題；（2）段為類的
推算。 所謂類的推算者就是近代符號邏輯新興時期的 Calculus of
classes。

1.普遍的具類詞的命題。

本段的命題可以分為三組。 第一組表示類的基本質,第二組是
具類詞而同時又具叙述詞的命題,第三組的命題表示"類"與個體有同
樣的質。 本段的各命題既大都有注解,各組命題無另條表示的須要。

20.11， ⊢ :.(x) · Ψx=χx · ⊃ : f $\langle$ $\hat{z}$ (Ψz) $\rangle$ · = · f $\langle$ $\hat{z}$

(χz) $\rangle$

（具類詞的命題表示定那一類的命題函量的外延質。 它的真
假值根據於定類的命題函量的外延，而不根據於引用那一命題
函量為定類的命題函量。）

20·13， ⊢ : (x) · Ψx=χx · ⊃ · $\hat{z}$(Ψz)=$\hat{z}$(χz)

20·14， ⊥ : $\hat{z}$(Ψz)=$\hat{z}$(χz) · ⊃ · (x) · Ψx=χx

20·15， ⊢ : (x) · Ψx=χx · = · $\hat{z}$(Ψx)=$\hat{z}$(χz)

（這三命題成一套,而最後這一命題總結前兩命題。它表示只有兩眞假值相等的命題函量才定一類。那就是說兩命題函量的眞假值不相等,它們所定的類是兩類。所謂命題函量的眞假值相等者,就是說滿足第一命題函量的個體就是滿足第二命題函量的個體。這是類的根本條件。)

20·18,　⊢:.$\hat{z}(\phi z)$＝$\hat{z}(\Psi z)$ · ⊃ : f ⟨ $\hat{z}(\phi z)$ ⟩ · ≡ · f ⟨ $\hat{z}$
(Ψz) ⟩

（如果兩類相等,則此兩類中任何一類有一性質,另一類亦有之。)

20·2,　⊢ : $\hat{z}(\phi z)$＝$\hat{z}(\phi z)$

20·21,　⊢ : $\hat{z}(\phi z)$＝$\hat{z}(\Psi z)$ · ≡ · $\hat{z}(\Psi z)$＝$\hat{z}(\phi z)$

20·22,　⊢ : $\hat{z}(\phi z)$＝$\hat{z}(\Psi z)$ · $\hat{z}(\Psi z)$＝$\hat{z}(\chi z)$ · ⊃ · $\hat{z}(\phi z)$
＝$\hat{z}(\chi z)$

（這三命題中第一命題表示類的相同有自反質,第二命題表示類的相同有對稱質,第三命題表示類的相同有傳遞質。可是這三命題不是直接從第二章,C 節,2段的13·15,13·16,13·17 推論出來的。f ⟨ $\hat{z}(\phi z)$ ⟩不是 fx 的值,那就是說 x 不指 $\hat{z}(\phi z)$ 這樣的東西,而 $\hat{z}(\phi z)$＝$\hat{z}(\Psi z)$也不是 x＝y 的例。)

20·25,　⊢ : (A) : A＝$\hat{z}(\phi z)$ · A＝$\hat{z}(\Psi z)$: ≡ · $\hat{z}(\phi z)$＝
$\hat{z}(\Psi z)$

（任何類 A 是滿足 ϕz 的個體,同時也是滿足 Ψz 的個體,此兩命題函量所定的類是一類。)

20‧3，　⊢ : x ∈ ẑ(Ψz) ‧ ═ ‧ Ψx

（ 此命題表示只有 Ψx 是眞的，x 才是 Ψx 所定的類的份子。
"∈" 代表 "是份子"，這是個體與個體的類的關係。 它不是包
含關係，它沒有傳遞質。 從這一方面着想，"所有的人都是有
理性的，所有的聖賢都是人，所以所有的聖賢都是有理性的"；
與 "所有的人都是有理性的，孔子是人，所以孔子是有理性的"；
這兩個三段論的形式根本不同。）

20‧31，　⊢ :. ẑ(φz)═ẑ(Ψz) ‧ ═ : (x) : x ∈ ẑ(xz) ‧ ═ ‧

　　　　x ∈ ẑ(Ψz)

（ 兩類相同等於說任何 x 屬於頭一類就是說它屬於第二類。
總而言之，對於類所注重的是外延。）

20‧35，　⊢ :. x═y ‧ ═ : (A) : x ∈ A ‧ ═ ‧ y ∈ A

（ x 與 y 相同等於說 x 屬於任何類就是說 y 屬於該類。 此命
題與 20‧25，那一命題一樣把類詞用爲表面任指詞。）

20‧43，　⊢ :. A═B ‧ ═ : (x) : x ∈ A ‧ ═ ‧ x ∈ B

（ 此命題與 20‧31 一樣，不過A，B，這樣簡單的符號而已。）

20‧5，　⊢ : (ix)(φx) ∈ ẑ(Ψz) ‧ ═ ‧ Ψ ⟨(ix)(φx)⟩

（ 這個命題不僅是具類詞的命題，而且是具叙述詞的命題。 舉
例來說：春秋的作者屬於人類等於說春秋的作者是人。 以 φ
代表作春秋，(ix)(φx) 就代表春秋的作者；以 Ψz 代表 z 是人，
ẑ(Ψx)就代滿足 Ψz 這命題函量的個體，那就是說人類，而此
命題的前一部分就是說春秋的作者是人類的份子；此命題的後

一部分說春秋的作者是人。）

20·51,　⊢ :. (ix)(φx)＝b・ ━━ : (A) : (ix)(φx)∈A・ ━━ ・

b∈A

（設以b代表孔子，(ix)(φx) 仍代表春秋的作者；這個命題說
春秋的作者是孔子等於說春秋的作者是任何一類（A）的份子，
就是說孔子是那一類的份子。）

20·52,　⊢ :. E！(ix)(φx)・ ━━ : (∃b) : (A)・(ix)(φx)∈A
━━ b∈A

（仍以舉例表示：有原富的作者就是說有某個體，說原富的作者
屬於一類等於說那個體屬於那一類。）

20·59,　⊢ : ẑ(φz)＝(iA)(fA)・ ━━ ・ (iA)(fA)＝ẑ(φz)

（這裏表示不僅有敘述個體的詞，而且有敘述類的詞。　(iA)
(fA) 這符號與 (ix)(φx) 那一符號有同樣情形，不過事實上的
例比較困難一點而已。　第三組表示類與個體有同樣情形的命
題，本書不抄。）

2. 類的推算 (Calculus of Classes)

a, 在本書第四部的 I 章 A 節裏，有一系統通式。　那個系統通式
可以有各種不同的解釋。　如果我們以類去解釋那個系統通式，我們所
得的就是這裏的類的推算。　如果我們以命題去解釋那系統通式，我們
所得的就是本書第三部的第 I 章。

經解釋後，那個系統通式，所有的基本命題，在此處大都均能証
明；其所以如此者，因爲這些基本命題所表示的道理，前此已經承認。

　　這裏的類的推算未開始之前，就有好幾個定義，可是我們不必抄寫，因為定義既下，跟着就有好幾個命題把這些定義都容納在裏面。

　　b，所選擇的命題。

22·1，　⊢:.A⊂B·═:(x):x∈A·⊃·x∈B

　　（"A⊂B" 的定義就是本命題的後部。　這符號可以讀成 "A類包含在B類之中"。　這命題說：A類包含在B類等於說如果任何個體屬於A類，則那一個體屬於B類。　在 P. M. 的程序中，作者利用命題的蘊涵以表示類的包含關係。）

22·2，　⊢·A∩B═x̂(x∈A·x∈B)

　　（"A∩B" 的定義就是本命題的後一部分。　這符號可以讀成 "既是A又是B的類"。　滿足"x既屬於A又屬於B"這一命題函量的x個體" 就是 "A∩B" 類。）

22·3，　⊢·A∪B═x̂(x∈A·∨·x∈B)

　　（情形同上，不過改 "與" 為 "或" 而已。）

22·31，　⊢·—A═x̂(x∼∈A)

　　（"—A" 即非A類。　非A類就是滿足 "x不屬於A類" 這一命題函量的個體。　這裏利用否定命題以表示負類。）

22·32，　⊢·A—B═x̂(x∈A·∼x∈B)

　　（"A—B" 可以讀成A類與非B類，或既A而又非B類。　有定義說 A—B 就是 A∩—B。）

22·33，　⊢:x∈A∩B·═·x∈A·x∈B

　　（這命題說：說x屬於既A又B類等於說x既屬於A類，x又屬於 B 類。)

22·34, $\vdash :. x \in A \cup B \cdot \equiv : x \in A \cdot \vee \cdot x \in B$

（這命題說：說 x 屬於或 A 或 B 類等於說 x 屬於 A 類或者 x 屬於 B 類。"或"與"與"的情形在此處一致。）

22.35, $\vdash : x \in -A \cdot \equiv \cdot x \sim \in A$

（這個命題表示說 x 屬於非 A 類等於說 x 不屬於 A 類。 這樣一來,命題的"不"與類的"非"完全一致。）

22·351, $\vdash \cdot -A \neq A$

（非 A 類不是 A 類或非 A 類與 A 類不是一類。 P. M. 以後用這個命題証明至少有兩類存在,而"至少有兩類存在"這一命題就是本書在第四部第 1 章所舉的那個系統通式中經解釋後的一命題。 這一命題本書不預備抄下,僅在此處提及而已。）

22·36, $\vdash \cdot A \cap B \in Cls$

22·37, $\vdash \cdot A \cup B \in Cls$

（ $A \cap B$ 是類, $A \cap B$ 是類。 這兩個命題就是方才所說的那系統通式中經解釋後起頭的兩個命題。）

22·38, $\vdash \cdot -A \in Cls$

（這裏表示非A是類。 "Cls"這符號代表類。）

22·4, $\vdash :. A \subset B . B \subset A . \equiv : (x) : x \in A . \equiv . x \in B$

（說 A 類包含在 B 類而 B 類又包含在 A 類, 就是說任何 x 是 A 類的份子等於說它是 B 類的份子。 兩類互相包含,則實同, 所謂實同者就是說它們的外延完全一樣。）

22·41, ⊢ : A ⊂ B. B ⊂ A. ─ . A = B

（這與以上命題一樣，不過直接表示兩互相包含的類相同，而沒有說它們的份子而已。）

22·42, ⊢ . A ⊂ A

（任何類包含自己。 這與"p ⊃ p"相似。）

22·43, ⊢ . A ∩ B ⊂ A

（既 A 又 B 的類包含在 A 類。 或者有人感覺這命題奇怪。如果有人以爲"A ∩ B"是 A，B 兩類之"和"而"和"又是兩類相加的意思，那麼"A ∩ B"不會包含在 A 類。 但"A ∩ B"爲"既 A 又 B"類——例如有理性的動物類，其份子當然都是有理性類的份子，也當然都是動物類的份子——而"既 A 又 B"類不能不包含在 A 類，也不能不包含在 B 類）

22·44, ⊢ : A ⊂ B. B ⊂ C . ⊃ . A ⊂ C

（這命題說：如果 A 類包含在 B 類，B 類包含在 C 類，則 A 類包含在 C 類。 這也是三段論。 如果把"B ⊂ C"寫在"A ⊂ B"的前面，這命題可以解作傳統邏輯中的 "Barbara"。）

22·441, ⊢ : A ⊂ B. x ∈ A . ⊃ . x ∈ B

（這也是三段論。 可是與上面不同的地方就是這裏的"x ∈ A"不是類與類包含的關係，而是個體與類的關係。 "∈"無傳遞質而"⊂"有傳遞質。 這個命題與以上那個命題應該有明文的分別。）

22·45, ⊢ : A ⊂ B. A ⊂ C . ─ . A ⊂ B ∩ C

（說 A 類包含在 B 類，A 類也包含在 C 類，等於說 A 包含在既 A 又 B 類。）

22·46, ⊢ : x ∈ A . A ⊂ B . ⊃ . x ∈ B

（這就是 22·441 那一命題，不過把前件的秩序變更而已。）

22·47, ⊢ : A ⊂ C . ⊃ . A ∩ B ⊂ C

（如果 A 類包含在 C 類，則既 A 又 B 類包含在 C 類。 這個命題參考 22·43 就知道清楚。）

22·48, ⊢ : A ⊂ B . ⊃ . A ∩ C ⊂ B ∩ C

22·481, ⊢ : A=B . ⊃ . A ∩ C=B ∩ C

（如果 A 類包含在 B 類，則既 A 且 C 類包含在既 B 且 C 類；如果 A 類等於 B 類，則既 A 且 C 類等於既 B 且 C 類。 讀者請舉例卽明。）

22·49, ⊢ : A ⊂ B . C ⊂ D . ⊃ . A ∩ C ⊂ B ∩ D

（如果 A 類包含在 B 類，C 類包含在 D 類，則既 A 且 C 類包含在既 B 且 D 類。 讀者請舉例，）

22·5, ⊢ : A ∩ A=A

（既 A 而又 A 類等於 A 類。 這裏表示 "既是人而又是人，其結果還是人"。 一方面類的 "和" 與數的 "相乘" 不同，另一方面與中文文字的一部分的習慣不要相混。 風風雨雨的意思不僅止於風雨，但邏輯上既 A 而又 A 的類還是 A 類。）

22·51, ⊢ . A ∩ B=B ∩ A

22·52, ⊢ . (A ∩ B) ∩ C=A ∩ (B ∩ C)

（這兩命題都是第四部第 I 章那個系統通式中的原則。 第一命題表示 A 與 B 兩類的"與"，它們彼此的位置可以調換。 第二命題表示 A, B, C, 三類的"與"，把任何兩類視爲一類與其餘一類的相與等於把任何其它兩類視爲一類與其餘的一類的相與。）

22·54,　⊢∴A＝B.⊃∶A⊂C.≡.B⊂C

（如果 A 類等於 B 類，則說 A 類包含在 C 類等於說 B 類包含在 C 類。）

22·55,　⊢∴A＝B.⊃∶C⊂A.≡.C⊂B

（如果 A 類等於 B 類，則說 C 類包含在 A 類等於說 C 類包含在 B 類。）

22·551,　⊢∶A＝B.⊃.A∪C＝B∪C

（如果 A 類等於 B 類，則或 A 或 C 類等於或 B 或 C 類。）

22·56,　⊢.A∪A＝A

（22·5 那一命題說旣 A 而又 A 類是 A 類，22·56 這一命題說 A 或 A 類是 A 類。 邏輯上的"與"與數學上的"乘"，邏輯上的"或"與數學上的"加"都不同。）

22·57,　⊢.A∪B＝B∪A

（這一命題表示 A, B, 兩類的"和"，彼此的位置可以調換。）

22·58,　⊢.A⊂A∪B.B⊂A∪B

（A 類包含在 A 或 B 類，B 類包含在 A 或 B 類。 這是顯而易見，因爲 A 或 B 類可以包含三類；1, A 類，2, B 類，3, 旣 A

而又 B 類。）

22·59, ⊢：A ⊂ C.B ⊂ C. ⚏ .A ∪ B ⊂ C

（說 A 類包含在 C 類,而 B 類也包含在 C 類,等於說 A 或 B 包含在 C 類。 在此處我們要注意說 A 包含在 B 類,或 A 包含在 C 類,不等於說 A 類包含在 B 或 C 類; 那就是說,

⊢：A ⊂ B · ∨ · A ⊂ C. ⚏ .A ⊂ B ∪ C

是假的。 ⊢:.A ⊂ B · ∨ · A ⊂ C : ⊃ · A ⊂ B ∪ C 雖是眞命題,那就是說,如果 A 類包含在 B 類,或者 A 類包含在 C 類,則 A 類包含在 B 或 C 類; 而

⊢:.A ⊂ B ∪ C ⊃ : A ⊂ B · ∨ · A ⊂ C

是假的,那就是說,如果 A 類包含在 B 或 C 類,不一定 A 類就包含在 B 類或者 A 類就包含在 C 類。 讀者可以用圖形表示這裏所說的道理。）

22·6, ⊢：x ∈ A ∪ B. ⚏ : (C) A ⊂ C.B ⊂ C · ⊃ · x ∈ C

（說 x 是 A 或 B 類的份子等於說無論 C 是什麼類,如果 A 類包含在 C 類,而 B 類也包含在 C 類,則 x 是 C 類的份子。）

22·61, ⊢：A ⊂ B · ⊃ · A ⊂ B ∪ C

（這是顯而易見的道理,讀者或以語言或以圖形表示均可。）

22·62, ⊢：A ⊂ B. ⚏ .A ∪ B＝B

（這也是顯而易見的道理,以圖形表示非常之容易。）

22·621, ⊢：A ⊂ B. ⚏ .A ∩ B＝A

（這與以上成一對,而這一對命題表示“或”與“與”的分別。）

22·63,　　⊢：A ∪ (A ∩ B)＝A

（這命題在語言方面頗麻煩，用圖形很容易表示。）

22·631,　⊢：A ∩ (A ∪ B)＝A

（這與 22·63 那一命題也成一對，讀者自己設法表示。）

22·632,　⊢：A＝B．⊃．A＝A ∩ B

（如果 A 類等於 B 類，則 A 類等於既 A 而又 B 類。 可是反過來說不通。 如結 A 類等於既 A 又 B 類，A 類固可以等於 B 類，但也可以包含在 B 類。）

22·633,　⊢：A ⊂ B．⊃．A ∪ C＝(A ∩ B) ∪ C

（如果 A 類包含在 B 類，則 A 或 C 類就是既 A 又 B 類或 C 類。）

22·64,　　⊢：．A ⊂ C．∨．B ⊂ C：⊃．A ∩ B ⊂ C

（如果 A 類包含在 C 類或 B 類包含在 C 類，則既 A 又 B 類包含在 C 類。 既 A 又 B 類是 A 類的一部分，它也是 B 類的一部分，所以無論前件兩條件中那一條件是眞，後件總是眞。 可是反過來說不通。 如果既 A 又 B 類包含在 C 類，非 B 的 A 類不必包含在 C 類，非 A 的 B 類不必包含在 C 類。）

22·65,　　⊢：A ⊂ B．∨．A ⊂ C：⊃．A ⊂ B ∪ C

（此命題在 22·59 已經討論過，此處不贅。）

22·66,　　⊢：A ⊂ B．⊃．A ∪ C ⊂ B ∪ C

（這是顯而易見的道理，讀者以圖表示之卽明。）

22·68,　　⊢．(A ∩ B) ∪ (A ∩ C)＝A ∩ (B ∪ C)

22·69,　⊢·(A∪B)∩(A∪C)＝A∪(B∩C)

這兩命題成一對。　用語言表示不如用圖形表示。　茲以前一命題爲例；前部以甲，乙，丙三圖表示之，後部以（一）（二）（三）圖表示之：

甲，(A∩B)

乙，(A∩C)

丙，(A∩B)∪(A∪C)

（一），A

（二），(B∪C)

（三），A∩(B∪C)

以上丙圖與（三）圖表示同一的類。　22·69 那一命題可以用類似的方法表示。）

22·7,　⊢ · (A ∪ B) ∪ C = A ∪ (B ∪ C)

（這與 22·52 那一命題成對。　三類的和，把任何兩類的和視爲一類與其餘一類相和等於把任其他兩類的和視爲一類與其餘一類相和。　以語言表示此命題似乎很難聽，還是用圖形好。）

22·72,　⊢ : A ⊂ C. B ⊂ D. ⊃ · A ∪ B ⊂ C ∪ D

22·73,　⊢ : A = C. B = D. · ⊃ · A ∪ B = C ∪ D

（這兩命題很容易明白，讀者自備方法表示。）

22·74,　⊢ : A ∩ B ⊂ C. A ∩ C ⊂ B. ≡ . A ∩ B = A ∩ C

（說既 A 又 B 類包含在 C 類，而既 A 又 C 類又包含在 B 類，等於說既 A 又 B 類就是既 A 又 C 類。　以圖形表示更容易。）

22·8,　⊢ · — (—A) = A

（非非 A 類就是 A 類，在類方面再負爲正好像在命題方面再假爲眞一樣。）

22·81,　⊢ : A ⊂ B. ≡ . —B ⊂ —A

（說 A 類包含在 B 類等於說非 B 類包含在非 A 類。　混沌一點的說，說所有的 A 都是 B 等於說所有的非 B 都是非 A。）

22·82,　⊢ : A ∩ B ⊂ C. ≡ . A ∩ —C ⊂ —B

（說既 A 又 B 類包含在 C 類，等於說既 A 又非 C 類包含在非 B 類。）

22·83,　⊢ : A = B. ≡ . —A = —B

（說 A 類等於 B 類等於說非 A 類等於非 B 類。）

22·84,　⊢ · — (A ∩ B) = — A ∨ — B

22·85,　⊢ · A ∩ B = — (— A ∨ — B)

22·86,　⊢ · — (— A ∩ — B) = A ∪ B

22·87,　⊢ · — A ∩ — B = — (A ∪ B)

（這四個命題名為 De Morgan 公式。 它們都表示"與"與"或"的關係。 茲以語言表示第一命題卽夠："非既 A 又 B 類等於非 A 或非 B 類"。 茲以下圖表示:

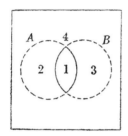

(1)為A∩B類,　　(2)為A∩—B類

(3)為—A∩B類,　　(4)為—A∩—B類

圖中"非(1)"等於"或(2)或(3)或(4)"。 但"或(2)或(3)或(4)"就是"非 A 或非 B",因為"非 A 或非 B 類"中的"或"既為相容的或,這一類所包含的可能共有以下三類,卽 A 而非 B, B 而非 A,既非 A 而又非 B; 換言之卽圖中的"或(2)或(3)或(4)"。）

22.88,　⊢ · (x) · x ∈ (A ∪ — A)

（這就是說任何個體是 A 或非 A 類的份子。 無論 x 是什麼個體,它不是 A 類的份子,就是非 A 類的份子,同時不是非 A 類的份子,就是 A 類的份子。 這是排中律的一種表示。）

22·89,　　⊢ · (x) · x ～∈ (A ∩ — A)

（這就是說任何 x 不是既 A 而又非 A 類的份子。 這是矛盾律的一種說法。）

22.9,　　⊢ · (A ∪ B) — B ＝ A — B

（在語言方面，"(A∪B)—B" 頗不易表示。 圖形表示毫無問題。）

22·91,　　⊢ · A ∪ B ＝ A ∪ (B — A)

（在語言方面有以上所說的情形。）

22·92,　　⊢ : A ⊂ B · ⊃ · B ＝ A ∪ (B—A)

（如果 A 類包含在 B 類，則 B 類等於 A 類或非 A 的 B 類。 如果 A 類包含在 B 類，則 B 類可以分作兩部分，一是既 A 又 B 類，二是 B 而非 A 類。 無論第二類存在與否。 B 類總是第一類或第二類。）

22·93,　　⊢ · A — B ＝ A — (A∩B)

（"A—(A∩B)" 在語言方面有困難，不易表示。 圖形表示無問題。）

B. 關係的推演。

本節與 A 節一樣，分為兩段：(1) 段介紹具類詞的命題，(2) 段為關係的推算。 所謂關係的推算者就是英文中的 Calculus of Relations。

1. 普遍的具關係詞的命題。

本段的命題與 A 節的 (1) 段一樣。 本系統所注重的類是外延的類,本系統所注重的關係是外延的關係。　類是滿足　ϕx　這樣命題函量的個體，關係是滿足　$\phi(x,y)$　這樣命題函量的個體。　類是 $\hat{z}$ (ϕz) 這符號所表示的東西，關係是　$\hat{x}\hat{y}\phi(x,y)$　這樣符號所表示的東西。　具類詞的命題其形式為　$f\langle \hat{z}(\phi z)\rangle$，具關係詞的命題其形式為　$f\langle \hat{x}\hat{y}\phi(x,y)\rangle$。

以下所舉的具關係詞的命題,在原書中,排列在類的推算之前,所以命題以號數為 "21" 而非 "23"。　這些命題也可以分為三組,但我們不必有明文的表示。　本段所選擇的命題如下。

21'11,　$\vdash :. (x,y) \cdot \Psi(x,y) = \chi(x,y) \cdot \supset : f\langle \hat{x}\hat{y}\Psi(x,y)\rangle \cdot$
$\quad\quad = f\langle \hat{x}\hat{y}\ \chi(x\cdot y)\rangle$

（具關係詞的命題表示定那一關係的命題函量的外延質。　它的真假值根據命題函量的外延，而不根據於引用那一命題函量為定關係的命題函量。）

21'13,　$\vdash : (x,y) \cdot \Psi(x,y) = \chi(x,y) \cdot \supset \cdot \hat{x}\hat{y}\Psi(x,y) = \hat{x}\hat{y}\ \chi$
$\quad\quad (x,y)$

21'14,　$\vdash : \hat{x}\hat{y}\Psi(x,y) = \hat{x}\hat{y}\ \chi(x,y) \cdot \supset \cdot (x,y) \cdot \Psi(x,y) = \chi$
$\quad\quad (x,y)$

21'15,　$\vdash : (x,y) \cdot \Psi(x,y) = \chi(x\cdot y). = \cdot \hat{x}\hat{y}\Psi(x,y) = \hat{x}\hat{y}\chi$
$\quad\quad (x,y)$

（這三個命題成一套,最後一命題總結兩命題,它表示只有兩真假值相等的命題函量才定同一的關係。　兩命題函量的真假值不相等,它們所定的關係是兩關係。　所謂命題函量的真假值相

等者，就是說滿足第一命題函量的個體就是滿足第二命題函量
的個體　注重關係的外延，這是根本條件。）

21·18,　⊢:.$\hat{x}\hat{y}\,\phi\,(x,y)=\hat{x}\hat{y}\,\Psi(x,y)\,.\,\supset:f\,\langle\,\hat{x}\hat{y}\,\phi(x,y)\,\rangle\,.\,\equiv$

　　　　$.\,f\,\langle\,\hat{x}\hat{y}\,\Psi(x,y)\,\rangle$

（如果兩關係相等，則此兩關係中任何一關係有任何質，另一關
係亦有之。）

21·2,　　⊢．$\hat{x}\hat{y}\,\phi\,(\,x,y)=\hat{x}\hat{y}\,\phi(x,y)$

21·21,　　⊢．$\hat{x}\hat{y}\,\phi(x,y)=\hat{x}\hat{y}\,\Psi\,(x,y).\equiv\hat{x}\hat{y}\,\Psi(x,y)=\hat{x}\hat{y}\,\phi$

　　　　　(x,y)

21·22,　　⊢:$\hat{x}\hat{y}\,\phi(x,y)=\hat{x}\hat{y}\,\Psi(x,y)\,.\,\hat{x}\hat{y}\,\Psi(x,y)=\hat{x}\hat{y}\,\chi(x,y)$

　　　　　$.\,\supset\,.\,\hat{x}\hat{y}\,\phi(x,y)=\hat{x}\hat{y}\chi(x,y)$

（這三個命題成一組，第一命題表示關係的相同有自反質，第二
命題表示它有對稱質，第三命題表示它有傳遞質。　關係的相同
與類的相同一樣，這三個命題不是從 II 章，C節，2 段的 13·15,
13·16, 13·17 直接推論出來的。　$f\,\langle\,\hat{x}\hat{y}\,\phi(x,y)\,\rangle$ 既不是 fx
的值，$f\,\langle\,\hat{x}\hat{y}\,\phi(x,y)\,\rangle=f\,\langle\,\hat{x}\hat{y}\,\Psi\,(x,y)\,\rangle$也不是 $x=y$ 的
例。）

21·23,　　⊢:$\hat{x}\hat{y}\,\phi(x,y)=\hat{x}\hat{y}\,\Psi(x,y)\,.\,\hat{x}\hat{y}\,\phi(x,y)=\hat{x}\hat{y}\chi(x,y)$

　　　　　$.\,\supset\,.\,\hat{x}\hat{y}\,\Psi(x,y)=\hat{x}\hat{y}\,\chi(x,y)$

21·24,　　⊢:$\hat{x}\hat{y}\,\Psi(x,y)=\hat{x}\hat{y}\,\phi(x,y)\,.\,\hat{x}\hat{y}\,\chi(x,y)=\hat{x}\hat{y}\,\phi\,(x,y)$

　　　　　$.\,\supset\,.\,\hat{x}\hat{y}\,\Psi(x,y)=\hat{x}\hat{y}\,\chi(x,y)$

（這兩命題與以上 21·22 那一命題也可以成一套。　它們都表

示與一共同關係相同的兩關係彼此也相同。）

21·3,　⊢ : x ⟨ x̂ŷ Ψ(x,y) ⟩ y. ≡ . Ψ(x,y)

（"X ⟨ x̂ŷΨ(x,y) ⟩ y" 這符號表示 x 與 y 有 Ψ(x,y)這一命題函量所定的關係。　這命題表示只有 Ψ(x,y)是眞的, x 與 y 才有Ψ(x,y)所定的關係。）

21·31,　⊢ :. x̂ŷ Ψ(x,y) ≡ x̂ŷ χ(x,y) . ≡ : (x,y) : x ⟨ x̂ ŷ Ψ (x,y) ⟩ y. ≡ . x ⟨ x̂ ŷ χ(x,y) ⟩ y

（兩關係相等等於說任何 x,y 有頭一關係等於說它們也有第二關係。　這就是說：要有後一部分所說的情形滿足,兩關係才相等。）

21·33,　⊢ : R = x̂ŷφ (x,y) ≡ . (x,y) · xRy ≡ φ(x,y)

（以 R 代替 x̂ŷφ(x,y)，當然便利得多。　談關係而不必提到定那關係的命題函量的時候,複雜的符號如 x̂ŷφ (x,y) 均可以用簡單的 R 代替。　在任何x,y 有 R 關係等於 φ(x,y) 是眞的的條件之下, R 是 φ(xy) 這命題函量所定的關係。）

21·43,　⊢ :. R = S. ≡ : (x,y) · xRy ≡ xSy

（如果說任何 x 與任何 y 有 R 的關係等於說它們有 S 的關係,則 R 與 S 兩關係相等;如果 R 與 S 兩關係相等, 則說任何 x 與任何 y 有 R 關係等於說它們有 S 關係。）

21·53,　⊢ :. (S) : S = R · ⊃ · φS : ≡ · φR

（說任何關係 S 與 R 相等,則說它就是 φ 等於說R是 φ。　要舉實例,比較麻煩。　請注意這裏的 (S) 表示關係也可以有表面任指詞。　在這一點上，個體，類，關係也有一致的情形。）

21·54，　⊢ :. (∃S) : S=R · φS : ═ . φR

（有等於 R 的 S 關係而它是 φ 等於說 R 關係是 φ。　這命題與以上那個命題成一對。）

21·55，　⊢ · x̂ŷ φ(x,y) ═ (iR) ⟨ (x,y) : xRy. ═ . φ(x,y) ⟩

（此處的命題用一句話講本來是不容易的事，而這一命題似乎更難。　意思大約可以有以下的表示：說任何 x,y 有 R 關係等於說 φ(x,y)，這裏所說的這個 R 關係就是滿足 φ(x,y) 命題函量的 x,y。）

21·56，　⊢ · E! (iR) ⟨ (x,y) : xRy. ═ . φ (x,y) ⟩

（這個命題不過是說有以上 21·55 所叙述的 R 關係。　這兩個命題都以關係為叙述詞。）

21·58，　⊢ : x̂ŷ φ(x,y) ═ (iR) ⟨ R═ x̂ŷφ(x,y) ⟩

（滿足一命題函量的個體就是與它相等的那關係。）

21·6，　⊢ : (∃R).fR. ═ .∼ ⟨ (R) · ∼fR ⟩

（這命題的前後兩部分的關係與傳統邏輯中的 I 與 E 的關係相似。　有是 f 的 R 關係等於說 "無是 f 的 R 關係" 是假的。）

2. 關係的推算 (Calculus of Relations)。

a. 這一段的命題與類的推算那一段的命題相似。　類的推算可以說第四部第 I 章的那系統通式的解釋，關係的推算也可以作如此看法。這裏的關係是外延的關係，以上 21·58 那一命題就表示本系統的關係是外延的關係。　所謂關係的推算者是說這裏的這個推算中的原子。

推算未開始之前，也就有好幾個定義；可是這裏的情形與類的推算的情形相似；我們不必抄寫定義，因爲定義旣下，跟着就有好幾個命題把這些定義都容納在內。

b. 所選擇的命題。

23·1,　　⊢:.R ⊆ S.═ : (x,y) : xRy・⊃・xSy

（這裏關係間的⊆，與類間的"⊂"，命題間的"⊃"相似。　命題間的"⊃"我們讀爲"蘊涵"，類間的"⊂"我們讀爲"包含在"，可是關係間的"⊆"，我們不知道如何讀法好。　符號方面的定義已經容納在這一命題之中。　如果我們把"⊆"讀作包含在，這一命題說：R 關係包含在 S 關係之中等於說如果任何 x 與 y 有 R 關係，它們就有 S 關係。　P. M. 的作者也是利用命題方面的"⊃"去表示關係方面的⊆。）

23.2,　　⊢・P ∩̇ S═x̂ŷ(xRy・xSy)

（關係間的"∩̇"與類間的"∩"，命題間的"・"相似。　這似乎也可以用"與"，"和"，"同"，"旣——又" 等等字眼去表示。　它的定義就是本命題的後一部分。　這裏也是用命題方面的"・"去表示關係方面的"∩̇"。　這命題也表示這裏的關係是外延的關係。）

23·3,　　⊢・R ∪̇ S═x̂ŷ (xRy・∨・xSy)

（關係間的"∪̇"與類間的"∪"，命題間的"∨"相似。　這似乎也可以用"或"表示，它的定義就是這命題的後一部分。　關係方面的"∪̇"也是用命題方面的"∨"去表示。）

23·31,　⊢ . ∸R＝x̂ŷ ⟨～(xRy)⟩

（關係方面的"∸"與類方面的"—"，命題方面的"～"相似。
"∸"的定義就是本命題的後一部分，而這定義也就是利用命題
方面的"～"去表示關係方面的"∸"。）

23·32,　⊢ . R∸S＝x̂ŷ ⟨xRy . ～(xSy)⟩

（是 R 關係而不是 S 關係就是滿足 "xRy 是眞的而 xSy 是假
的" 這一命題函量的 x,y。 我們要淸楚，這裏的 R 關係就有 R
關係 x,y，那就是說，它的 R 的外延。）

23·33,　⊢ : x(R ∩̇ S)y. ≡. xRy . xSy

（x 與 y 有 R 與 S 的關係，等於說 x 與 y 有 R 關係，而且 x 與
y 有 S 的關係。）

23·34,　⊢ :. x (R ∪̇ S)y. ≡ : xRy . ∨ . xSy

（x 與 y 有 R 或 S 的關係，等於說 x 與 y 有 R 關係或者 x 與 y
有 S 的關係。 這一對命題表示關係間的 "或" 與 "與" 等於具
相當形式的命題間的 "或" 與 "與"。）

23·35,　⊢ : x∸Ry . ≡.～(xRy)

（如果我們把 "∸" 讀爲 "非"，這個命題說 x 與 y 有非 R 的關
係等於說 x 與 y 有 R 關係是假的。）

23·351,　⊢ . ∸R≠R

（非 R 關係不是 R 關係。 22·351 那一命題說非 A 類不是 A
類。 P. M. 用那一命題證明至少有兩類，我們似乎也可以利用
這裏這個命題証明至少有兩關係。）

23·36,　├ · R ∩ S ∈ Rel

23·37,　├ · R ∪ S ∈ Rel

（ "Rel" 這符號表示關係。　這兩個命題無非是表示 R∩S, 與
R∪S 都是關係。　如果我們把關係視爲第四部第I章那個系
統通式的原子,這兩個命題就是那系統的最初兩個基本命題。）

23·38,　├ · ∸ R ∈ Rel

（ 這個命題表示非 R 也是關係。）

23·4,　├ : R ⊂ S. S ⊂ R. ═ : (x,y) : xRy.═. xSy

（ 說 R 關係包含在 S 關係而 S 關係又包含在 R 關係,等於說任
何 x,y 有 R 關係等於說它們有 S 關係。　兩關係互相包含,則
它們的外延一樣。）

23·41,　├ : R ⊂ S. S ⊂ R. ═ . R ═ S

（ 這與以上一樣,它不過直接表示兩互相包含的關係相等,沒有
提到份子問題。）

25·42,　├ R ⊂ R

（ 任何關係包含它自己,這與命題方面的 "P⊃P", 類方面的
"A⊂A" 相似。）

23·43,　├ · R ∩ S ⊂ R

（ 這與類方面的 A∩B⊂A 那一命題相似。　在那一命題注解
下所說的話這裏也可以說。）

23·44,　├ : R ⊂ S. S ⊂ T · ⊃ · R ⊂ T

（ 這命題說如果 R 關係包含在 S 關係,S 關係包含在 T 關係,

則 R 關係包含在 T 關係。　這是關係方面的三段論。　三段論不限於命題，也不限於類。　例如：　如果 x 是 y 的學生，x 就比 y 年青；x 比 y 年青，x 就是 y 的後輩；則 x 是 y 的學生，x就是 y 的後輩）

23·441，$\vdash : R \subset S . xRy . \supset . xSy$

（如果 R 關係包含在 S 關係，而 x 與 y 有 R 關係，則 x 與 y 有 S 關係。　讀者自己舉例。）

23·45，$\vdash : R \subset S . R \subset T . \supset . R \subset S \cap T$

（如果 R 關係包含在 S 關係，而又包含在 T 關係，則 R 關係包含在既 S 而又 T 的關係。　此命題僅表示"如果——則"的關係，其實前件與後件的眞假值相等。）

23·46，$\vdash : xRy . R \subset S . \supset . xSy$

（這就是 23·441 那一命題，不過前件中的兩命題的位置彼此更換而已。）

23·47，$\vdash : R \subset T . \supset . R \cap S \subset T$

（如果 R 關係包含在 T 關係，則既 R 而又 S 的關係包含在 T 關係。　這個命題可以利用 23·43那 一命題及三段論可以證明。
例如：

(一)$\vdash : R \cap S \subset R . R \subset T . \supset . R \cap S \supset T :$

(二)$\supset \vdash :. R \cap S \subset R . \supset : R \subset T . \supset . R \cap S \supset T$

(三)$\vdash . R \cap S \subset R$

(四)$\vdash : R \subset T . \supset . R \cap S \subset T$

（此處及以前的命題，讀者均可以自己設法證明以爲訓練。）

23·48,　├ : R ⊂ S・⊃・R $\dot{\cap}$ T ⊂ S $\dot{\cap}$ T

23·481,　├ : R＝S・⊃・R $\dot{\cap}$ T＝S $\dot{\cap}$ T

（如果 R 關係包含在 S 關係，則旣 R 而又 T 的關係包含在旣 S
而又 T 的關係。　如果 R 關係與 S 關係相等，則旣 R 而又 T 的
關係等於旣 S 而又 T 的關係。　讀者或舉例或證明。）

23·49,　├ : P ⊂ Q . R ⊂ S・⊃・P $\dot{\cap}$ R ⊂ Q $\dot{\cap}$ S

（如果 P 關係包含在 Q 關係，而 R 包含在 S 關係，則旣 P 而又
R 的關係包含在旣 Q 而又 S 的關係。）

23·5,　├・R $\dot{\cap}$ R＝R

（旣 R 而又 R 的關係就是 R 關係。　x 旣在 y 的左邊，而又在
y 的左邊，其結果仍是 x 在 y 的左邊。）

23·51,　├・R $\dot{\cap}$ S＝S $\dot{\cap}$ R

23·52,　├・(R $\dot{\cap}$ S) $\dot{\cap}$ T＝R $\dot{\cap}$ (S $\dot{\cap}$ T)

第一命題表示兩關係的相"與"，與兩類的相"與"一樣，不受它們
的位置的更換的影響。　第二命題表示三關係的相"與"，把任何
兩關係視爲一組，等於把任何其他任何兩關係視爲一組。）

22·54,　R＝S.⊃ : R ⊂ T . ＝ . S ⊂ T

（如果 R 關係等於 S 關係，則說 R 關係包含在 T 關係等於說 S
關係包含在 T 關係。）

23·55,　├ :. R＝S.⊃ : T ⊂ R . ＝ . T ⊂ S

（如果 R 關係等於 S 關係，則說 T 關係包含在 R 關係等於說 T

關係包含在 S 關係。)

23·551, R＝S · ⊃ · R ∪ T＝S ∪ T

（ 如果 R 關係等於 S 關係,則或 R 或 T 的關係等於或 S 或 T的
關係。）

23·56, ├ · R ∪ R＝R

（ 23·5 說既 R 而又 R 的關係就是 R 關係,此命題說 R 或 R 的
關係就是 R 關係。 這兩命題成一對表示邏輯上關係的相"與"
與數的相乘不一樣,邏輯上關係的"或"與數的相加不一樣。）

23·57, ├ · R ∪ S＝S ∪ R

（ 兩關係的和不受彼此前後位置的更換的影響。）

23·58, ├ · R ⊂ R ∪ S . S ⊂ R ∪ S

（ R 關係包含在或 R 或 S 的關係,而 S 關係也包含在或 R 或 S
的關係。）

23·59, ├ · R ⊂ T . S ⊂ T . ＝ R ∪ S ⊂ T

（ 說 R 關係包含在 T 關係,S 關係也包含在 T 關係,等於說 R
或 S 關係包含在 T 關係。 請看 22·59 的注解。）

23·6, ├ ∴ x (R ∪ S) y . ＝ : (T) : R ⊂ T . S ⊂ T . ⊃ · xTy

（ 說 x 與 y 有 R 或 S 的關係,等於說如果 R 關係包含在任何 T
關係,而 S 也包含在任何 T 關係,則 x 與 y 有 T 關係。）

23·61, ├ : R ⊂ S · ⊃ · R ⊂ S ∪ T

（如果 R 關係包含在 S 關係,則 R 關係包含在 S 或 T 的關係。）

23·62, ├ : R ⊂ S . ＝ . R ∪ S＝S

（說 R 關係包含在 S 關係，等於說 R 或 S 的關係就是 S 關係。）

23·621，⊢：R ⊆ S． ＝ ．R $\dot\cap$ S ＝ R

（說 R 關係包含在 S 關係，等於說既 R 而又 S 的關係就是 R 關係。 這兩命題是一對，表示"或"與"與"的分別。）

23·63，　⊢ · R ⊍ (R $\dot\cap$ S) ＝ R

（這命題在語言方面頗麻煩。 參考 22·63 那一命題。 讀者試以圖形表示。）

23.631，　⊢：R $\dot\cap$ (R ⊍ S) ＝ S

（這命題與以上成對，情形同樣。）

23·632，⊢：R ＝ S · ⊃ · R ＝ R $\dot\cap$ S

（如果 R 關係等於 S 關係，則 R 關係等於既 R 而又 S 的關係。 反過來說不通。 如果 R 關係等於既 R 而又 S 的關係，R 關係固可以等於 S 關係，但也可以包含在 S 關係。）

23·633，⊢：R ⊆ S · ⊃ · R ⊍ T ＝ (R $\dot\cap$ S) ⊍ T

（這命題在語言方面頗麻煩，讀者試以圖形表示。）

23·64，　⊢：. R ⊆ T · ∨ · S ⊆ T：⊃ · (R $\dot\cap$ S) ⊆ T

（這命題與 22·64 那一命題相似，請參考那一命題的注解。）

23·65，　⊢：. R ⊆ S · · ∨ · R ⊆ T：⊃ · R ⊆ (S ⊍ T)

（參考 22·59 及 22·65 兩命題的注解。）

23·66，　⊢：R ⊆ S · ⊃ · R ⊍ T ⊆ S ⊍ T

（如果 R 關係包含在 S 關係，則 R 或 T 的關係包含在 S 或 T 的關係。）

23·68, ⊢ ·(R ∩ S) ∪ (R ∩ T)＝R ∩ (S ∪ T)

23·69, ⊢ ·(R ∪ S) ∩ (R ∪ T)＝R ∪ (S ∩ T)

（這兩命題成一對。 請參閱 22.68 與 22·69 那兩個命題的注解。）

23·7, ⊢ ·(R ∪ S) ∪ T＝R ∪ (S ∪ T)

（語言表示非常之麻煩。 請參閱 22·7 那一命題的注解。）

23·72, ⊢ : P ⊂ R.Q ⊂ S.·⊃·P ∪ Q ⊂ R ∪ S

23·73, ⊢ : P＝R.Q＝S.·⊃·P ∪ Q＝R ∪ S

（這裏第一命題說如果 P 關係包含在 R 關係,而 Q 關係又包含在 S 關係,則 P 或 Q 的關係包含在 R 或 S 的關係。 第二命題說如果 P 關係等於 R 關係,而 Q 關係又等於 S 關係,則 P 或 Q 的關係等於 R 或 S 關係。）

23·74, ⊢ : P ∩ Q ⊂ R.P ∩ R ⊂ Q.═.P ∩ Q＝P ∩ R

（說既 P 又 Q 的關係包含在 R , 而既 P 又 R 的關係又包含在 Q ,等於說既 P 又 Q 的關係就是既 P 又 R 的關係。）

23·8, ⊢ · ∸ (∸R)＝R

（非非 R 關係就是 R 關係。 此情形與類方面及命題方面的情形一樣。）

23·81, ⊢ : R ⊂ S.═.∸S ⊂ ∸R

（說 R 關係包含在 S 關係等於說非 S 關係包含在非 R 關係。參閱 22·81 那一命題。）

23·82, ⊢ : R ∩ S ⊂ T.═.R ∸ T ⊂ ∸S

（說旣 R 又 S 的關係包含在 T 關係，等於說旣 R 而又非 T 的關係包含在非 S 關係。）

23·83，　⊢ : R ＝ S. ━ . ∸ R ＝ ∸ S

（說 R 關係等於 S 關係，等於說非 R 關係等於非 S 關係。）

23·84，　⊢ . ∸ (R ∩̇ S) ＝ ∸ R ⊍ ∸ S

23·85，　⊢ . R ∩̇ S ＝ ∸ (∸ R ⊍ ∸ S)

23·86，　⊢ . ∸ (∸ ∩̇ R ∸ S) ＝ R ⊍ S

23·87，　⊢ . ∸ R ∩̇ ∸ S ＝ ∸ (R ⊍ S)

（請參考 22·84, 22·85, 22·86, 22·87，那四個命題的注解。）

23·88，　⊢ . (x,y) . x (R ⊍ ∸ R) y

（這就是關係方面的排中律。　任何 x 與 y 有 R 或非 R 的關係。總而言之，它們若無 R 的關係，就有非 R 的關係；若無非 R 的關係，就有 R 的關係。）

23·89，　⊢ . (x,y) . ～ ⟨ x (R ∩̇ ∸ R) y ⟩

（這就是關係方面的矛盾律。　任何 x 與 y 有旣 R 而又非 R 的關係是假的。）

23·9，　　⊢ . (R ⊍ S) ∸ S ＝ R ∸ S

23·91，　⊢ . R ⊍ S ＝ R ⊍ (S ∸ R)

（這兩命題可以用圖形表示，以語言表示似乎佶屈聱牙。）

23·92，　⊢ : R ⊆ S . ⊃ . R ＝ R ⊍ (S ∸ R)

（如果 R 關係包含在 S 關係，則 R 關係等於 R 或 S 而非 R 的關係。）

23‘93,　⊢ · R ÷ S＝R ÷ (R $\dot{\frown}$ S)

（讀者試以圖形表示。）

第　四　部

關於邏輯系統之種種

I　邏輯系統通論

A. 系統通論。　每一句話劃分一種領域。　領域有範圍大小的不同，內部的秩序有程度高低的不同。　每一領域至少有一系統。　所以每一句話均可以說有系統爲它的背景，比方北京人說："某某去串門去了"。其它不管，卽 "串門" 二字，已有一系統爲背景，在那一系統之內，可以有好幾個相聯的命題，而這些相聯的命題，聯合起來，定 "串門" 二字的意義。　系統因有範圍大小的不同，及緊湊與鬆懈程度的不同，所以它的意義也就空泛而它的種類也就非常之多。　平漢鐵路是一系統，美國政府是一系統，倫敦的地道車是一系統，國際聯盟也是一系統。所有的科學均爲系統，而哲學系統是常用的名詞。　我們所要提出的不是普遍的系統問題，也不是尋常在事實上所稱爲系統的系統，而是演繹系統。

1. 演繹系統當然也有範圍大小與程度高低的問題。　它的緊湊的程度比其餘非演繹系統的程度高。　它的特點如下。

a. 出發點可以武斷。　演繹系統的出發點，從語言或命題方面說，大都是幾個基本命題。　這些基本命題與非演繹系統的基本原則不同。　非演繹系統的基本原則或者是已經証明其爲眞命題或者我們相信其爲眞命題。　眞假問題不能與這些原則分開。　演繹系統的基本命題則不然，它們的眞假我們可以不管。　它們與普通的假設也不同。普通的假設——歸納法的假設與普通任何科學中的假設——都是我們盼望它爲眞，或猜想它爲眞，或有多少証據使我們暫時承認其爲眞的命題。　演繹系統的基本命題則不然，我們不必盼望它爲眞，也不暫時承認它爲眞；即我們疑心它是假的，也無礙於那演繹系統之爲演繹系統。一演繹系統的基本命題爲那一系統的出發點，我們既不必証明或假設其爲眞，我們選擇的範圍比較的廣，而究竟那些命題爲我們所選擇，就很有武斷的成分夾雜其間。

　　　b.演繹系統的思想，除最初利用幾個在系統範圍之外的思想外，其它都可以稱爲自生的思想。　所謂自生思想者即根據於系統的基本思想，用系統的產生工具與適合於系統所承認的方法，而產生的思想。基本命題既不必爲眞，這些自生思想也不必適合於系統範圍之外的事物。　茲以歐克里幾何爲例。　幾何可以視爲一演繹系統，也可以視爲一門科學。　我們現在所要注意的是演繹系統的幾何。　這個系統利用系統外的思想，如長寬厚等產生系統內的“點”“線”等思想。　由“點”“線”等思想又產生“三角”“四方”等思想。　嚴格地說，經驗中沒有那樣的點與線，但點與線不因此經驗問題就不能成爲一演繹系統的基本思想。　系統內的“三角”與“四方”是系統內自生的思想。　這些思想雖可以與外界的情形符合，而不必與它們符合。　即不與外界的情形或事物符合，而既爲一系統的自生思想，它們仍有它們系統範圍之內的位置。

c. 演繹系統的各部分大都是互相關聯的。　關聯的程度或有高低的不同。　各部分的位置或有更改的可能,但一部分的更改總有使他部分也有相當更改的必要。　各部分的形式或有更改的可能,但一部分形式上的更改也使其他部分在形式上有相當更改的必要。　一系統內的部分是這樣,一部分的份子彼此的關係也是這樣,我們似乎可以說一系統的部分與部分的關係，一系統份子與份子的關係，大都是內在關係。　這裏的話免不了說得含糊一點,若要正確,篇幅就太長。　我們所要表示的是：演繹系統內部的結構彼此牽連的程度可以使我們說整個的系統是一有機的系統。　這可以說是從正面着想。　從反面着想，一演繹系統的最低限度是內部不能有彼此不相融洽的地方。　但一系統在事實上彼此融洽不足以表示它是演繹系統。

　　演繹系統或者尚有旁的特點,以上所舉的已經可以表示它之所以異於其他系統者何在,所以我們也不必再追求特點提出討論。

　　2. 演繹系統大都分作兩大部分：一曰演繹幹部,一曰演繹支部。幹部為系統的根本,支部為系統的枝葉。　前一部所包含者為系統的基本概念與基本命題,後一部為由前一部所推論出來的命題。　這不是說事實上所有的演繹系統都有一種成文的幹部與支部，事實上的情形或者不是這樣,但如果我們把任何演繹系統加以分析,我們可以把它分成一演繹幹部一演繹支部。　演繹幹部可以分作二部,一為基本概念，一為基本命題；支部可以分作許多部分,也可以不分。　幹部以下分兩段討論,支部不須特別討論；我們要表示的不過是幹部既定,支部隨之。

　　a. 基本概念部分。　所謂基本概念即一演繹系統的最基本的概念。 關於基本概念我們似應注意以下諸點。

（一）基本概念可以有定義，也可以無定義。 我們可以用系統外之思想定一系統基本概念的意義，也可以不用系統外的思想，同時也就不給一系統的基本概念下定義。 我們所要注意的是在一系統範圍之內，我們不能用那系統的概念想給那一系統的基本概念下定義。 我們可以說，如果我們在一系統的立場上，那一系統的基本概念是不能以那一系統的思想去下定義的；如果我們不在任何系統的立場上，一系統的基本概念似乎都是可以下定義的。

（二）一系統不必有它所有的基本概念，那就是說，我們承認那一些概念為基本概念大有選擇的餘地。 從質的方面說，含義狹的概念不容易用為基本概念。 含義狹就不富於推論，不富於推論就不容易用為基本概念。 系統的歷程大都是由簡而繁，——這似乎是一件事實，但究竟是勢所必至的事實還是理有固然的情形，頗不易說——無論如何，複雜的思想不容易為基本的概念。 我們對於基本概念雖有選擇的餘地，而選擇的範圍總免不了是一很小的範圍。

（三）從量的方面着想，一系統的基本概念的數目也是一問題。一方面基本概念的數目要少。 恐怕偏於一邊的說法是愈少愈好。 如果基本概念太多，它們可以多到不必分別基本與非基本概念的程度，而系統的歷程可以根本取消。 基本概念的數目要少似乎是顯而易見。但另一方面有便利問題。 有時基本概念的數目可以減少到最低限度，而到了最低限度的時候，推論的歷程太難，太長，太複雜，使求簡的志願，得之於思想方面，而失之於推論方面。 我們似乎可以說基本概念的數目雖要少，但不宜少到減少推論不便利的程度。

b.基本命題部分。　關於基本命題我們應注意以下數點。

(一)從量的方面着想，基本命題的數目也宜從少，但不宜少到不夠用的程度。　所謂夠用與不夠用是指能不能推論所要推論出來的命題而言。　每一系統不能缺乏它所必要包含的部分或命題、幾何系統要包含幾何學所必要的原則，邏輯系統要包含邏輯所必要的各部分。如果基本命題的數目少到不能推出一系統所必要的部分或命題，它們當然不夠用。　所以基本命題一定要夠用。

(二)基本命題一定要一致。　基本命題是一系統的大前提，其它所有的命題都可以說是基本命題的"結論"。　如果基本命題彼此不一致，由它們推論出來的結論也不一致。　如果一系統內的命題彼此不一致，則所謂演繹系統者根本就不是演繹系統。　我們現在所要表示的是基本命題要一致。　至於究竟一致與否是一問題，而此問題的各方面有各種不同的困難。　好在我們現在用不着談到。

(三)基本命題要彼此獨立。　所謂獨立者是說它們彼此不相"蘊涵"。　如果一命題蘊涵另一命題，則後一命題可以由前一命題推論出來，如能由前一命題推論出來，則舉前一命題爲基本命題等於舉後一命題爲基本命題。　那就是說舉前一命題已經夠了。　若前後兩命題並舉，不過是費詞而已，其效果等於僅舉前一命題。　基本命題的數目既求其少，則它們彼此獨立以免重複之病。

c.演繹支部就是由演繹幹部所推論出來的各部分。　此處所要注意的就是"推論"二字。　"推論"二字或有含糊的地方，它們的涵義至少有以下成分。

(一)所有推論出來的部分,所有推論出來的命題,都是演繹幹部所能有的部分,所能有的命題。 從心理方面說,或從認識方面說,推論出來的部分或者有"新"的部分, 推論出來的命題或者有"新"的命題;但從演繹幹部所蘊涵的意義方面說,推論出來的部分或命題都是幹部所有或能有的部分或命題,所以它們不是"新"的部分或"新"的命題。

(二)推論出來的部分, 都是已經証明的部分; 推論出來的命題,都是已經証明的命題。 証明與証實不同。 証明僅有系統內的標準,証實尚有系統外的標準。 如果我們把一演繹系統僅僅視爲一演繹系統, 我們僅有證明的問題; 如果我們同時把它當作一門科學,則除証明問題之外,尚有證實問題。 推論出來的部分或命題既云"推論"出來,則必遵守一系統的標準與它的推論的原則。 既然如此,則在一系統範圍之內,它們當然是已經証明的了。

(三)推論出來的部分或命題,其性質其界說均由幹部而定。 幹部的思想與命題,如爲幾何學方面的思想或命題,則推論出來的部分或命題也就是幾何學方面的部分或命題。 其他由此類推。 部分的長短,範圍的寬狹,命題的多少則不必因幹部而定。 所謂不必因幹部而定者是說它們的標準可以是系統之外的標準。

3.照以上所說一演繹系統之性質,因其幹部而定,所以幹部的性質亦卽整個系統的性質。 既然如此,演繹系統的種類也就是幹部的種類。 現在我們要介紹一種演繹系統的通式。 一種演繹系統的通式不是普遍演繹系統的通式,演繹系統不僅止於一種通式。　一種演繹系統的通式本身不是一系統,好像 ϕx 是一種命題的函量,而本身不是一命題。

a. 茲舉以下一種演繹幹部通式:

基本概念任指詞

(一)原子,　a, b, c, …

(二)運算或關係,　⊕

　　　　　　　　⊙

基本命題函量

(一) (a, b) . a⊕b　是原子

(二) (a, b) . a⊙b　是原子

(三) (a, b) . a⊕b＝b⊕a

(四) (a, b) . a⊙b＝b⊙a

(五) (ꓱZ) (a) . a⊕Z＝a

(六) (ꓱU) (a) . a⊙U＝a

(七) (a,b,c) . a⊕ (b⊙c) ＝ (a⊕b) ⊙ (a⊕c)

(八) (a,b,c) . a⊙ (b⊕c) ＝ (a⊙b) ⊕ (a⊙c)

(九) (a) (ꓱā) . a⊕ā＝U

　　　　　　　　a⊙ā＝Z

(十)至少有兩個原子

b. 大部分的讀者對於以上或者感覺茫然。　"原子",⊕,⊙,(ab),(ꓱZ),(ꓱU),(ā) 等等均不知應作何解釋。　但以上以

符號表示的公式其所以爲幹部通式者，一方面就是因爲它可以有解釋，而不必限於任何一解釋，所以沒有“應”作何解釋的問題。　以上的系統可以作以下的解釋。

（一）設以原子代表命題，⊕代表“或者”，⊙代表“與”，a,b, 代表任何命題，(ᴴ)代表“有”，U代表“眞”，Z代表“假”，ā代表“非a”，則以上基本命題函量都變成基本命題。　例如（一）如 a,b 爲兩命題，a 或者 b 也是一命題。　（三）如 a,b 爲兩命題，“a 或者 b”等於“b 或者 a”。　（九）的前一半爲排中律，後一半爲矛盾律。　其他可以不舉，讀者可以自己去試一試。

（二）設以原子代表“類”，⊕⊙(ᴴ)仍舊，U代表有份子的類，Z 代表無份子的類，ā 代表“非 a 類”，則以上基本命題函量也就都變成基本命題。　第九命題說，“a 類或者非 a 類是有份子的類”“a 類而又非 a 類是無份子的類”。　其他命題都說得通。

（三）以原子代表“區域”，或一種特殊的數目——如 Boolian Integers——其餘符號加以相當的解釋亦都說得通。　卽以原子代表談論的範圍——Universe of Discourse——也可以說得通。　每一個解釋是一個系統。　這些可以解釋以上系統通式的系統是一種演繹系統，反過來說這一種演繹系統的通式就是以上所舉的系統的通式。

c. 因原子可以代表不同的東西，⊕與⊙可以代表不同的運算或關係等等，以上那種演繹系統通式可以解釋成性質不同的系統。　那就是說它可以解釋成一數目的系統，也可以解釋成一幾何的系統，也可以解釋成類的系統或命題的系統。　如果我們把邏輯一字限制到它的狹義範圍之內，則一種演繹系統通式不必代表一邏輯系統。　既然如此，以上所說的話雖可以說是與邏輯系統有關，而不必是對於邏輯系統的討論。　究竟甚麼樣的系統是邏輯系統，以後還要談到。

B.演繹系統與邏輯系統的界說。　每一演繹系統都劃分一領域，一範圍，或一界說。　既有此情形，則必有達到此情形的工具。　現在所要提出討論的就是這種工具。

1.演繹系統劃分界說的工具。　演繹系統劃分界說的工具大略可以分為以下三項：（a）保留的工具，（b）淘汰的工具，（c）推行的工具。　茲特分別討論。

a.保留的工具。　每一系統的原子就是那一系統所要對付的對象，每一系統的運算或關係就是運用那種對象的工具。　有對象而無運用的工具，根本就不能有組織那對象的可能。　有對象，有運用對象的工具，而無基本命題，則工具雖有，而運用工具的方法仍缺。　基本命題的責任有時僅是一系統的大前提，有時竟是運用工具的法則。　這兩種不同的情形以後再討論。　無論如何基本命題總是一系統的前提。　既是一系統的前提，則合於此前提的運用原子的方法，就是保留的標準。根據此保留的標準，原來的運用工具就變成了保留的工具。　一演繹系統的支部都是要保留的部分。

b.不合於基本命題的運用原子的方法就是淘汰的標準，而根據此標準，原來的運用工具就變成了淘汰的工具。　可是在此處我們要注意以上曾經提及的一點；一演繹支部的部分的大小，命題的多少，不是系統內的問題，那就是說演繹支部雖都是一演繹系統所要保留的部分，而不必是一演繹系統所能保留的部分。　有些部分雖可以保留而沒有保留。　所以我們不能說沒有保留的部分都是要淘汰的部分。　我們只能說要淘汰的部分都是不能保留的。　這樣一來有些部分旣不必保留，也不必淘汰。　這些"中立"部分有時有特別的情形是我們所應注意的。對於這一層，以後到相當時期再說。

　　c. 推行工具。　以上保存的工具與淘汰的工具都包含推行的工具。　可是推行的工具有時在系統範圍之內，有時在系統範圍之外，這要看基本命題是否僅是一系統的前提，或兼是那一系統的運用工具的法則。　如果基本命題僅是前者，有些推行工具在系統範圍之外；如果兼是後者，則所有推行工具均在系統範圍之內。　所謂推行的工具卽以上所說的"自生"的工具，沒有這種工具，一演繹系統的幹部就不能"動"，那就是說支部"生產"不出來，而系統就不成其爲系統。

　　　　以上三種工具不過是分析出來的情形，事實上它們好像耕田的犂一樣，犂一動，土就分，界限也就隨之而出。　但說到系統的界說，我們不能不說分析的話。　邏輯系統的特別情形是由這樣的分析才能比較地弄清楚。

　　2. 邏輯系統的界說。　邏輯系統與其他演繹系統的分別不是原子的分別，運算的分別，或關係的分別。　以上所舉的一種系統通式可以解釋成幾何學，類學，命題學，或幾何系統，類的系統，或命題的系統。一演繹系統不因其原子爲點線等等就不是邏輯系統，也不因其原子爲類爲命題就變成邏輯系統。　邏輯系統可以說是沒有特殊的原子，它的獨有情形不在原子而在它的系統所要保留的"東西"，（此處用"東西"

二字是因為我們不知道更便當的名詞）。 為表示邏輯系統之所以為邏輯系統起見，我們請注意以下諸點。

a. "可能"二字不易解釋，假設我們知道它的意義。 每一件事實是一個可能，可是每一個可能不必是一件事實。 演繹系統既如 A 段所述不必牽扯到真假問題，當然也就不必限於一件一件的事實，或表示一大堆事實的自然律或普遍命題。 它所包含的總有一部分是可能的研究，或者總有一方面可以視為可能的研究。 有些系統可以視為可能的分類。 可能的分類也不限於一可能。 最便當的或者是把可能分為兩類。 但如果我們不怕麻煩，我們也可以把它分為三類或四類。 簡單的說我們可把它分"n"類。

b. 把可能分為"n"類之後有兩種很重要的性質發生；一為承認所有的可能，一為否認所有的可能。 如果一個演繹系統是一個分可能為"n"類的系統，則在那一系統範圍之內，列舉"n"可能中各可能而分別承認之，是那一系統所無法逃背的情形。 這情形我們以"必然"二字形容之。 設一系統把可能分為兩類，分別承認此兩種可能的命題在那一系統範圍之內為必然的命題。 設另一系統把可能分為三類，分別承認此三類的命題在第二系統範圍之內為必然的命題。 我們可以說在分可能為"n"類的系統範圍之內，分別承認"n"可能的命題為那一系統的必然的命題。

c. 以上是分別承認所有的可能，還有否認所有可能的情形。 如果一個演繹系統是分可能為"n"類的系統，則在那一系統範圍之內，列舉"n"可能中之各可能而均否認之，是那一系統所不能承認其為可能的情形。 這情形我們以不可能或"矛盾"一字形容之。 設一系統把可能分爲兩類,否認此兩類可能的命題爲矛盾的命題。 設另一系統把可能分爲三類, 則否認此三類可能的命題在第二系統範圍之內爲矛盾的命題。 由此類推, 在一分可能爲 "n" 類的系統,否認此 "n" 可能的命題爲那一系統的矛盾命題。

3.邏輯系統的特點如下:

a.邏輯系統有保留的標準, 保留的工具, 與所要保留的情形。邏輯系統之所以爲邏輯系統者,其特點, 照許多人分析, 就在它所要保留者, 是必然的情形。 必然的情形是相對的抑或是絕對的頗不易說。這個問題還是一班人繼續在那裏打筆墨官司的問題。 我們在此處不討論這個問題,我們假設表示必然的方式是相對的。 所謂相對者是說可能的分法不只一種,各種分法有表示必然的方法。 但無論如何在一種系統範圍之內, 只有一種必然, 只能有一種必然。 從命題方念着想——一系統總可以當作一大堆相關聯的命題看待——如果一系統所要保留的都是那一系統的必然的命題,則那一系統是一邏輯系統。 此處說"要保留"而不說"保留"者,因爲邏輯系統所保留者在事實上,至少在事實上,或者還沒有做到都是必然命題的地步。

b.邏輯系統有淘汰的標準, 淘汰的工具, 與所要淘汰的情形。這所要淘汰的情形就是以上所說的矛盾的情形。 從命題方面說,所要淘汰的是矛盾的"命題"。

c.保留與淘汰可以說是同時並進。 既云並進,就表示有推行的工具。 邏輯系統的推行的工具有所謂"蘊涵",有 "同" 有 "等" 有"代替"。　這些工具也可以說是與系統爲相對的。　"同"與"等"或者有超過一特殊系統範圍之外的意義，這一點我們現在不必討論。　現在所要注意的就是邏輯系統所要保留的旣是必然的命題，推行的工具就是把各種形式不同的必然的命題保留起來，加以組織，使它們成一系統。

　　以後關於必然，關於矛盾，關於蘊涵等等都要分別討論，此處不贅。　邏輯的特點旣如以上所述，也就免不了有牽連出來的情形。　照以上所說，邏輯系統的特點就是"必然"，而此"必然"的形式問題與實質問題有應特別注意的情形，我們似應分別討論如下。

　　4.必然之形式。　此處"形式"二字的意義與普通的不同，它們所指的是我們用以表示必然的工具的形式。　此處說"必然之形式"而不說"必然的形式"者是因爲我們所要提出的是"Form of Tautology"而不是"Tautological form"，必然之形式是相對的。　以上我們曾經說過我們假設必然的表示是相對的。　那時候我們沒有把形式與實質分別討論。　現在我們要分別討論，分別之後，我們所要表示的是必然之形式是相對的。

　　a.照以上所述二分法的系統把可能分爲二類，三分法的系統把可能分爲三類，"n"分法的系統把可能分爲"n"類。　承認二分法系統中兩可能的命題爲二分法系統中的必然命題，承認三分法系統中的三可能的命題爲三分法系統中的必然命題，承認"n"分法系統中的"n"可能的命題爲"n"分法系統中的必然命題。　這些不同系統中的必然命題都不同。　事實上現在有三分法的系統。

　　b.每一系統有它的基本概念與基本命題,那也就是說,每一系統有它的出發點。　每一系統的出發點是否為必然的出發點呢?　必然不是原子,不是運算,也不是一種簡單的關係;如果它是關係的時候,它是根據系統所認為合法的聯合方法而組織起來的複雜關係。　那麼,基本概念無所謂必然。　基本命題是否是必然的命題?　這問題不容易得一答案。　但我們可以假設一系統的基本命題也都是那一系統的必然命題,進一步問那一系統的出發點是否也就因此成為必然的出發點。　還是不能。　出發點的形式不僅靠基本命題,也靠基本概念。　而基本概念無所謂必然。

　　c.現在的問題是基本概念是一系統範圍之內的思想呢,還是一系統範圍之外的思想呢?　我們可以把基本概念當作解釋系統的思想,如果它們是解釋系統的思想,它們可以是系統範圍之外的思想。　但我們也可以把它們當作一系統的原質,如果它們是系統的原質,它們也就是系統範圍之內的思想。　至少從 P. M. 的系統看來,後說近似。　但無論如何,即令所有的基本命題都是一系統的必然命題,即令必然命題之所以為必然與基本概念無涉, 而所以表示那一必然的工具仍是靠基本概念。　基本概念既無所謂必然,表示必然命題的工具(——此處的工具不是符號——)也就不是必然的。　那就是說必然之形式是相對的。

　　以上(a)條所說的或者是偶然的情形,我們不能以之為以上結論的前提。　但如果(b)(c)兩條的話靠得住,則即令把事實上所有的系統都連絡起來成一整個的系統,而那一整個的系統的形式仍不是必然的形式。　無論一必然之系統是否同時就是一必然的系統，我們至少總可以說一系統的形式不是必然的。

5.**必然之實質**。　上面所說的形式是表現的形式，此處的實質是形式所表現的實質。　形式與實質兩字，或者容易發生誤會。　我們可以利用 C. Peirce 的字眼，說上面的形式是 "Token"，此處的實質是 "Type"。　如果美金一元是一個 "Type"，在我的經驗中，這個 "Type" 至少就有兩個 "Token"，一為 "美金一元" 的錢票，一為 "美金一元" 的銀元。　利用比方總不免有毛病，但如果利用比方可以間接地使我們領會到此處形式與實質的分別，我們也就不必十分注意到流弊。

必然之實質與必然之形式問題不同。　以下諸點似應特別注意：

a.**必然之形式雖不必然，而必然之實質是必然。**　這命題的後面這一部分就等於表示同一律。　同一律既不能否認，從這一方面着想，**必然之實質不能不是必然。**　我們要注意，在文字上，"必然之形式" 與 "必然之實質" 雖有同樣的形式，而前者不等於 "必然形式"，後者等於 "必然實質"。　那就是說無論必然之形式如何，必然之實質則一。　因其有此實質，所以不同的邏輯系統都是邏輯系統；也因其有此實質，所以也有以下應特別注意的情形。

b.**無論必然的形式如何，一必然命題總是普遍的。**　這裏的普遍，與自然律及其他真的普遍命題的普遍不同。　後一種命題是可以假而適無往而不真的普遍命題，必然的命題根本就不能假。　因其不能假，其所以真者也與其他命題的真不同。　它不形容事實，而範疇事實，事實無論如何的變，總逃不出一必然命題的圈子。　一邏輯系統既為必然之系統,則無論事實如何,它總可以引用。

c. 必然命題,不僅能普遍地引用於任何事實,而且也是推論的普遍公式。 這一層似乎是近代新邏輯學的發現。 此處的推論不是歸納方面由相當証據而得到相當結果的推論, 它是由前提而得到結論的推論。 這一種推論都有它們的普遍公式,而各種不同的推論公式,在一邏輯系統範圍之內,都可以用必然命題表示之。 所謂邏輯系統者無非是把各種不同的推論公式條理之,組織之,定其系統方面之先後,而以必然命題表示之。 旣然如此, 一邏輯系統不僅能普遍地引用於事實,而且也是一普遍的對與不對的標準。

d. 照以上第(3)條的說法,邏輯系統所保留者旣爲必然命題,而所淘汰者旣爲矛盾,則有許許多多的命題,旣不是一邏輯系統所要保留,也不是一邏輯系統所要淘汰。 這些命題可以說旣不在一邏輯系統範圍之外,也不在一邏輯系統範圍之內。 承認與否認它們的標準不是邏輯,而是觀察,實驗,試驗等等。 各種科學中的命題都在這個範圍之內。 但這些命題的關係雖不必爲必然, 而不能爲矛盾。 若爲矛盾則必爲邏輯所淘汰。 一命題與眞命題一致者雖不必眞,而與眞命題不對者必假;邏輯旣爲普遍的對與不對的標準,當然也是一範疇各種科學的普遍工具。

e. 本條所說的話, 都是從必然之實質方面着想而不是從必然之形式方面着想, 是從邏輯系統的實質方面着想而不是從邏輯系統的形式方面着想。 每一邏輯系統都是邏輯之所能有的一種形式,所以每一邏輯系統都代表邏輯,可是邏輯不必爲任何一系統所代表。 邏輯系統是一種形式，雖然是必然之系統，而本身不是必然的。　邏輯的實質就是必然，必然旣不能不是必然，邏輯也不能沒有它的實質。　我們在本條所注意的旣然爲實質，所談的問題就是邏輯；但以下又回到邏輯系統的問題，所以在下節我們還要談邏輯系統。

C.邏輯系統的幹部。

1.自足的系統與不自足的系統。　自足的意思是無求於外，不自足的意思是有求於外。　邏輯系統有自足與不自足的分別。　茲先以一不自足的演繹系統表示不自足的情形，然後提出自足的要求與達到此要求的辦法。

　　a.幾何系統是一不自足的系統。　它利用 "同一" 的思想，利用 "所以" 的思想，似乎也利用 "不可能" 的思想；可是它本身沒有解釋這種思想。　它假設在它範圍之外，有邏輯隨時可以供給它所用的一部分的原則。　我們當然可以說幾何系統不是邏輯系統，它可以利用一比較根本而同時比較更普遍的邏輯系統爲它的基礎。　但不僅幾何系統有此情形，即布爾(George Boole)的邏輯系統也有此情形。　可見有時邏輯系統也是不自足的系統。

　　b.現在的邏輯系統大都是自足的系統，而自足的情形恰與以上所說的相反。　系統內所引用的思想均爲系統本身所供給。　欲達到此目的，一系統不但要把它的幹部的特別情形所應有的思想包括在內，而且要把那一系統所引用的思想都包括在內。　自足的邏輯系統可以使我們說如果我們承認它，引用它，我們不必正式地利用那一系統範圍之外任何學問，任何科學，任何其它的系統所有的材料。　這在從前似乎是不容易辦到的事體,而現在似乎辦到。

　　c.達到此目的的辦法似乎是兩層。　一方面以基本命題爲系統的大前提,另一方面又以之爲推論的公式。　這樣一來,大前提固在系統範圍之內,推論的公式也在系統範圍之內。　以幹部爲前提,支部的命題都是結論,以幹部爲推論的公式,則由前提到結論的歷程不過是一部分幹部的引用而已。　P. M. 的辦法卽是如此。　基本命題之中以普通語言表示的命題似均爲推論的公式。　旣然如此,不僅"如果……則",卽"所以"亦在系統範圍之中。　這就是所謂自足的系統。

　　爲使系統自足起見,基本概念的選擇不能不愼,而基本命題也要夠以上所說的兩方面的用處。　但這不過是系統方面的問題,那就是說是表示方面的問題。　所表示的實質仍在保留必然與淘汰矛盾。　此目的之達到與否,達到的方法如何,方法之便利與否,均爲表示問題,均爲系統問題。　以下對於基本思想與基本命題的討論,均可以視爲保留必然,淘汰矛盾的工具或方式的討論。

　　2.基本概念基本命題等等。

　　關於基本概念與基本命題等等的問題,本部第三章從長討論。

II　界說方面的種種

A. 可能的可能，“同一” 的意義。　以前曾經說過邏輯系統可以說是可能的分類。　最初就有可能的可能問題。　可能的可能或者有別的條件，但無論可能分爲多少，每一個可能總要是那一個可能才行。　如果一個可能可以不是那一個可能，至少說話無意義，而可能就不能成其爲可能。　卽以說話的可能而論，如果一個字可以不是那一個字，一句話可以不是那一句話，則語言文字不但無意義而且不能有意義。　意義的條件不少，但至少有一條件爲大家所承認的，此卽普通所稱爲同一律中的 “同一” 思想。

1. 意義的條件。　在此處我們順便說幾句關於 “律” 的話，然後表示“同一” 是能否有意義的條件，最後因 “同一” 有此職責，提出 “同一” 的說法問題。

　　a. “律” 字的意義有二，一爲 “Jus”，一爲 “Lex”；若以這兩意義爲標準，普遍所謂思想律者不是律。　有些人的 “思想” 似乎不遵守思想律。　有理性的思想的確遵守思想律；但有理性的思想，就是遵守思想律的思想；其結果是遵守思想律的思想，遵守思想律。　思想 “律” 的 “律” 與其他的律大不相同，爲免除誤會起見，最好是把思想律這名稱根本取消。　以後談到 “必然” 的時候還要提到此問題，此處從略。

　　b. 設有以下命題——“這張棹子是四方的”——這命題之所以能成爲一命題者，有它的不可缺少的條件。　不滿足此條件，一命題根本就不能成立。　此不可缺乏的條件卽 “棹子” 一定要是 “棹子”，“四方”

一定要是"四方"。　如果"棹子"可以不是"棹子"，"四方"可以不是"四方"，則"這張棹子是四方的"，不能有意義。　任何人稍微想一想卽知道這個道理。　如果"棹子"可以不是"棹子"，則指出任何一具體的東西說它是"棹子"等於以無量數中的任何一名稱去形容那個具體的東西。　在這種情形之下我們說"這是棹子"的時候，我們不過發出多少聲音或者畫了幾個樣式，我們根本沒有說話，也沒有利用文字表示一個命題來。　"四方"也是一樣，其他名稱亦莫不皆然。　否定命題亦然。　在"這張棹子不是四方的"這命題裏，棹子固然一定要是"棹子"，四方固然一定要是"四方"，而"不是"也一定要是"不是"。

c.意義條件的同一是完全的同一，絕對的同一，否則它不能盡它爲意義條件的責任。　"同一"思想可以有另外的職務，但在此處可以不必提及。　同一既是完全的同一，絕對的同一，則普通說法頗有問題發生。　普通的說法有二，一是"一件東西與它本身相同"，一是"甲是甲"。　前一說法把名稱方面能有意義與否的條件當作形容事實的命題。　這個根本說不通。　在時點——空點，這個命題是真的，但在時間——空間，因爲"天下無不變的是事體"是真的，這個命題是假的。後一說法也有毛病，一方面常常發生某甲是某甲的問題，另一方面又發生無論何時何地一件東西是否是甲的問題。　若有這兩方面的誤會，同一思想就說不通了。　比較說得通的辦法是把具體的東西與名稱完全分開。　如果以 x 代表具體的東西，我們可以用"如果——則"式的命題表示"同一"的思想，說"如果 x 是甲，x 就是甲"。　這樣的說法對於 x 那個具體的東西沒有肯定的主張；x 那個具體的東西可以是甲也

可以不是甲,可以在一時是甲,在另一時不是甲,在一地是甲,在另一地
不是甲。　但對於甲有主張,那就是說甲總是甲。

　　2.“同一”的證明問題。　學過邏輯的人或者要提出“同一”的證明
問題。　所謂證明者可以從兩方面說,一方面是形式的證明,另一方面
是實質的証明(此處實質兩字與以前實質兩字的意義不同此處表示事
實)。　前一方面稱為證明,後一方面稱為證實。　先討論證明問題。

　　　　a.證明是不能離開系統的問題,所以談到證明,就談到一特殊系
統。　在一特殊系統範圍之內,同一原則是可以證明的。　P. M. 的基
本概念中沒有“同一”的思想,基本命題中也沒有“同一”的原則;但
“同一原則”與所謂“同一律”者在 P. M. 均是推論出來的命題,那就是
說它們都是得到證明的命題。　其所以有如此情形者理由如下;

　　　　(一)照現在的邏輯系統看來,只有基本概念是不給它們下定
義的思想,亦只有基本命題是不給它們證明的命題。　其它概念都有定
義,其它命題都有證明。　事實上辦到與否是另一問題。

　　　　(二)一系統的基本概念與基本命題的選擇根據於簡單便利等
等問題或標準,而沒有那一系統範圍之外的根本與不根本的問題發生。
在一系統範圍之內的根本思想,在另一系統不必是根本的思想。

　　　　(三)一系統範圍之內有那一系統的特殊先後問題。　照二條
所說,“同一”概念不必是一系統的最先的思想,“同一”原則也不必是
一系統的最先命題。

　　　　(四)旣然如此,如果一特殊系統的基本思想或命題是相當的
或得當的,或能盡職的,而“同一”概念不是那一系統的基本概念,或

"同一"原則不是那一系統的基本命題,則照那一系統的證明方式,"同一"概念當然是可以下定義的,而"同一"原則當然是可以證明的。

b.習於傳統邏輯學的人,或者習於哲學的人,不免要說"同一律"非常之根本。　無論你說一句甚麼話,那一句話就蘊涵 "同一律"。形式方面的證明不能離開命題。　引用任何的命題來證明同一律等於 "先" 承認同一律而 "後" 再證明 "同一律"。　這個意見,作者從前也相信,現在想想似乎問題全在 "先" "後" 兩字。　普通先後兩字有時間方面的先後與邏輯方面的先後兩意義。　我們現在所要注意的當然僅是邏輯方面的先後,而邏輯方面的先後也有兩個不同的意義。

(一)憲法有成文與不成文的分別。　這種字眼雖然容易發生誤會,可是為求達意起見,我們似乎可以借用。　邏輯方面的先後也有成文與不成文的分別。　所謂成文的先後者是一系統內以語言文字或符號表示的命題的先後;所謂不成文的先後者是一系統內所有的命題彼此所能有而未以文字或符號表示的涵義。　在一系統範圍之內只有成文的先後是那一系統所能承認的先後。　為甚麼呢?　如果我們有一個理想的演繹系統,這個系統有一萬個命題。　這個系統旣是理想的,一定是百分的嚴格,旣然是百分的嚴格,則從命題的不成文的涵義方面着想,說了頭幾個命題的時候,已經說上了一萬個命題。　如果在這個理想的系統範圍之內我們承認不成文的先後,則第一萬個命題反可以說在頭幾個命題之先,因為頭幾個命題之涵義中已經有第一萬個命題在內。　由此可見在任何一系統範圍之內,只有成文的先後是那一系統所能承認的先後。

（二）旣有以上的道理，則在一系統之內，"同一"原則的證明問題根本就不會有能不能證明的問題。　如果同一思想是一系統中基本概念之一，我們不給它下定義；如果同一原則是一系統中基本命題之一，我們不給它証明。　如果同一原則發現於一系統內推論出來的命題之中，則在那一系統範圍之內，它已經有證明。　如果旣不是一系統的基本命題之一，也不在推論出來的命題之中，則那一系統，如果視爲自足的邏輯系統，恐怕就有毛病。

3.證實問題。　如果我們所求者是同一原則的證實問題，而所謂證實者是舉事列物求與"同一"原則相符的事實，則我們根本談不到證實。　其所以有如此情形者理由如下。

a."同一"原則根本不能形容具體的事物的狀態。　我國的成語說"天下無不變的事體"。　從性質方面說，事物在百年之內可變，在一年之內我們不能必其不變，旣然如此，在一月，一日，一時，一秒鐘之內，我們也不能必其不變。　至多我們只能說在相當情形之下我們不能經驗事物的變遷。　但事物的變遷有我們所能經驗的，有我們所不能經驗的，有我們已經經驗的，有我們未曾經驗的。　我們未曾經驗一事物之變，不是說那一事物沒有變；我們不能經驗一事物之變，不是說那一事物不能變。　總而言之，在有量時間事物總可以變，旣可以變，則引用同一原則以形容有量時間的事物，所得到的或者是一個假命題，或者是一命題函量，有時假，有時眞。　無論如何，所得到的不是普遍的原則。

b.從關係方面着想，我們更可以說事物無時不變。　具體的事物普通大都認爲是佔時空的事物。　別的關係可以不提，時空的關係總是在那裏變。　空間關係之變與不變完全要看環境的大小範圍如何。　若以天文學所研究的對象爲環境，則我們房子裏東西的空間關係無時不變。　至於具體東西的時間上的關係當然是老在那裏變。　總而言之，具體的東西，無論從性質方面或從關係方面着想，總不能保其不變。旣然如此，同一原則根本不能形容具體的事物。

c. 如果我們把時間縮小到時點，縮小到不存在或不能經驗的時點，我們或者可以意想得到一具體的事物在"時點"完全與它自己相同。可是我們要記得，這種"時點"的存在就發生問題。　卽令把"存在"兩字的意義改變，使我們能說這種"時點"存在，而我們仍然不能經驗它。　我們旣不能經驗"時點"，當然也就不能經驗在"時點"的具體的事物。　總而言之，一個東西在時點上或者可以說與它自己完全相同，絕對相同，但是我們旣不能經驗此情形，根本沒有證實的問題。　如果證實的問題有意義，則具體的東西一定是在時間的東西，而在時間的東西，我們不能保其不變，旣不能保其不變，就不能談同一。

以上三點，都表示"同一"原則不是形容事物的原則，根本沒有證實的問題。

4. 同一原則的眞假與有用或無用的問題。　上面所說的是同一原則無所謂證實問題；它不必要有這種證實才能成立，反過來說它也不因爲沒有證實就不能成立。　現在有人提出同一的原則的眞假問題與它有用或無用的問題。　玆先提出眞假問題，次提出有用與否的問題。此兩問題的答案可以總結以上關於同一的討論。

a. 眞假有兩方面，一方面是不必眞的眞，不必假的假，另一方面是必真的真，必假的假。　普通命題的真是不必真的真，假也是不必假的假；同一原則是邏輯命題，是以下所要解析的必然命題；它的真是必真的真，不是不必真而適真的真。

(一)以上曾經說過，同一原則不是表示一件事實的命題，不是形容事物的命題。　既然如此，引用天演變化以之爲對於同一原則的批評根本就不相干。

(二)同一原則無往而不真。　它是本章 B 節所討論的必然命題。　必然命題對於事實毫無斷定，對於可能莫不分別地承認。　它根本不能假，關於這一點，下節當詳言之。　這裏我們僅斷定"如果 x 是甲，則 x 是甲"是一不能假的命題，而不能假的理由與其它必然命題之不能假的理由一樣。

(三)同一原則既是必真的命題，它沒有普通所謂真假的問題。　其所以發生普通所謂真假問題者，因爲有些人誤認它爲斷定事實或形容事物的普遍命題。　承認這裏第一條的理由，則同一原則不因其不表示事實而爲假；承認第二條的理由，則它沒有普通的真假問題。

b. 有人說"同一"原則無用。　所謂無用者是說此原則既不能形容具體的東西，則與"科學"不相干，於知識毫無用處。　用與無用是根據於一種要求才能說的。　沒有一種普遍的有用或無用的東西或思想或原則。　如果我們的要求是收復東北四省，至少我們可以說同一原則沒有直接的用處。　可是如果我們的要求是說話要有意義，則"同一"原則是不能缺少的。　如果知識須用命題表示，則同一原則也是不可少的。　如果科學是條理化的知識，而它的表現又是一組有系統的命題，則同一原則又是不可缺少的。　既沒有普遍的有用或無用的東西或思想，則有用無用的命題，似乎要看對於甚麽樣的要求，才能有意義。

B. **必然的解釋。**　在未討論必然之前，我們可以提出一青年所難免發生的問題。　作者在十幾年前與同學清談時，就不免表示對於算學家有十分的景仰。　尤其使他五體投地的就是算學家可以坐在書房寫公式，不必求合於自然界而自然界卻毫不反抗地自動地承受算學公式。這問題在許多讀者們中或者根本沒有發生過，或者發生過而自己有相當的解釋，亦未可知。　作者對於此問題，以算學素非所習，所以談不到解釋的方式。　近年經奧人維特根斯坦與英人袁夢西的分析才知道純粹算學，至少他們所稱爲"純粹算學"的算學，或邏輯學，有一種特別的情形。　此情形即爲以上所稱爲邏輯的必然，或窮盡可能的必然。　對於這種必然我們可以分以下三層討論。

同時，排中律就是一最簡單而又最顯而易見的必然命題，此處討論必然命題，間接地也就是在那裏討論排中律。

1. 要知道此種必然的性質，我們最好先談二分法。　設以 X 代表任何東西或事體或事實或思想，如果我們引用二分法，即有 X 與非 X 的正反的分別。

a. 如果 X 代表類稱，　引用二分法後即有正反兩種類稱，那就是，X 與 $\overline{X}$（非X）。

這種正反兩分別的變類要看原來的類稱數目多少。　有 $\overline{X}$ 與 Y 兩類，引用二分法後，就有四種不同的類稱。　如果以 $\overline{X}$ 代表非 X 類，$\overline{Y}$ 代表非 Y 類，這四種類稱如下：

$$X\ Y,\quad X\ \bar{Y}'$$

$$\bar{X}\ Y'\quad \bar{X}\ \bar{Y},$$

如果我們有 X Y Z 三類稱,引用二分法後,就有以下八類:

$$X\ Y\ Z,\quad \bar{X}\ Y\ Z,\quad X\ \bar{Y}\ Z,$$

$$X\ Y\ \bar{Z},\quad \bar{X}\ \bar{Y}\ Z,\quad X\ \bar{Y}\ \bar{Z},$$

$$\bar{X}\ Y\ \bar{Z},\quad \bar{X}\ \bar{Y}\ \bar{Z}。$$

由此我們可以看出如果我們以 2 表示正與反兩分別, n 代表原來類稱數目,引用二分法後,所能有的類稱的總數爲 2^n。

　　b. 以上是以二分法引用於類稱,可是當然不必限制到類稱方面。現在研究邏輯的人似乎都覺得命題比類稱還要根本。　這一層在此處不必討論。　我們所注意的是二分法之引用於命題方面與用之於類稱方面是一樣的。　命題也可以有正與反。　普通以正爲眞以反爲假,我們可以照辦。　可是我們不要把眞假看得太呆板,我們現在只認它們爲正與反兩絕對分別中之一種解釋而已。

　　如果我們有一個命題 p,引用眞假二分法後,就有以下眞假兩可能。

$$p,\quad \bar{P}。$$

如果有兩個命題 p 與 q 引用二分法後,就有以下四可能:

$$p\ q,\quad p\ \bar{q},$$

$$\bar{p}\ q,\quad \bar{p}\ \bar{q}。$$

如果有三個命題 p, q 與 r,引用二分法後,就有以下八個可能:

$$p\ q\ r,\quad \bar{p}\ q\ r,\quad p\ \bar{q}\ r,$$

$$p\, q\, \bar{r}, \quad \bar{p}\, \bar{q}\, r \quad p\, \bar{q}\, \bar{r},$$
$$\bar{p}\, q\, \bar{r}, \quad \bar{p}\, q\, \bar{r}。$$

這種可能我們稱爲眞假可能。 它的數目爲 2^n，與類稱方面的正反可能一樣。

2. 類稱方面的正反可能有正反可能的函數，命題方面的眞假可能有眞假可能的函數。 我們從最簡單的例着手。

a. 一個命題 p，引用二分法後，有眞假兩可能，我們最好用以下方式表示這兩個可能：

P	
1.	眞
2.	假

可是對於這兩個可能，我們從承認與否認方面着想，可以有四種不同的態度，或者說有四種眞假可能的函數。 這四種不同的態度，可以表示如下：

	1.	2.
a,	眞	眞
b,	眞	假
c,	假	眞
d,	假	假

以上"1"與"2"代表一命題的眞假兩可能,"a""b""c""d"代表四種不同的態度,或眞假可能的函數。 原來的眞假兩可能是兩個命題一個說 P 是眞的一個說 p 是假的。 a b c d 四個不同的態度是四個不同的命題如下:

a.——「"P 是眞的"是眞的或"P 是假的"是眞的。」

b.——「"P 是眞的"是眞的而"P 是假的"是假的。」

c.——「"P 是眞的"是假的而"P 是假的"是眞的。」

d.——「"P 是眞的"是假的"P 是假的"也是假的。」

以上四命題中,"b"與"c"可以不必提出討論,因爲它們只承認眞假兩可能中之一可能。 "b"命題不過是說"P 是眞的",因"P 是假的是假的"等於 P 是眞的"。 "c"命題不過是說"P"是假的",因"P 是眞的是假的"等於"P 是假的"。

b."a"與"d"兩命題有特別的情形。 "d"命題對於原來的兩可能均不承認。 原來的眞假兩可能一方面彼此不相容,另一方面彼此窮盡;事實上的情形無論若何的複雜不能逃出二者範圍之外。 換句話說,所有的可能都包括在原來兩可能之中。 若將所有的可能均否認之是不可能。 "d"命題既否認所有的可能,是一不可能的命題,那就是說是一矛盾。

"a"命題與"d"命題的情形恰恰相反。 "a"命題把原來任何可能都承認了。 "d"命題不能是眞的,而"a"命題則不能是假的。 這兩個命題的眞假與尋常命題的眞假不同。 尋常命題或者是眞的或者是假的而這兩個命題中一個不能不假,一個不能不眞。

　　我們要記得 "a" 命題說「"P 是眞的" 是眞的或者 "P 是假的"
是眞的。」

這不過是說 "P 是眞的或者 p 是假的"。 我們可以用一個很尋常的命
題來試試。 假如我們說 "這個東西或者是棹子或者不是棹子",這句
話無論如何是不會錯的。 所謂 "這個東西" 者旣可以是棹子,而不是
其它的東西,但也可以是人,或者是椅子,或者是米,或者是西瓜……等
等。 可是無論它是什麼,它都可以容納到 "是棹子或者不是棹子" 的
範圍之內。 照此看來 "a" 命題無往而不眞, 我們不能否認它, 因爲在
引用二分法條件之下它承認所有的可能。

　　同時我們也要注意 "a" 命題這樣的命題對於具體的事實或自然
界的情形根本就沒有一句肯定的話。 這種命題旣不限制到一個可能
而承認所有的可能,在無論甚麼情形之下,它都可以引用。 這就是承
認所有可能的 "必然" 命題。

　　c. 以上不過是就一個命題而說的話,如果有 p. q 兩命題,原則
一樣,不過眞假可能加多而已。 p 與 q 兩命題的眞假可能有四個如
下:

p q,　p q̄,

p̄ q,　p̄ q̄。

而這四個眞假可能的函數則有十六個。 那就是說,我們對於這四個可
能可以有十六個不同的命題表示十六個不同的態度。 此十六個命題
之中有一個不可能的命題, 有一個必然的命題。 前者否認所有的可
能,後者承認任何可能。

如果我們有三個命題如 p，q，r，我們有八個眞假可能，有二百五十六個眞假可能的函數。　那就是說，我們可以有二百五十六個命題，表示對於這八個可能有二百五十六個不同的態度。　這些命題之中有一個否認所有的可能，所以是矛盾的命題；有一個承認任何可能，所以是必然的命題。

3. 凡從以上所討論的必然的命題所推論出來的命題都是必然的命題。　這句話容易說，而不容易表示，更不容易證明。　現在姑就容易着手的一方面，表示邏輯的基本命題是方才所說的這一種必然的命題。邏輯與算學或者是已經打成一片，或者是可以打成一片，或者是根本不能打成一片；但無論如何，在 P.M. 的定義範圍之內它們是已經打成一片。　這部書的基本命題也就是它的邏輯與算學的前提。　我們可以看看這些基本命題是否是必然的命題。

P.M. 第一章（在1910版中）有六個基本概念，一個定義，十個基本命題。　基本命題之中，有五個是用符號表示的，有五個是用普通言語表示的。　後者之中有兩個是推論的規律。　以語言表示的基本命題應否視爲此系統的基本部分，頗發生疑問。　無論如何本文可以不去管它們。　我們在此處僅表示所有以符號表示的五個基本命題都是必然的命題。

1.01　p⊃q・=・~p∨q　Df.

這是定義。　我們要利用這個定義，去表示以下五個基本命題都是必然的命題。　我們要知這：

$$\sim p\lor q=\sim p\sim q\lor\sim p\ q\lor p\ q$$

以上 "～" 代表 "非" 或 "反"，"∨" 代表 "或者"。

1·2　⊢ : p∨p · ⊃ · p　Pp. (Pp 表示是基本命題)

這是第一個以符號表示的基本命題。　照以上的定義它可以變成以下的形式：

$$=\sim (p \lor p) \lor p$$

$$=\sim p \sim p \lor p$$

$$=\sim p \lor p$$

這個命題說 "p 或者是假的或者是眞的"。　一個命題 p 只有這兩個可能，若此兩可能之中任何一可能均爲此基本命題所承認，它一定是必然的命題。

1·3　⊢ : q · ⊃ · p∨q　　　Pp.

照以上的基本定義，這命題可以變成以下諸形式：

$$=\sim q \cdot \lor \cdot (p \lor q)$$

$$=\sim q \cdot \lor : (pq \cdot \lor \cdot p \sim q \cdot \lor \cdot \sim pq)$$

$$=p \sim q \cdot \lor \cdot \sim p \sim q \cdot \lor \cdot pq \cdot \lor \cdot p \sim q \cdot \lor \cdot \sim pq$$

$$=p \sim q \cdot \lor \cdot \sim p \sim q \cdot \lor \cdot pq \cdot \lor \cdot \sim pq$$

1·4　⊢ : p∨q · ⊃ · q∨p　　　Pp.

$$=\sim (p \lor q) \cdot \lor \cdot q \lor p$$

$$=\sim p \sim q \cdot \lor \cdot pq \cdot \lor \sim pq \cdot \lor \cdot p \sim q$$

p 與 q 兩命題的眞假可能可用下圖表示：

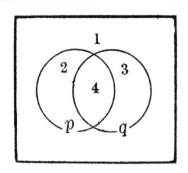

$$1 = \sim p \sim q \qquad 2 = p \sim q$$
$$3 = \sim pq \qquad 4 = pq$$

以上 $1 \cdot 3$ 與 $1 \cdot 4$ 兩基本命題把 p 與 q 所有的真假可能中的任何可能均承認之,所以它們都是以上所討論的必然命題。

$1 \cdot 5 \quad \vdash : \quad p \lor (q \lor r) \cdot \supset \cdot q \lor (p \lor r)$

　　根據同樣的辦法,這一個命題可以有以下的形式上的變化:

$$= \sim [p \lor (q \lor r)] \cdot \lor \cdot [q \lor (p \lor r)]$$

$$= \sim [p \cdot \lor \cdot (q \sim r \cdot \lor \cdot qr \cdot \lor \cdot \sim qr)] \cdot \lor \cdot [q \cdot \lor \cdot$$
$$(p \sim r \cdot \lor \cdot pr \cdot \lor \cdot \sim pr)]$$

$$= \sim p \sim q \sim r \cdot \lor \cdot [q \cdot \lor \cdot (p \sim r \cdot \lor \cdot pr \cdot \lor \cdot \sim pr)]$$

$$= \sim p \sim q \sim r \cdot \lor \cdot \sim pq \sim r \cdot \lor \cdot pq \sim r \cdot \lor \cdot pqr \cdot \lor \cdot \sim pqr$$
$$\cdot \lor \cdot p \sim q \sim r \cdot \lor \cdot p \sim qr \cdot \lor \cdot \sim p \sim qr$$

$1 \cdot 6 \quad \vdash : \quad q \supset r \cdot \supset : p \lor q \cdot \supset \cdot p \lor r$

　　我們可以先把以上命題分成兩部,用同樣的辦法改變它的形式。

$$q \supset r \cdot = \cdot \sim q \lor r$$

$$= \sim q \sim r \cdot \lor \cdot \sim qr \cdot \lor \cdot qr$$

而 $p \lor q \cdot \supset \cdot p \lor r = \sim(p \lor q) \cdot \lor \cdot (p \lor r)$

$$= \sim p \sim q \cdot \lor \cdot (p \sim r \cdot \lor \cdot pr \cdot \lor \cdot \sim pr)$$

所以整個的命題是

$\sim[\sim q \sim r \cdot \lor \cdot \sim qr \cdot \lor \cdot qr] \cdot \lor \cdot [\sim p \sim q \cdot \lor \cdot (p \sim r$

$\lor \cdot pr \cdot \lor \cdot \sim pr)]$

$= q \sim r \cdot \lor \cdot [\sim p \sim q \sim r \cdot \lor \cdot \sim p \sim qr \cdot \lor \cdot p \sim q \sim r \cdot \lor \cdot pq \sim r$

$\cdot \lor \cdot p \sim qr \cdot \lor \cdot pqr \cdot \lor \cdot \sim pqr]$

可是 $q \sim r$ 對於 p 有兩個可能；$pq \sim r$ 與 $\sim pq \sim r$，所以以上又

$= pq \sim r \cdot \lor \cdot \sim pq \sim r \cdot \lor \cdot \sim p \sim q \sim r \cdot \lor \cdot \sim p \sim qr \cdot \lor \cdot p \sim q \sim$

$r \cdot \lor \cdot pq \sim r \cdot \lor \cdot p \sim qr \cdot \lor \cdot pqr \cdot \lor \cdot \sim pqr$

此中 $pq \sim r$ 重複，但毫無妨礙。

　　p, q, r 三命題的眞假可能共有八個，茲以圖表示如下：

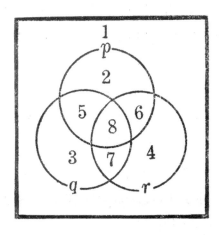

$\mathbf{1} = \sim p \sim q \sim r$ 　　　$\mathbf{2} = p \sim q \sim r$

$$3 = \sim pq \sim r \qquad 4 = \sim p \sim qr$$
$$5 = pq \sim r \qquad 6 = p \sim qr$$
$$7 = \sim pqr \qquad 8 = pqr$$

以上 1·5 與 1·6 兩基本命題把 p, q, r 所有的眞假可能中的任何可能均承認之,所以它們也是以上所討論的必然命題。

P. M. 的十個基本命題中,五個以語言表示的都沒有"├"符號。 有這個符號,表示這部書的作者肯定的說這些命題是眞的。 照以上的分析,這五個以符號表示的命題不但是眞而且都是必然的命題。

C. 邏輯的取捨。 上面所提出的是必然的性質。 我們費那麼大工夫去討論它,因爲它是邏輯系統所要表示的實質。 在本段我們要提出矛盾的性質,因爲它是邏輯系統之所要淘汰的。 但矛盾問題,我們在此處僅能討論一部分,另一部分是自相矛盾與廢話的問題,對於這問題,作者感覺麻煩,在本書不預備提出。 所以本段所注意的僅爲矛盾的性質及說法,表示它爲邏輯之所捨,而非邏輯之所取。 因爲在此處注重邏輯的取捨,我們借這個機會討論所謂"思想律"者在邏輯與邏輯系統的位置。

1. 矛盾的性質。

a. 在上段討論必然時,已經說明引用二分法於一命題我們有眞假兩可能,而對於這兩個可能,我們可以有四個眞假函數。 這四個之中,有一個是必然的命題,有一個是矛盾的命題。 在上段我們所討論的是第(一)命題,它是一個必然的命題。 在本段我們要討論第(四)命題。 它是矛盾的命題,旣然是矛盾,它是命題與否頗有問題,但現在我們可以不管。

b. 為什麼說它是矛盾命題呢？　這個命題說 p 是假的是假的，那就是說 p 是真的；而又說 p 是真的是假的，那就是說 p 是假的。　其結果這句話等於說 "p 既是真的又是假的"。　這樣的話普通認為是矛盾的命題，傳統邏輯給我們這種習慣，在此處我們不妨引用故有的名稱。矛盾的性質，因以上第（四）命題那樣說法，有使我們容易清楚明白的好處。　我們既引用二分法，就是把可能分為兩類。　事實無所逃於此兩可能之間，非此即彼，非彼即此，若將此兩可能均否認之是不可能。矛盾命題之所以為不可能的者在此。　若以以下命題為例：

　　甲，"這（指一個東西）是四方的"引用二分法後，就有以下命題。

　　乙，"這（指那一東西）不是四方的"。

事實上無論所指的東西是甚麼——是四方的也好，是長方的也好，是圓的也好……——這兩命題不能都是假的（廢話問題以後再談）。　如果我們兩可能均否認之，即否認二分法範圍之內所有的可能。　否認所有的可能當然是不可能，因為所有的可能都是不可能為一自相矛盾的命題。　如果所有的可能都是不可能是一可能則所否認的不是所有的可能；如果所否認的為所有的可能，則否認所有的可能不是一個可能。總而言之，矛盾之所以為不可能者，因為它否認所有的可能。

2. 矛盾律的說法與証明等問題。　"矛盾"這思想與 "同一" 一樣也有說法與証明兩問題。　我們可以利用這兩個問題表示矛盾之性質與它在系統內所具的形式。

a.矛盾所具的形式不一,茲以下列三說法爲例:

(一)一命題不能是眞的與不是眞的

(二) x 不能是 B 與非-B

(三) x 不能是 B 與不是 B

(一)第一個說法完全是以命題方面的眞假兩可能爲表示矛盾的工具。　這在以命題爲原子的邏輯系統範圍之內是直接的相干的表示,而在以類爲原子的邏輯系統範圍之內它雖仍表示矛盾、而無直接的用處。　可是我們不能說它在第二範圍之內,沒有直接的用處,就以爲我們不能利用它爲表示矛盾的工具。

(二)第二個說法是以類稱方面的正反兩可能爲表示矛盾的工具。　對於此說法我們可以加以注解說"B 與非 B"爲不可能的類,所以 x 不能是 B 與非 B。　這個說法雖然與上的一樣表示矛盾,可是它在以類爲原子的系統裏它的用處比第一說法爲直接。　這裏有"非 B"的範圍問題,但在此處我們不提出討論,因這個問題,牽扯到整個的 "非" 的問題。

(三)第三個說法可以說是以類表示矛盾, 也可以說是以命題表示矛盾。　在以類爲原子的系統裏,它有直接的用處,在以命題爲原子的系統裏,它也有直接的用處。　若把類的系統與命題的系統連合起來成一系統,我們有系統範圍之外的理由使我們先推演命題的系統,後推演類的系統。　果若如此則由 (一) 可以得 (三),由 (三) 可以得 (二)。　如果我們有系統範圍之外的理由使我們先推演類的系統,後推演命題的系統,我們或者能由 (二) 得 (三) 由 (三) 得 (一)。

總而言之,矛盾的表示形式對於系統是相對的。 因一系統的原子不同,利用以爲表示矛盾的工具也可以不同。 不僅如此,矛盾的表示,對於二分法也是相對的; 如果我們利用三分法或 n 分法,則表示矛盾的方式與引用二分法的方式不同。

b. 矛盾律之証明問題。 討論"同一"思想或"同一"原則的時候我們所特別注意的是系統內成文的先後問題。 這個問題在証明"矛盾"原則一方面,似乎一樣的重要,不過在此處我們可以特別地注意系統範圍之內與系統範圍之外不一致的情形。 茲特舉以下三"証明"的例:

(一)設以下例命題表示矛盾之原則:

甲,"一命題不能是眞的與不是眞的"

乙,"一命題能是眞的與不是眞的"

(甲)(乙)兩命題的關係如何呢? 如果(乙)命題不否認(甲)命題,則無論(乙)命題能成立與否,(甲)命題不受影響。 如果(乙)命題否認(甲)命題,則(甲)(乙)之間必有一眞一假。 那就是說:

丙,"一命題不能是"是眞的與不是眞的"與不是"是眞的與不是眞的""

但(丙)命題等於說:

丁,"一命題不能是眞的與不是眞的"

(丁)命題就是(甲)命題。 所以如果(乙)命題否認(甲)命題,則承認(甲)命題,所以(甲)命題是不能否認的,旣不能否認,則必得承認。　但（甲）命題卽矛盾原則，所以矛盾原則因用反証法而得證明。

(二)設以下例命題表示矛盾原則

甲，$A\bar{A}=0$　（沒有或不能有 A 與非 A 類）

乙，$\bar{A}=(1-A)$（非 A 卽除 A 之外的所有一切）

丙，$A\bar{A}=A(1-A)$

丁，$A(1-A)=A-A^2$

戊，但 $A^2=A$（類與數不同的情形）

己，$A-A^2=A-A$

庚，$A-A=0$

辛，所以 $A\bar{A}=0$

(三)設以下例命題証明矛盾原則：

甲，$2\cdot33\vdash\cdot\sim(p\cdot\sim p)$

乙，証$\left[2\cdot10\dfrac{\sim p}{p}\right]\vdash\cdot\sim p\lor\sim(\sim p)$

丙，$[2\cdot31]\vdash:\sim p\lor\sim(\sim p)\cdot\supset\cdot\sim(p\cdot\sim p)$

丁，$[(1).(2).1\cdot1]\vdash\cdot\sim(p\cdot\sim p)$（以上見第三部）

c. 以上三個証明的例各有不同的情形。　第一例的特殊情形就是（乙）命題與（丙）命題之間的那一段推論。　那一段推論是承認矛盾原則以後才能成立的推論。　推論能成立，才能証明矛盾原則，推論不能成立，我們不能以那種方法証明矛盾原則。　推論之能成立與否要看我們承認矛盾原則與否。　結果是第一例的証明是承認矛盾原則後再去証明矛盾原則。　不僅如此，我們可以說它是直接引用矛盾原則去証明矛盾原則。

　　　第二例也可以說是承認矛盾原則後去証明矛盾原則，可是在形式上它沒有直接引用矛盾原則去証明矛盾原則。　在這裏我們所應特別注意的是在一大堆具有等號（＝）的公式中，我們可以用此以明彼，也可以用彼以明此。　我們所得到的是一部分思想的關聯或互相關係。如果我們把第二例的秩序變更，我們也可以利用 "A$\bar{\text{A}}$＝O" 去証明 "A^2＝A"。　這樣看來，究竟誰証明誰，要看秩序如何。　如果沒有一個特定的秩序，根本就談不到証明。

　　　第三例的情形一方面與第二例一樣，另一方面可不是一樣。　由前一方面說，我們表示 "排中" 原則，"或"（∨），"與"（·），"蘊涵"（⊃），及 "推論" 原則與矛盾原則的相互關係。　若無特殊秩序，我們可以用此以明彼，也可以用彼以明此。　這是與第二例一樣的。　從後一方面說 "或" 為 P.M. 的基本概念（1910 年版），"蘊涵" 為基本關係，"推論" 原則為基本命題，由（乙）經（丙）到（丁）的推論根據於 "推論原則"，"與" 在矛盾原則未成文地發現以前，已經介紹，"排中" 原則在矛盾原則未成文地發現以前，已經証明。　P.M. 有它的特別的秩序，在這個特別的秩序裏，第三例毫無疑義地是矛盾原則的証明。

　　　d. 以上的討論可以歸納到以下諸點。

　　　（一）在一邏輯系統範圍之內，所要証明的原則實即在那一系統範圍之內那一原則的表示方式。　矛盾原則可以有不同的表示方式。每一方式在一相當的系統範圍之內才能証明，否則不能。

(二)所謂邏輯的証明都是邏輯系統內的証明而不是証實。但其所以能等於証實者因爲邏輯系統中的命題是必然的命題。

(三)每一邏輯系統均有一特別的秩序，所謂成文的先後卽此特別秩序中的先後。 邏輯的証明，旣是邏輯系統中的証明，當然不能離開一系統的秩序。

(四)不在任何邏輯系統的立場上，卽不在任何秩序的立場上，我們不能說邏輯的証明。

總而言之，談到証明，系統範圍之內與系統範圍之外的情形不一致。 我們在此處可以說是利用“同一”思想“矛盾”思想以明“証明”，同時也利用“証明”思想以明“同一”與“矛盾”。

3.所謂“思想律”的解釋。 讀者或者要問以上對於“同一”與“矛盾”兩原則均討論“証明”問題，何以對於“排中”沒有討論，也沒有提出証明問題。 其實 B 段所討論的必然的性質問題即爲“排中”問題。“排中”原則的證明問題與其他兩原則的証明問題稍微有點不同。 邏輯系統所要保留的都是，或都要是，必然命題，而必然命題都表示“排中”原則。 旣然如此，每一必然命題的証明都間接地是“排中”原則的証明。 所以整個邏輯系統的演進可以視爲“排中”原則的証明。

（A）節所討論的爲“同一”，（B）節所討論的爲“排中”，（C）節所討論的爲矛盾。 這三個原則就是傳統邏輯裏的三個“思想律”。現在對於所謂“思想律”者有一翻批評。 有一個無關宏旨的批評，——就是思想律不是“律”的那一批評——因爲前此已經提及，用不着再談。 除此以外，也有別的批評，我們似乎不應該不提出討論。 我覺得我們對於這三個原則有點誤會。　在邏輯系統裏，它們有兩種不同的立場，一種是邏輯系統的實質，一種是邏輯系統的工具。　習於傳統邏輯的人以"思想律"爲無上的"根本"思想，而從事於符號邏輯的人又以爲"思想律"與其他思想兩相比較就爲"根本"一問題，完全爲系統問題。　這兩說似乎都有理。　前一說法似乎是界說方面的說法，後一說法似乎是工具方面的說法。　茲特分別討論。

　　a. 界說方面的"同一""排中"與"矛盾"。　同一原則是可能的可能，是意義的條件。　它也是必然的命題。　關於同一原則，我們不必再有所討論。　此處所要討論的是排中原則與矛盾原則。

　　(一)"排中"原則。　這個原則與其說是"排中"不如說是"排外"。　排中原則的可能是彼此窮盡的可能。　如把可能分爲兩類，則此兩可能之外沒有第三可能；排中原則所排的是第三可能。　如把可能分爲三類，則三可能之外沒有第四可能；排中原則所排的是第四可能。如把可能分爲 n 類，則 n 類可能之外沒有（n+1）可能：排中原則所排的是（n+1）可能。　所以說所謂"排中"實卽"排外"。　這個原則不過表示可能之拒絕遺漏而已。　必然的命題從正面說是承認所有可能的命題，從反面說是拒絕遺漏的命題。　邏輯所保留的是必然命題，所以它所保留的是表示"排中"原則的命題。

　　(二)"矛盾"原則。　邏輯方面的可能不僅彼此窮盡，而且彼此不相容。　如把可能分爲兩類，則此兩可能不能同時承認之。　如把可能分爲三類，則此三可能不能同時承認之。　如把可能分爲 n 類，則此 n 可能不能同時承認之。　矛盾原則可以說是表示可能之拒絕兼容。

從消極方面說矛盾是否認所有的可能，從積極方面說它是所有可能的兼容。　矛盾是邏輯之所要淘汰的，那就是邏輯之所捨。

　　(三)以上表示必然爲邏輯之所取，矛盾爲邏輯之所捨。　其他旣非矛盾又非必然的命題，邏輯旣不捨，也不取。　邏輯系統之所取爲邏輯上之所不能不取，邏輯系統之所捨爲邏輯上之所不能不捨。　旣非必然又非矛盾的命題在邏輯上均能取而不必取。　對於這些命題取與不取的標準不在邏輯範圍之內，試驗，實驗，經驗，都是對於它們取與不取的標準。　但有矛盾的命題在無論甚麼系統範圍之內總是要淘汰的命題。

　　以上三點可以表示邏輯的功用。　它是思想的剪刀，一方面它排除與它的標準相反的思想，另一方面因爲它供給能取與否的標準，它又是組織其他任何系統的工具。　各種學問都有它自己的系統，各系統雖有嚴與不嚴程度不同的問題，而其爲系統則一，旣爲系統就不能離開邏輯。　各種學問旣都是這樣，自然科學也是這樣，不過命題之取與不取，承認與否，除邏輯標準之外，尚有旁的標準而已。

　　界說方面的“同一”“排中”與“矛盾”不僅是邏輯系統中的思想，而且是邏輯的思想；不僅是邏輯系統中的組織工具，而且是組織別的系統的工具與標準。　傳統邏輯以它們爲無上“根本”的思想的道理，或者就是因爲它們除在邏輯系統有職務外，還有範疇其它任何思想的職務。　從這一方面着想，它們與邏輯系統中的其他工具似乎不同，把它們視爲一組的思想，我們似乎可以說這一組的思想比別的邏輯思想更爲重要。

b. 系統中的"同一""排中"與"矛盾"。 系統中的"同一""排中"與"矛盾"是系統中的工具。 在這個工具的立場上,它們與其他的工具一方面無所謂根本與不根本的問題, 也可以說沒有一定的孰爲比較的根本,孰爲比較的不根本的問題。 另一方面每一系統有一特別的成文的先後,而在這成文先後的秩序裏,這三個工具可以發現在別的工具之前,也可以發現在別的工具之後;以一特殊系統爲背景,它們有孰爲比較的根本孰爲比較的不根本的問題。

(一)系統方面的問題與界說方面的問題不必相同。 界說方面的原則是邏輯的原則,是邏輯系統的對象的原則,(合而爲一)或者說它是原則的實質,不是原則的形式。 如果有不相融的邏輯系統,界說方面的"同一""排中"與"矛盾"均爲各系統之原則,不過表示的形式不同而已。 系統的工具是一系統所利用以爲那一系統演進與推論的工具。 邏輯是普遍的, 邏輯系統是特殊的。 每一邏輯系統均是一特殊的秩序,組織那一特殊秩序的工具總免不了有特殊情形。

(二)卽以 P.M. 系統而論,"或"(v),"與"(·),"非"(～), "蘊涵"(⊃),"Pv～p","p⊃p","～(p·～p)","(x)","xp",等等均爲P.M.系統中的工具。 從工具的立場上看來,在 P.M. 系統範圍之內, 後面的工具不若前面的根本。 但這些工具之中, 有些是這個系統中的特殊工具如"⊃", 有些是語言方面的普遍思想如"或"(v)等等,但是也有一些如"p∨～p","～(p·～p)",同時也是劃分邏輯範圍的原則。 從後面這立場上看來,它們不能與其它工具相提並論。

(三)總而言之,一方面"同一"是意義的條件,"排中"與"矛盾"都是劃分邏輯界限的原則;另一方面,它們又是系統中的工具。 從前一立場上看來,它們與其他的工具沒有比較根本與不根本的問題,從後一立場上看來, 究竟孰爲比較的根本或比較的不根本完全是一系統的組織問題,或成文的先後的問題。

D.推行的工具。 一系統中由一命題推到另一命題, 由一部分推到另一部分, 須有它的推行的工具。 推行的工具不止一種, "同" "等" "代替" 等等均同時是推行的工具;但最重要的一方面是 "蘊涵", 一方面是 "所以"。 這兩個思想在界說方面重要,在系統方面也重要。 別的推行工具,我們可以不必特別提出討論,但這兩個工具似乎不能不提出。 茲特先討論 "蘊涵",然後再討論 "所以"。

1. "蘊涵"。 "蘊涵" 是命題與命題的關係。 這關係在普通言語中以 "如果——則" 的方式表示之。 提出蘊涵可眞是非同小可。 恐怕沒有人敢說事實上 "蘊涵" 的意義究竟是什麼一回事。 現在各系統中所有的蘊涵可以分作以下數種討論。

a. 眞値蘊涵 "$p \supset q$"。 這種蘊涵是 P.M. 系統中最基本的蘊涵。其所以稱眞値蘊涵者,因爲這關係根據於事實上兩命題的眞或假。 它的定義如下: "$p \supset q$" 等於 "$\sim p \lor q$"。 那就是說 "p是假的或q是眞的"。 "或" 字在此不是不相容的 "或"。 所以這句話等於 "p 是假的而 q 是眞的,或者 p 是假的而 q 也是假的,或者 p 是眞的 q 也是眞的",所以這又等於說 "p 是眞的而 q 是假的是假的"。 只要 p, q 所代表的命題事實上或者都眞, 或者都假, 或 p 假而 q 眞,我們均可以說 "$p \supset q$"。 這個蘊涵關係有以下特點:

（一）p, q 代表任何命題，照上面的定義，"p⊃q"等於～p・q・V・～p・～q・V・p・q。 如果"p"所代表的是一假命題，"q"所代表的命題可眞也可假，而無論爲眞或爲假，p⊃q 總可以說得過去；因爲～pq∨～p・q 這兩可能均爲 p⊃q 的定義所承認。 其結果是一假命題蘊涵（⊃）任何命題。 那就是說，"～p・⊃・p⊃q"。

（二）如果"q"所代表的是一眞命題，p 所代表的命題可以眞也可以假，而無論其爲眞或假，p⊃q 總可以說得通；因爲～pq∨pq 這兩可能均爲 p⊃q 的定義所承認。 其結果是任何命題蘊涵（⊃）一眞命題。 那就是說，"q・⊃・p⊃q"。

（三）旣然如此，這種蘊涵關係就是很奇怪的蘊涵關係。 可是它是普通言語中一部分的"如果——則"的關係。 對於這種蘊涵關係的批評很多，但大多數的批評不在否認此情形爲關係，而在否認此關係爲蘊涵關係。 這差不多完全是"蘊涵"這名詞的問題。 對於這個批評一方面我們可以說，而 P.M. 的作者也曾明白表示過，它們有用字的自由權。 另一方面我們也可以說，如果 p, q 兩命題有以上所表示的關係，則"如果 p 是眞的，q 也是眞的"這一命題可以表示這樣的關係，因爲 p, q 旣有如此關係，則"p 是眞的而 q 是假的"是假的。 請注意我們只說"如果 p 是眞的，q "也"是眞的"，我們不說"如果 p 是眞的，q "就"是眞的"，因爲 p, q 兩命題在此關係中不必有意義上的關係。

（四）同時我們也得要承認這種蘊涵關係是否就是普通言語中的蘊涵關係，至少發生問題，所以叫它做眞値蘊涵以別於其他蘊涵。但何以名之爲眞値蘊涵呢？ 這種蘊涵關係不是說 p, q 兩命題在意義上有任何關聯,它所表示的不過是"p 眞而 q 假" 事實上是假命題。　一個眞命題有"眞値",一個假命題有"假値"。　這種蘊涵關係旣是兩命題事實上的眞假關係,也可以說是眞假値的關係,所以簡單的稱爲"眞値蘊涵"。

　　b.形式蘊涵或 "(x)・ϕx $\supset$ Ψx"。　這種蘊涵可以說是由眞値蘊涵歸納得來的,也可以說是無量普遍化或抽象化的蘊涵關係。　這兩說的不同處很大。　茲先把它當作由眞値蘊涵歸納得來的蘊涵看待。

　　(一)設 p,q, 代表任何簡單的主賓詞式的命題, $\phi\Psi$ 代表謂詞, x 代表個體的東西;設 p 可以分析成 ϕx, q 可以分析成 Ψx, "p $\supset$ q" 可以改作 "ϕx $\supset$ Ψx"。　"x" 可以代表任何東西,同時無論它代表什麼東西,"ϕx $\supset$ Ψx" 都是眞的。　這情形可以用以下方式表示:

(1)　　ϕ x　$\supset$　Ψ x

(2)　　ϕ x　$\supset$　Ψ x

(3)　　ϕ x　$\supset$　Ψ x

　　　　$\vdots$　$\vdots$　$\vdots$　$\vdots$

　　　　$\vdots$　$\vdots$　$\vdots$　$\vdots$

(n)　　ϕ x　$\supset$　Ψ x

如果 "n" 代表一有量的數,而同時又是限於時地的東西的總數,我們可以用 (x) 符號表示任何限於時地的東西, 總結以上 (1) (2) (3)……(n) 命題如下:

　　　　"(x)・ϕx $\supset$ Ψx"。

這個命題在語言方面可以有好幾個表示方式。　我們可以說 (甲) 所

有的 φ 是 ψ，（2）無論是那個 x，x 是 φ 它就是 ψ，（丙）無論是那個 x，x 是 φ 是眞的，x 是 ψ 是假的是假的。這三個說法之中以（丙）說爲嚴格。　（甲）說有以下毛病，它與傳統邏輯的 "A" 命題不同。它的主詞所代表的東西可以不存在，如不存在，則此命題是眞的。　所以它是 "A$_n$"，不是普通的 "A"。　（乙）說也有毛病，它與普通的 "如果——則" 的命題不同。　我們可以說 "無論 x 是什麼，如果它是龍，它就是四方的"。　照普通的 "如果——則" 的命題看來，這至少有毛病，而照此處所討論的蘊涵看來，這個命題是眞的。　總而言之，"形式蘊涵" 照以上的解釋，似乎免不了眞値蘊涵的古怪情形。

　　（二）但如果上條中的 "n" 代表無量數，或不能達到的數，而 x 代表不限於任何時地的東西，則 "形式蘊涵" 的意義改變。　以上所說的古怪情形就是眞値蘊涵的古怪情形。　照眞値蘊涵的定義，一假命題蘊涵任何命題，所以在（x）· φx ⊃ ψx 中，只要前件是假的，形式蘊涵總可以說得通。　同時照以上的解釋 φx 可以老是假的。　因爲 x 代表限於時地的東西，因爲事實上沒有 "千角獸"，說 "x 是千角獸"，這總是假命題。　既然如此 "無論 x 是什麼，如果 x 是千角獸，x 是圓的" 總是說得通的或眞的形式蘊涵。

　　現在 "n" 既代表無量，x 所代表的東西又無時地的限制，則 "x 是千角獸" 不能說老是假命題，那就是說它也可以是眞命題。　如果前後兩件既可眞可假，而同時又承認形式蘊涵其他部分的思想，則有時我們可以利用形式蘊涵以爲定義的工具。　如果我們利用它以爲定義的工具，形式蘊涵就表示 "φ" 與 "ψ" 的意義上的關係。　如果 "φ" 與

"ψ"有意義上的關係,形式蘊涵就與意義上的"如果——則"的命題接近了。　所以從本條的解釋看來,真假值的蘊涵關係可以變成意義上的蘊涵關係。

同時我們要記得有以上解釋的形式蘊涵雖可以是而不必就是意義上"如果——則"的命題。　我們以前曾經說過,普通"如果——則"的命題不容易說究竟是怎樣的命題。　　有以上解釋的蘊涵不必是有意義關係的蘊涵。　　所以至少它不必是表示意義關係的普通"如果——則"的命題。　別的不說,如果"φx"代表一個複雜的而同時又是不可能的命題,則有以上所解釋的形式蘊涵似乎就變成路意斯氏的"嚴格"蘊涵。　就這一點而言,這種蘊涵關係也就與普通的"如果——則"的命題不一樣。

形式蘊涵有以上(一)(二)兩解釋。　　究竟是那一解釋代表形式蘊涵呢?　這問題頗不容易答覆。　在 P.M. 似乎只有前一解釋,但把(x)這符號的意義改變,它就可以有後一解釋。　我們現在恐怕只能說所謂"形式蘊涵"者至少有以上不同的兩種蘊涵關係。

c. 穆爾蘊涵或 Entailment。　這個蘊涵關係似乎與一部分的普通"如果——則"的命題最相似,但究竟是這樣與否,也難說。　設有兩個命題 p,q,而它有時有一種關係使我們說"q 可以由 p 推論出來",穆爾蘊涵就是與"可以推論出來"這一關係倒過來的關係。　"這本書是有顏色的"這一命題可以由"這本書是紅的"這一命題推論出來;"孔子是人"這一命題可以由"所有有理性的都是人"與"孔子是有理性的"這兩命題聯合起來的命題推論出來。　照以上的說法,"這本書是紅的”蘊涵（Entails）“這本書是有顏色的”；“所有有理性的都是人”與“孔子是有理性的”蘊涵（Entails）“孔子是人”。　對於這種蘊涵關係我們可以注意以下諸點。

　　(一)這種蘊涵關係沒有眞值蘊涵的古怪情形。　一假命題不蘊涵（Entails）任何命題，任何命題也不蘊涵一眞命題。　理由簡單，“唐太宗是人”決不能由“中國在非洲”推論出來，所以“中國在非洲”雖“⊃”“唐太宗是人”，而不“Entails”“唐太宗是人”，“中國在非洲”也決不能由“唐太宗是人”推論出來，它們根本就沒有穆爾蘊涵。

　　(二)這種蘊涵也沒有（d）條所要提出的嚴格推論的古怪情形。　這一點請參觀（d）條。

　　(三)這種蘊涵一方面可以說是表示事實。　事實上所有的紅東西都是有顏色的東西，所以“如果 x 是紅的，它就是有顏色的”。　另一方面它也可以說表示抽象的理論或名稱的定義，歐克里幾何的“點”旣有那特別定義，我們可以說“如果 x 是歐克里的點，x 就無長短，無厚薄，無高低”。　但前一方面的情形可以容納於後一方面，所以它總是意義方面的蘊涵。

　　(四)這種蘊涵與眞值蘊涵根本不能比較，與第一義的形式蘊涵也可以說是完全不同。　它可以說是第二義的形式蘊涵之一部分，可是它的範圍比較的狹。

　　d. 嚴格蘊涵或路意斯的“p→q”。　這種蘊涵的定義包含“不可能”的思想，而同時“不可能”又視爲簡單命題所能有的各值中之一值。　這一層以後再提及。　設有 p, q, 兩命題，p 嚴格蘊涵（→）q, 就是說"p 是真的而 q 是假的是不可能的"。　對於此蘊涵關係，應注意以下諸點。

（一）"不可能"的意義不是矛盾。　如果"不可能"的意義是矛盾，則 p,q,兩命題的意義相同，實為一命題。　其結果是不僅 p 蘊涵 q,而且 q 也蘊涵 p。　所以如果"不可能"的意義是矛盾，則嚴格蘊涵應該是對稱的。　但嚴格蘊涵不是對稱的，那就是說 p 雖"→" q 而 q 不必"→" p。

（二）"不可能"的意義似乎也不是"不一致"的意思。　如果"不可能"的意思有普通所謂"不一致"或者"衝突"意思，則僅有複雜的命題才能是"不可能"的命題，因為"不一致"是兩命題或多數命題之關係，所以一定要是簡單命題聯合起來的複雜命題才能稱為"不可能"的命題。　但 p 可以代表"x 是紅的"這樣的簡單命題，這樣的簡單命題，路氏有時也說它"不可能"，所以"不可能"不能是"不一致"。究竟是什麼頗不易說。　在路易斯系統裏，它是一基本概念。

（三）嚴格蘊涵有以下奇怪情形。　這裏的奇怪情形與真值蘊涵的奇怪情形相似。　照定義 p 嚴格蘊涵 q 等於說 p 是真的而 q 是假的是不可能的。　如果 p 是一不可能的命題，則無論 q 為真，為假，為可能，為不可能，為必然，的命題，"p 是真的而 q 是假的"總是一不可能的命題，所以 p 總"嚴格蘊涵" q。　結果是一不可能的命題"嚴格蘊涵"任何命題。　由同樣情形，任何命題"嚴格蘊涵"一必然的命題。

（四）除以上奇怪情形之外，嚴格蘊涵可以說是意義上的蘊涵，不過它不僅是意義上的蘊涵而已。　如果 p 所代表的是"這本書是紅的", "q" 所代表的是 "這本書是有顏色的", 因爲 "紅" 與 "有顏色" 有定義上的關係,所以 "這本書是紅的" 嚴格蘊涵 "這本書是有顏色的"。從這一方面着想,它與穆爾蘊涵相似。 但嚴格蘊涵旣有以上的奇怪情形而以上的奇怪情形又不表示兩命題意義上的關係, 嚴格蘊涵雖可以是而不必是意義上的蘊涵。

e. 以上所舉的是四種不同的蘊涵關係,有的與普通 "如果——則" 的命題接近,有的則大不相同。 這四種蘊涵關係與普通的 "如果——則" 的命題之間就有以下的問題。 它們代表普通 "如果——則" 呢? 它們是新發明呢? 它們是新發現呢? 在此處我們又要表示普通 "如果——則" 的命題究竟是怎樣的命題,實在不容易說。 恐怕最妥當的說法是說它包含各種不同的蘊涵關係。 即以普通語言爲例: "如果今天天晴,我就打球" 與 "如果你是中國人,你就是黃種人"。這兩種 "如果——則" 的命題,普通語言中都有,可是它們包含兩種不同的蘊涵關係。 我們或者可以說,這裏提出的四種不同的蘊涵關係,均不成文地寓於普通 "如果——則" 命題之中;可是成文之後,意義比較正確;意義旣比較正確之後,我們就不應把它們相混起來。 在沒有分別或解析之前,我們糊裏糊塗用些 "如果——則" 的命題;在旣分別或解析之後,我們雖仍用 "如果——則" 式的命題,我們就得知道這命題裏所包含的蘊涵關係是那一種蘊涵關係。 同時我們要記得這四種蘊涵關係並不能說是包舉無遺,恐怕還有好些的蘊涵關係沒有發現。

2. "所以"。 此處所說的 "所以" 是演繹方面的所以,不是歸納方面,或普通言語中的所以。 這種 "所以" 是演繹方面的 "Inference"。

它根據於蘊涵。 能說所以的時候總有蘊涵關係。 本段所要提出的問題是有蘊涵的時候是否能說 "所以"。

    a. 這個問題是 Lewis Carrol 提出來的。 古希拉有 "阿乞黎" ——以善跑出名者——與烏龜賽跑，只要烏龜先動身，阿乞黎永遠追不上的論辯。 Corrol 利用這論辯中的角色以爲表示推論不可能的工具。 阿乞黎說一個三段論，（兹假設爲以下三段論）：

    （甲）   所有的人都是會死的

    （乙）   蘇格拉底是人

    （丙）   所以蘇格拉底是會死的。

這個三段論在阿乞黎是毫無問題；但在烏龜方面，它總覺得結論靠不住。 何以靠不住呢？ 烏龜的理由如下：僅有（甲）（乙）兩命題，我們不能得（丙）命題的結論，因爲我們不知道（甲）（乙）是否蘊涵（丙）命題。 如欲得（丙）命題的結論，我們要加一命題如下："（甲）（乙）兩命題眞蘊涵（丙）命題"。 這樣，欲得（丙）命題的結論，我們不僅要有（甲）（乙）兩命題爲前提，而且要有第三命題爲第三前提。 但這仍不夠，因爲根據同樣理由，我們要加一命題："（甲）（乙）與第三命題聯合起來眞蘊涵（丙）命題"爲第四前提才行。 由此一步一步的類推，（甲）（乙）兩前提之後，要有無量數的前提才行。 那就是說我們不能得（丙）命題的結論。

    b. 我們或者要說以上是詭辯，但它有相當的理由。 它表示蘊涵關係可以成爲一串鍊子，不容我們中斷，而我們要得結論，那就是說，要使我們對於一命題能冠以 "所以" 兩字，我們非打斷那一串蘊涵關係不成。 唯一打斷的法子就是承認以上（甲）（乙）兩前提旣均蘊涵（丙）命題，只要承認（甲）（乙）兩命題我們就可以直接得（丙）命題的結論。 如（甲）（乙）兩命題不蘊涵（丙）命題，則根本不能得（丙）命題的結論。 問題是（甲）（乙）兩命題與（丙）命題之間有蘊涵關係沒有。 如有，則用不着第三第四……等等命題；如無，則根本不能得結論，根本就不能說"所以"。

c. 可是照以上的情形看來，如無成文的方式打斷蘊涵的鍊子，我們可以假設鍊子沒有打斷。 如未打斷，則"所以"說不通。 推論的原則一方面固然是普遍的推論方式，另一方面也可以說是打斷蘊涵鍊子的原則。 從前一方面着想，它有積極的用處；從後一方面着想，它又有消極方面的用處。 在自足的邏輯系統內，我們似乎免不了要有成文的推論原則。 在 P.M. 基本命題之中，有推論原則。

其他的推行工具如"同""等""代替"，等等，其情形與蘊涵相似。 它們都是使我們能說"所以"的根據。 我們不必一一討論。 在此處我們可以說"代替"在 P.M. 系統中是一很重要的方式。 p q r 等旣代表任何命題，則承認 p∨～p 之後，我們也承認 q∨～q；換言之，我們能以 q 代替 p，以～q 代替～p。 代替的範圍可以毫無限制，所要求者，一致而已，那就是說我不能以 q 代替 p，以 r 代替～p。

III　邏輯系統的基本概念與命題

A　原子。　原子是邏輯系統方面的對象，不是邏輯方面的對象。　邏輯方面的對象是必然，邏輯系統不過是利用某種原子以爲表示必然的工具而已。　事實上本書第三部利用"類""關係""命題"爲邏輯系統的原子。　除此之外，別的原子也可以，例如"論域"（Universe of Discourse），但在此處我們可以不必提出討論。

1.類。　此處所謂類即普通的類，如人類，棹子類，山類，水類，……等等。　類有類的概念，例如人類有"人"概念；類大都有類的份子，例如人類有張三，李四……等等。　類與屬性不同，因爲它注重它的份子；它與集體不同，因爲每一份子均能分別地爲那一類的概念所形容。"類"的問題，或關於類的問題不少，可是爲邏輯系統的原子的類有以下諸特點。　茲特分別討論：

a.在邏輯系統做原子的類中有兩特別的類，一爲零類，一爲全類。　零類沒有份子，所有的份子都是全類的份子。　普通以"。"代表零類，以"1"代表全類。　在本篇1章A節3段所舉的系統幹部通式中，第五基本命題函量如下：

$$(\exists z)\cdot(a)\cdot\quad a\oplus z=a。$$

如果我們把 $a,b,c,$ ……等等當作類，則 z 就代表零類，而這個基本命題說"零類或 a 等於 a 類"。　這命題等於說"零類包含在任何類之中"，因爲 a 類在此處代表任何類，即零類與全類，a 類亦代表之　茲以圖表示之如下：

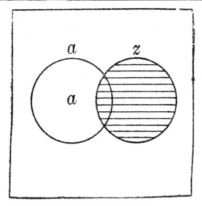

此圖表示零類既沒有份子，則或是零類或是 a 類的份子不過是 a 類的份子而已，所以零類包含在任何類之中。

b. 同在一系統通式中、第五基本命題函量如下：

$$(\text{ɹ}u) \cdot (a) \cdot \quad a \odot u = a \cdot$$

如果我們把 a,b,c,…… 等等解作類，則 u 就代表全類。 這個基本命題說 "全類與 a 類等於 a 類"（"與"字有既……又的意思，"全類與 a 類"等於 "既是全類又是 a 類"）。 這命題等於說 "任何類均包含在全類之中"。 a 類在此處也代表任何類，即零類與全類亦代表之。 茲以圖表示之如下：

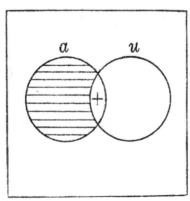

此圖表示所有的份子既都是全類的份子，則在全類之外的 a 無份子：那就是說如果 a 類有份子，a 類的份子都是全類的份子，那也就是 a 類包含在全類之中。

　　這兩類的用處非常之大。　我們可以利用它們以定非 a 類，或非 b 類的意義。　如果我們利用它們（同時利用"＝"等號），我們可以說有某類，或無某類；某類有份子，某類無份子；例如"a＝1"或"a＝o"。這兩類又彼此相反，那就是說"非o"即"1""非1"即"o"。　總而言之，以此兩類為工具，邏輯方面的推論變化等等都可以發生。

　　c. 類有層次問題。　如果我們以經驗中的個體，如這張棹子，那張椅子，等為份子，我們可以得一以個體為份子的類。　如果我們把各類集起來再為分類，我們可以得一以類為份子的類。　那就是說，我們可以有個體的類，"類"的類，"類的類"的類，等等。　這許多的類的層次不同不能相混，如果相混就有毛病發生。　現在要表示層次不能不分的理由。

　　設有以下命題：

　　　　"凡不是它們自己的份子之一的類的總類是那總類的份子之一"。　我們知道人類不是一個人，棹子類不是一張棹子……等等。這些類都不是它自己的份子。　把這樣的類都集起來成一類名之為甲類，以上命題說甲類是它自己的份子之一。　這樣一句話表面上看起來似乎沒有甚麼問題。　可是層次不分清楚就有毛病。　茲以容易明白起見，特備以下圖表。　A 是 $a_1 a_2 a_3 \cdots\cdots a_n \cdots\cdots$ 份子的類，B 是 $b_1 b_2 b_3 \cdots\cdots b_n \cdots\cdots$ 份子的類，C 是 $c_1 c_2, c_3, \cdots\cdots c_n \cdots\cdots$ 份子的類，$\cdots\cdots$ 等等。

A 類不是 $a_1, a_2, a_3, \cdots\cdots a_n \cdots\cdots$ 中之一，B 類不是 $b_1, b_2\ b_3 \cdots\cdots b_n \cdots\cdots$ 之一，C 類也不是 $c_1\ c_2\ c_3 \cdots\cdots c_n \cdots\cdots$ 之一。　把 A, B, C $\cdots\cdots n \cdots\cdots$ 等集起來成爲甲類如下圖：

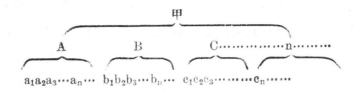

以上的命題說甲類是它的份子 $\cdots$ A, B, C, $\cdots\cdots n \cdots\cdots$ 之一。　如果它是的，則它或者是 A, 或者是 B, 或者是 C $\cdots\cdots n \cdots\cdots$，但 A, B, C, $\cdots\cdots n$ $\cdots\cdots$ 等旣都不是它們的份子之一，則甲類也不是它的份子之一。　那就是說它不是 A, 不是 B, 不是 C, $\cdots\cdots$ 不是 n $\cdots\cdots$。　所以，如果甲是它的份子之一，則它不是它的份子之一。　反過來也有同樣的情形：如果甲不是它的份子之一，則它就是它的份子之一。　這豈不是矛盾嗎？　在此處我們要注意以上的情形實在是根據於甲與 A, B, C $\cdots\cdots n \cdots\cdots$ 等相混。　甲與 A, B, C, $\cdots\cdots n \cdots\cdots$ 等雖同爲類，而層次不同，不能相混；相混之後，就有毛病發生。

　　d. 類與命題。　習於傳統邏輯的人或者以爲類比命題"根本"，因爲我們可以把命題分析爲類與類的關係。　命題可以分析到個體與類的關係，或類與類的關係，但不能使我們說類比命題 "根本"。 "根本"與 "不根本" 有系統爲背景。　如果在系統之內，命題是由類產生的，則類比命題根本；可是，如果在一系統之內，類是由命題產生的，則命題比類根本。　在 Boole 的 Algebra of Logic, 類比命題根本；在 P.M. 命題比類根本。　在第三部我們已經表示過類可以由命題產生。

　　但是有系統範圍以外的理由使我們先命題而後類，別的不說，事實上類與類的關係的推論還是根據於命題與命題的推論。

　　2.關係。　此處所要討論的關係是普遍的關係，不僅是以之為一系統的運算或關係的幾種關係，是以之為系統的原子的關係。　但從系統的原子這一方面看來，我們討論關係的時候，不必提出關於關係的各種各色的情形，我們僅談到關係的推論質就夠了。　此處所注重的推論質僅有兩種：一曰對稱質，一曰傳遞質。　從對稱方面着想，可以有對稱，非對稱，及反對稱；從傳遞方面着想，可以有傳遞，非傳遞，及反傳遞。兩質的結合，可以有九種不同的關係。

　　a.對稱的傳遞的關係。　在此項下，我們可以舉"相同"與"相等"兩關係為例：

　　　（一）如果甲與乙相同，乙與甲也相同；如果甲與乙相等，乙與甲也相等。　此之謂對稱。

　　　（二）如果甲與乙相同，乙與丙相同，則甲與丙相同；如果甲與乙相等，乙與丙相等，則甲與丙相等。　此之謂傳遞。　相同與相等之能傳遞與否，要看它們是否完全的絕對的相同與相等。　相似的"相同"與差不多的"相等"沒有傳遞質。

　　b.對稱的非傳遞的關係。　在此項下可舉不相同，或不相等，或相似等關係

　　　（一）如果甲與乙相似，乙與甲也相似；甲與乙不相同，乙與甲也不相同。　此之謂對稱。

（二）如果甲與乙相似，乙與丙相似，甲與丙不必相似；甲與乙不相同，乙與丙不相同，甲與丙不必不相同。　此之謂非對稱。

c. 對稱的反傳遞的關係。　如果在一條直線上，甲，乙，丙，有相傍的關係，則：

（一）如果甲在乙傍邊，乙也在甲傍邊。　此所謂對稱。

（二）如果甲在乙傍邊，乙在丙傍邊，則甲一定不在丙傍邊。此所謂反傳遞。　（b）條的例可以傳遞而不必傳遞，本條的例 "一定" 不能傳遞。

d. 非對稱的傳遞的關係。　在此項下，我們可舉英文中的 "brother of" 或 "sister of"。

（一）如果甲是乙的 brother，乙可以是而不必是甲的 brother。此之謂非對稱。

（二）如果甲是乙的 brother，乙是丙的 brother，則甲是丙的 brother。　可見這關係是傳遞的關係。

e. 非對稱的非傳遞的關係。　這可以說是一極貧於推論質的關係。　在此項下可舉 "好朋友" 與 "認識" 兩關係。

（一）如果甲是乙的 "好朋友"，乙可以是而不必是甲的好朋友；如果甲認識乙，乙可以認識而不必認識甲。

（二）如果甲是乙的好朋友，乙是丙的好朋友，甲可以是而不必是丙的好朋友；如果甲認識乙，乙認識丙，甲可以認識丙而不必認識丙。可見這兩關係既非對稱又非傳遞。

f. 非對稱的反傳遞的關係。　在此項下我們可以舉異性的戀愛爲例：

(一)如果甲愛乙，乙可以愛而不必愛甲；

如果甲愛乙，乙愛丙，則甲一定不愛丙。

同性戀愛雖是非對稱的關係，而不是反傳遞的關係，因爲如果甲同性戀愛乙，乙同性戀愛丙，甲可以而不必同性戀愛丙。　本條的例要特別提出異性戀愛者在此。

g. 反對稱的傳遞的關係。　此項下的關係非常之多，而且非常之顯著。　茲僅舉"大於"爲例。

(一)如果甲大於乙，則乙一定不能大於甲，只能小於甲。　此之謂反對稱。

(二)如果甲大於乙，乙大於丙，則甲一定大於丙。　此之謂傳遞。　"小於""長於""重於""高於"……等等關係都是這種關係，它們很富於推論質。

h. 反對稱的非傳遞的關係。　在此項下，我們可以舉"是客人"的關係爲例。　但我們要求一個同一的環境。

(一)如果甲是乙的客人，則在同一環境之下，乙一定不是甲的客人。　所以是反對稱。

(二)如果甲是乙的客人，乙是丙的客人，甲可以是而不必是丙的客人。　所以是非傳遞。

i. 反對稱的反傳遞的關係。　在此項下我們可以舉"父親"爲例。

(一)如果甲是乙的父親，乙一定不是甲的父親。

(二)如果甲是乙的父親，乙是丙的父親，則甲一定不是丙的父親。

　　以上是從推論質去分關係的種類。　此九種中以第一第四第七種比較的常見於邏輯。　關係也可以作系統的原子,可是我們也不必利用它做系統的原子。

　　3.命題。　關於命題,我們從以下幾方面討論:命題的重要, Token 與 Type,命題的分析,表示各種命題的符號,命題的值。

　　a.命題的重要。　如果我們要建造一整個邏輯系統,我們或者要問最好從什麼原子動手,而現在的意見似乎是最好從命題動手。　其所以如此者至少有以下的理由。

　　(一)邏輯方面的重要關係,似乎大部分是命題與命題的關係,而不是類與類的關係。　我們有時可以用類方面的包含關係去解釋命題方面的蘊涵關係,可是我們有時也可以用命題方面的蘊涵關係去解釋類方面的含包關係。　推論是命題方面的關係。　名稱似乎無所謂推論,我們不能由一類推論到任何類。　所謂推論者大都是承認一命題之後,承認它所蘊涵的命題。　矛盾與排中,用命題表示似乎比用類表示更顯明更清楚。

　　(二)如果我們所要建造的系統是自足的系統,我們似乎不能不從命題方面着手。　自足系統所應用的工具都要容納到系統之中。如果我們從類方面着手我們可以利用推論或不利用推論。　若不利用推論,則根本不能成系統;若利用推論,則不能不有命題方面的推行工具。　這些工具若在系統範圍之外,則所建的系統不是自足的系統。如果把它們容納在系統範圍之內,則它們既爲命題方面的工具,我們似乎要從命題方面動手才行。　現在邏輯學家所要建造的系統大都是自足的系統。　既然如此，他們大都從命題方面着手。

　　（三）事實上我們用以達意的是話；有時是命題，有時不是命題；但無論如何不是單個的字。　即令有時我們僅說出一個字，聽者懂得我們的意思，而所懂的意思不是一個字而是一命題。　在日常生活中我們有這樣的情形，在邏輯系統範圍之內，我們也逃不出這情形範圍之外。　學邏輯的人開口卽是命題，動筆卽是命題；事實上他們也就不容易不從命題着手。

　　b. 命題的 Type 與 Token。　我們所注意的是命題的 Type，不是命題的 Token。　Type 與 Token 的分別如下：

　　（一）如果有以下兩“字”字：

　　　　甲“字”，乙“字”。

我們可以說這是兩個字，也可以說是一個字。　說它們是兩個字是指在這張紙上兩個不同位置的個體而言，而這兩個個體均屬於字類。　說它們是一個字時是指這兩個個體所共有的形式而言。　由前說那就是由 token 方面說寫上一萬個“字”字就有一萬個字。　由後說那就是從 type 方面說寫上一百萬“字”字仍只有一個字。　名稱有 Type 與 Token 的分別，命題也有。　我們所注意的是命題的 Type，不是命題的 Token。

　　（二）我們以後分析普通命題的時候，我們要談到屬性與關係。如果我們不把 Type 與 Token 弄清楚，我們或者免不了一種錯誤。假如我們說“兩名詞發生關係，其結果卽為一命題”。　這一個命題就有毛病。　比方我說：

　　　　　　　"人類" 在 "有理性類" 的左邊。

在這一大堆字裏，"人類" 這名稱與 "有理性類" 這名稱的確有 "在左"
的關係；如果把這一堆字當作命題看，它所表示的是

　　　　　　　"人類"　"有理性類"

那就是說 "人類" 兩字的 Token 在 "有理性類" 這四個的 Token 的左
邊。　如果我們所想到的是 Type，　這一大堆字就根本不是命題了。
兩名稱的 Token 雖有在左的關係，兩名稱的 Type 沒有。　我們所注意
的既是 Type，以上那句話——"兩名稱發生關係，其結果卽為一命題"
——的意思是 "兩名稱之間有關係名稱代表兩名稱所代表的東西彼此
的關係，其結果卽為一命題"。　總而言之，一個命題寫上一百次還只有
一個命題。

　　　c. 命題的解析。　命題有相對簡單與複雜的分別，而複雜又有程
度不同的問題。　現在要提出命題由相對簡單而相對複雜的層次問題，
再分析最簡單命題的種類。

　　　　(一)最簡單的命題大都是手有所指而說出話來的命題，這個
如何如何，那個如何如何。　這種命題是否貨真價實的簡單命題，頗成
問題。　命題無論若何的簡單，能夠簡單到不能再解析的程度與否，也
是問題。　這裏所說的簡單命題的主詞是符號呢？　是具體的東西呢？
似乎都是問題。　這些問題無論怎樣解決，我們對於這裏所談的命題所
要注意的：第一它們是命題，不是定義，所以有真假；第二它們是本書所
不再解析的命題，所以是本書的最簡單的命題。

　　　　這種最初級最簡單的命題可以由種種組合方法產生次一級的命

題。　設有兩個初級命題如下：（甲）這是棹子，（乙）這是四方的，（假設所指的是一個東西）。　這兩個命題的眞假可能有四個，而我們對於這四個眞假可能有十六個不同的態度（見前），而十六個不同的態度中有一個說這兩個命題都是眞的，其餘三可能都是假的。　表示這一個態度的命題就是普通生活中所謂簡單的命題 "這張棹子是四方的"

　　由 "這張棹子是四方的" 這樣的命題，我們又可以由種種組合方法產生更次一級或更複雜的命題，如 "所有的棹子是四方的" 或 "任何棹子是四方的" 或 "有些棹子不是四方的"……等等。　總而言之，命題之由簡單到複雜可以有許多的層次。

　　(二)最簡單的命題可以分爲兩種：（甲）表示屬性，（乙）表示關係。　所謂屬性是事物方面的屬性，所謂關係是事物方面的關係；屬性名稱不過在語言方面表示屬性，關係名稱不過在語言方面表示關係而已。　表示屬性的命題其形式與普通教科書中的 "主賓詞" 式的命題相似。　所不同者普通主賓詞式的命題大都是複雜的命題而已。　屬性二字似乎要加以解釋才好。　如果 x 代表一個具體的東西，x 可以是紅的，四方的，等等。　從命題方面着想，它所談到的只有一個具體的 x。　紅色與方形雖可以附屬於另外的具體東西，而在這裏所談的事實之中，它們不是離開 "x" 的兩個具體的東西。　這情形與關係的情形大不相同。　表示屬性的命題，其對象可以是一個具體的東西，表示關係的命題，除一二特殊關係外，其對象至少要兩個具體的東西。　這兩種命題根本不能混爲一談。　設有以下表示屬性的命題：

（甲）x 是人。

（乙）x 有人性（這種話在中文不成話，但我們可以利用以表示屬性與關係的分別）。

（丙）x 是一個人。

第一個命題裏所談到的只有一個具體的 x 。　所謂是人者不過是以"人"去摹 x 的狀而已。　以"人"去形容 x，好像以紅去形容 y，以"四方"去形容 z。　此處的"是人"當然不表示關係。　第二個命題，形式已變。　它所表示的看起來似乎是關係，因為有些表面上同式的命題表示關係。　比方說"張先生有一本宋版書"。　這命題所表示的情形中有兩個具體的東西，一是具體的而能以"人"形容的東西，一是具體的而能以"書"形容的東西。　這兩個具體的東西有"有"所表示的那個極複雜的關係。　旣然如此，我們很容易聯想到"x 有人性"這命題也就表示關係。　如果我們這樣的想，我們錯了。　此"有"非彼"有"，有書之"有"是關係，而有人性之"有"不是關係。　從個體方面着想"人性"是一個個體的屬性，所以有人性的"有"不是兩個個體的關係。　第三個命題似乎也表示關係。　所謂"是一個人"者是說人類中有 1,2,3,……n…… 的份子，而 x 是這些份子中之一。　x 旣是人類份子中之一，它與人類似乎發生包含關係。　其實不然，我們可以提出以下兩理由：

（甲）"是一份子"不是"包含"關係。　包含關係是同一層次上兩類的關係，而"是一份子"不是同一層次上兩類的關係。　在"x 是一個人"這命題之中，x 不是類，是個體，所以"是一個人"不能是包含關係。　同時包含關係是傳遞的關係；那就是說如果甲包含乙，乙包含丙,則甲包含丙。 "是一份子",即視爲關係,也不是包含關係,因爲它無傳遞質;如果甲是乙的份子,乙是丙的份子,甲不能同樣地是丙的份子。 無論如何,它不是包含關係。

(乙)個體與個體有關係。 "是一份子"是否個體與個體的關係呢? 在這命題所表示的情形中,只有 x 個體,其它非 x 的,可以有而不必有的,人類的份子,如 1,2,3,……n……等等雖有共同的屬性,雖可以有它們彼此的關係,而在我們所討論的命題範圍之內這些可有的關係都與此命題不相干。

總而言之,以上所舉的命題都不是表示關係的命題。 表示屬性的命題雖可以有種種不同的表示,而我們大都不能勉勉强强地把它變成表示關係的命題。 有一兩種關係是例外,但在此處我們不必提出討論。 請注意這是從簡單命題一方面着想,複雜命題情形不同。

(三)表示關係的命題也不容易變成表示屬性的命題。 最好的例就是傳統邏輯教科書裏的 A fortiori argument。 茲以

　　　x 比 y 長

　　　y 比 z 長

　所以 x 比 z 長。

此推論毫無錯處,可是照傳統的三段論式法看來,則有毛病,（甲）三段論式的命題都是主賓詞式的命題,而這個推論中的命題不是。（乙）三段論式只有,而照它的規律看來,只能有三個名稱,而這個推論有四個名稱。 有此情形,有些人就想法子消除此困難,說以上的推論雖不是三段論,而它實在根據於三段論,它的普遍形式如下:

　　　　凡長於 y 者是長於 z 者

　　　　x 是長於 y 者

　　　所以 x 是長於 z 者。

這個說法把"比——長"的關係當作屬性,把原來的四個名稱變成三個名稱。　但無論如何,大多數的人看起來總不免覺得以上的辦法太勉强。　"比——長""比——大",等等不容易叫作"性"而在 x 比 y 長這情形或事實中"比 y 長"不屬於 x , 卽勉强說它屬於 x , 也不像形色之屬於 x 。　總而言之,表示關係的簡單命題也不是表示屬性的簡單命題。

　　　d.表示命題的符號。　現在我們介紹表示命題的符號。　最初有未解析的簡單命題,其次有解析後的兩種命題,又其次有複雜的命題。

　　　(一)未分析的簡單命題。　未解析的簡單命題,以 p,q,r 等表示之。　這些命題中有表示屬性的,也有表示關係的。　其實所謂"簡單命題"大有問題。　簡單的標準如何,程度如何,是不能解析呢還是不便解析呢?　這些問題都不容易解決。　但這些命題可以作系統中最初的原子,利用它們以表示邏輯方面的關係。

　　　(二)這些簡單命題可以分成表示個體的屬性與表示個體與個體的關係的命題。　我可以用 x, y, z,……表示個體,用 ϕ, Ψ, χ, ……表示屬性,用 $R_1 R_2 R_3$……表示關係。

　　　(甲)表示屬性命題的函量爲 $\phi x, \Psi x, \chi x,$……等。

　　　(乙)表示關係命題的函量爲 Rx,y, Rx,y,z, Rx,y,z,w ……等。

(三)關於(二)條有兩種特別要注意。 (一)條的 p,q,r……
……等代表未解析的命題，我們雖不知道它們所代表的命題究竟爲眞爲
假而我們知道它們所代表的爲命題,而無論所代表的是什麼命題,我們
總可以說它們或眞或假。 (二)條裏的 ϕx 或 Rx,y, 則不然。 它們
所表示的不一定是命題,如果所代表的不是命題,或不是一個系統之內
的命題,則無所謂眞假,或無所謂這一個系統之內的眞假。 茲以 ϕx
爲例: 如果 x 代表這張棹子, ϕ 代表"方", 則 ϕx 是眞的; 如果 x 代表
飯廳裏那張圓棹子, ϕ 仍舊, 則 ϕx 是假的; 如果 x 仍舊, ϕ 代表"有理
性的", 則 ϕx 可以說是無所謂眞假。 所以 ϕx……等等, Rx,y, Rx,y,z,
……等等不是命題, 它們不過是兩種命題函量。 這是一點, 還有一點
要注意的就是有些關係要兩個個體做它們的關係份子 (Relata), 有些
要三個, 有些要四個, ……等。 這一層我們不能不預爲之備。 Rx,y,z
雖有以上 ϕx 所有的問題, 而如果 R 是要三個關係份子的關係, 則在
Rx,y, 中, 無論 x,y, 代表什麼, Rx,y, 總無所謂眞假。

(四)"x"可以代表這一個個體, 那一個個體, 等等。 如果我們
的意思是說 ""ϕx_1" 與 "ϕx_2" 與 "ϕx_3" 與 …… "ϕxn"……" 是眞的,
我們可以用以下符號表示:

　　　　(x)・ϕx, ((x) 可以有兩種解釋見前

如果我們的意思是說 ""ϕx_1" 或 "ϕx_2" 或 "ϕx_3" 或 "ϕxn," 或……" 是
眞的, 我們可以用以下符號表示:

　　　　($\exists x$)・　ϕx,

前一公式表示"所有的 x 是 ϕ" 或 "任何 x 是 ϕ"; 後一公式表示"有 x

是 ϕ" 或 "至少有一 x 是 ϕ"。　表示關係的命題函量也可以照以上方法變 (x,y) . Rx, y , ($\exists$x,$\exists$y.) Rx,y。

由此我們可以慢慢地由簡單命題函量一步步地進而得複雜的命題函量。　既有如此通式，我們當然也可以用同樣的方法，慢慢地由簡單命題而得複雜的命題。

e. 命題的值。　從前曾說過邏輯系統可以視爲可能的分類。　把可能的分類引用到命題上面去，就是命題的值的問題。　命題有多少值要看我們預備把可能分爲多少類。　如果我們把可能分爲兩類，命題有兩值。　如果我們把可能分爲三類或 n 類，命題有三值或 n 值。　關於值我們可以注意以下諸點。

(一)設把可能分爲兩類，那麼命題有兩值。　設以(＋),(－)表示之。　對於這兩個符號，我們有系統通式看法與系統的看法。　從系統通式的看法，它們就是兩符號而已，我們對於這兩符號，可以有而事實上不見得卽有種種的解釋。　我們可以把它們視作"正""負"，我們也可以把它們視作"眞"，"假"；我們不必把它們視作"正""負"，也不必把它們視作"眞""假"。　當然每一特殊系統，對於以上的符號，事實上總有一特殊的解釋。　在二分法方面，這兩個值引用到命題上去，大都解作"眞""假"。　可能旣彼此不相容而又彼此窮盡，則命題的值也就彼此不相容，而又彼此窮盡。　那就是說一命題不眞卽假，不假卽眞，它不能旣眞且假，也不能非眞非假。

(二)設把可能分爲三類，命題就有三值。　茲以 Lukasiewicz 與 Tarsski 的三值系統通式爲例，以"｜"，"？"，"o"表示之。　從系統通式方面着想，這與以上情形相似。　這三個符號可以有，而事實上不見得即有種種的解釋。　事實上有一解釋說得通。　"｜"可以視爲"定眞"，"？"可以視爲不定眞假，"o"可以視爲"定假"。　既然如此，則在此系統內，一命題或"定眞"或"定假"或"眞假不定"。　這個系統的值與以上那個系統的值不同。　上面的值可以說是沒有心理成分，而這裏的值有心理成分。　這不是說邏輯是"心理的"，這不過是說這三個符號有這種解釋之後所得到的三個值有心理成分在內。　此系統的"定眞"不是那一系統的"眞"，此系統的"定假"不是那一系統的"假"。在那一系統之內不能有非眞非假的命題，而在這系統之內可以有不定眞不定假的命題。　這系統雖有不定眞不定假的命題，它還是不能有既不"定眞"又不"定假"又不"不定眞假"的命題。

　　　　(三)從系統通式方面着想，我們可以有 n 類可能，命題也可以有 n 值的可能，無論 n 的數目多大。　可是系統通式的問題與系統的問題不同。　在系統通式方面，我們可以有 n 可能，命題也可以有 n 值，而這些可能的解釋，這些值的解釋，都不是系統通式範圍之內的問題。在系統則不然，n 可能要有 n 解釋，n 值也要有 n 值的解釋，而事實上 n 的數目太大時，n 可能與 n 值的解釋均不易得。　即勉强得到，而系統之是否爲邏輯系統，也就發生問題。

　　B.運算或關係。　一系統的原子不必是類，不必是關係，不必是命題；一系統的運算也不必是"或""與""非""蘊涵"。　它們雖不必是一系統的運算，而一系統之運算中大都少不了它們。　茲特提出討論。

　　1."或"。　普通語言方面，或有相容與不相容的分別。　比方我對甲乙二人說：“或者你或者他到火車站上去一次”，那麼甲可以去而乙不去，乙可以去而甲不去，甲乙也可以同去。　可是，如果我對他們兩個人說：“某學校的校長缺出，或者你去做，或者他去做”，那麼甲可以去而乙不去，乙可以去而甲不去，但甲乙不能同去。　前一“或者”的用法是相容的用法，後一用法是不相容的用法。　排中或排外原則中的“或者”是不相容的或者，而 P.M. 系統的基本概念中的“或者”(1910 版)是相容的或者。　這是“或”的用法上兩大分別。　除此之外尚有其他不同點。　羅素在他的算學原理一書中 (Principles of Mathematics, 1903 年版)，曾舉下許多的例，我們在此處可以照辦。

　　a. “如果你所遇的是姓張的或是姓李的，你遇着了一個很熱烈的宗教家”。　這命題中的或者，是兩名詞間的或者，而不是，或不容易變成，兩命題間的或者。　以上這命題可以分成兩個相“與”的命題，那就是說，兩個要同時真的命題如下：

　　　　(一) “如果你所遇着的是姓張的，你遇着了一個熱烈的宗教家”並且 (and) “如果你所遇着的是姓李的，你遇着了一個熱烈的宗教家”。　原來的命題不能分作：

　　　(二) “如果你所遇着的是姓張的，你遇着了一個熱烈的宗教家”或者“如果你所遇着的是姓李的，你遇着了一個熱烈的宗教家”。　這個命題的兩部分是以“或者”聯合起來的，它們雖可以同時真，而它們不必一定要同時真；既不必要同時真，則不能表示原來命題的意義。　前一命題的兩部分是以“與”聯合起來的，一定要它們同時真，整個的命題才能真。　從這一方面看來，它與原來的命題意義一樣。　可見名詞方面的“**或**”可以變成命題方面的“**與**”。

b."**如果是鐵路局求事者之一，他一定是姓張的或姓李的**"。 請注意這裏的“一定”是指“**姓張的或姓李的**”而言，不是指姓張的個人，也不是指姓李的個人。 此命題不能改成以下（一）（二）兩命題，而只能改成以下第三命題。

（一）"**如果是鐵路局求事者之一，他一定是姓張的**" 或 "**如果是鐵路局求事者之一，他一定是姓李的**"。 如果原來的命題是眞的，這一個命題是假的；因爲原來的命題沒有說鐵路局的求事者一定是姓張的，也沒有說他一定是姓李的，而（一）命題前一部分說鐵路局的求事者一定是姓張的，所以前一部分假，後一部分說他一定是姓李的，所以後一部分也是假的。 前後兩部分旣都是假的，所以（一）命題也是假的。 旣然如此，（一）命題不等於原來的命題。

（二）"**如果是鐵路局的求事者，他一定是姓張的**" 並且（與）"**如果是鐵路局的求事者，他一定是姓李的**"。 這一命題的部分旣是以“與”（and）聯起來的，要兩部分皆眞，才能眞。 如果原來的命題是眞的，這一命題的部分都是假的，所以它也是假的。 它與原來的命題也不相等。 總而言之，（一）（二）兩命題把“一定”分別地引用於姓張與姓李的，所以與原來的命題不同。

（三）原來的命題中的“**姓張的或姓李的**”可以分開，可是要用兩個有“不是——就”的形式的話去分開："**如果是鐵路局的求事者之一，他不是姓李的就是姓張的，而且（與）不是姓張的就是姓李的**"。

c."**王小姐與姓張的或姓李的結婚**"。 在一法律上不許重婚的

國家,這一命題只能改作:

(一)"王小姐與姓張的結婚" 或 "王小姐與姓李的結婚"; 而不能改:

(二)"王小姐與姓張的結婚" 而且（與）"王小姐與姓李的結婚"。 後一命題要它兩部分同時眞它才能眞，所以它不等於原來的命題;在前一命題的兩部分可以一眞一假,用不着同時眞,它才能眞。 雖在不許重婚的國家,仍可以眞,因爲只要任何一部分眞,它就是眞的。它與原來的命題一樣。 如無法律方面的限制,原來命題中的"或"可以是相容的,也可以是不相容的;（一）命題中的 "或" 也一樣可以是相容的或不相容的。

總而言之, "或" 有相容與不相容的兩大分別。 但除此分別之外,有時名詞方面的 "或" 不能改成命題方面的 "或",而能改成命題方面的與;有時可以改成命題方面的或, 而不能改成命題方面的與; 有時兩方面似乎都有困難。 在第三部那個系統的基本概念中的 "或" 是命題方面相容的或。 相容的 "或" 的意義比不相容的 "或" 的意義廣。前者的用法比較便當。 因爲加以相當限制,卽成不相容的 "或"。

2."與"。 此處的 "與" 卽英文中的 "and"; 中文方面有時用 "與"有時用 "和", 有時用 "同", 有時用 "而", 有時用 "並且", 有時用 "而且", 等等。 "與" 的不同的意義也非常之多,有深有淺,以下的例不能說包舉無遺,但大致可以代表各種不同的用處。

a. "那間房子裏有桌子 "與" 椅子" 這一命題中的 "與" 是極半淡的 "與",它不過表示空間相與而已。 我們可以把這命題分作兩個以

"與"相聯的命題。

　　b."人是兩脚的，直立的，"與"有理性的動物"。　這命題裏的"與"與以上的有相同點，也有不相同點。

　　　　(一)相同點是：

　　　　　　(甲)這一命題可以分作好幾個命題，而這些命題又可以彼此獨立。

　　　　　　(乙)這些命題又可以聯之以"與"，使成一整個命題。

　　　　　　(丙)這些命題中可以只說出任何一個或兩個，而忽略其餘的命題。

　　　　(二)不相同點是：這命題中相與的名詞是屬性名詞，可以寄托於一種或一個具體的東西，而第一命題中的名詞不能寄托於一種或一個具體的東西。

　　c."他的溫和"與"知慧征服了她的心"（此例得之於王遵明先生）。　這裏的"與"與以上兩個"與"都不同。　這裏的"與"似乎有點意義含糊的地方。　這句話可以表示兩命題的眞，例如"他的溫和征服了她的心""與""他的知慧征服了她的心"；可是也可以表示"他的溫和與知慧（聯合起來）征服了她的心"。　究竟這裏的"與"是名詞方面的與還是命題方面的與似乎不能定。

　　d."中國國旗的顏色是紅"與"藍"。　如果我們心目中的國旗是現在的國旗，這一命題中的"與"是名詞方面的"與"而不是命題方面的"與"。　那就是說，這一命題不能分作以下兩命題：（1）"中國國旗的顏色是紅的"（二）"中國國旗的顏色是藍的"，因為這兩個命題都是假的。　同時這裏的“與”雖是名詞方面的“與”而沒有兩色凝爲一色的意思，他所表示的是中國國旗的顏色有紅亦有藍。

e.“紫顏色是藍與紅”。　這命題中的“與”與（d）命題中的“與”的前一點相同，後一點不相同。　前一點相同，我們不能把此命題分爲兩個命題說（1）“紫顏色是藍的”（2）“紫顏色是紅的”。　後一點不相同，這裏的紅與藍凝成一色。

f.“秦“與”楚爲世仇”。　此處的“與”一方面不能變成兩命題的相與，我們不能根據這個命題說（1）秦爲世仇與（2）楚爲世仇。另一方面又表示秦楚不並立，與（e）例中的紅與藍不一樣。

g.“眞與假，善與惡，美與醜均爲價值”。　此中的“與”表示相反或不相容。　這一層不必利用賓詞已經可以表示出來，因爲美，醜，眞，假，善，惡的普通意義已經有彼此相反與不相容的情形。　但其所以用“與”而不用“或”者因爲眞，假，善，惡，美，醜均各爲價值。　在名詞方面眞假不能相與，善惡不能相與，美醜不能相與；而在命題方面，“眞爲價值”，“假爲價值”，……等等，命題聯之以“與”與原來的命題一樣。這可以說是一種名詞不相與而命題方面相與的例。

h.“因與果之關係是有因必有果，有果必有因”。　此處的“與”是（一）名詞方面可以說而命題方面不能說的“與”。　（二）因與果爲相對名稱，在一特殊範圍或方面之下，不能兼備於一具體的事物。（三）這裏的因果不是甲因與乙果，所以它們的關係不是甲乙的關係。它們不是兩事物相與，而是兩思想的相與。

以上表示“與”的用途很廣，用法很多。　因爲它的用法不同，而它的意義不一致的地方也很多。　這些例當然不能說是包舉無遺,可是已經可以表示各種不同的用法。　外國文字所有而中國文字所無的例,此處不舉,不是 "And" 的與,當然不必談到。

在演繹系統裏,"與"也是非常之重要的運算,它雖然不必是一系統的基本概念,而我們可以說它是基本概念團之一。　我們可以用"或"與"非"表示它的意義,也可以用它與"非"表示"或"的意義。

在 1925 年出版的 P.M. 中,"或"與"非"都有定義;那就是說它們已經不是基本概念。　代替它們爲基本概念的是"p | q",而 p | q 的意思是說 p,q 兩命題衝突, 或者說它們不同眞。　如果 p,q 兩命題都是假的,或者其中任何一命題是假的,則 "p | q" 爲眞。　遵照此義,$\sim$p,p$\supset$q,p$\lor$q,p$\cdot$q,均有以下的定義:

$$\sim p \cdot = \cdot p \mid p \qquad \text{Df}$$

$$p \supset q \cdot = \cdot p \mid \sim q \qquad \text{Df}$$

$$p \lor q \cdot = \cdot \sim p \mid \sim q \qquad \text{Df}$$

$$p \cdot q \cdot = \cdot \sim (p \mid q) \qquad \text{Df}$$

從基本思想的數量方面着想,以"p | q"爲基本思想,可以說是進步。　但"p | q"不是大多數人所習慣的思想,而最初的推論又因此基本思想而變爲複雜。　基本思想方面的簡單雖得,而推論方面的簡單反失,此所以本書所介紹的系統是 1910 年出版的 P.M.,而不是改變後的系統。

3."非"。　此處的 "非" 是用之爲運算的非,不是或不僅是眞假值中的假值。　對於運算的非,我們應注意以下諸點。

a.“非”的意義與可能的分類為相對。 如果我們把可能分為兩大類，我們所引用的就是二分法；所引用的既是二分法，所得的系統就是二分法的系統。 在二分法的系統裏有二分法的“非”，在三分法的系統裏有三分法的“非”，在 n 分法系統裏有 n 分法的“非”。“非”的意義或“非”的範圍，在系統方面就有二分法，三分法，或 N 分法的分別。 引用二分法於命題，非真為假，非假為真；引用三分法於命題，例如 Lukasiewicz 與 Tarski 的三值系統，非定真雖為定假，而定真與定假不是窮盡的可能。

b.二分法最簡單，茲特從二分法着想。 二分法的“非”引用於類有小範圍的意義，大範圍的意義，無範圍的意義。

（一）小範圍的意義。 設以非紅為例。 小範圍的非紅即為顏色的範圍。 如果我指出一 x，說它是非紅；我這一句話可以有以下的形式：“x 是綠的，或是黃的，或是黑的，……”。 這樣的命題有以下的問題。

（甲）假設 x 是有顏色的東西，而又不是紅的，這樣的析取命題一定是真的。 所以如果“x 是紅的”是假的，則“x 是非紅的”一定是真的；如果“x 是紅的，”是真的，則“x 是非紅的”是假的。

（乙）可是如果 x 是沒有顏色的個體事體或事實，則“x 是紅的”與“x 是非紅的”都是假的。 如此，則排中不能成立。

（二）大範圍的意義。 設非紅不限於顏色，即形，聲，嗅，觸等性，及存在的東西，事體，事實所能有的關係質，非紅亦均代表之，其限制僅在“x 是非紅的”這一命題須有意思而已；則非紅的意義是大範圍的意義。

(甲)非紅的意義既如此,則 "x 是非紅的"形式,照以上的辦法,也是一析取命題。 即令所指的沒有顏色,這個命題仍是眞的。無論如何,"x 是紅的" 與 "x 是非紅的" 不能同時是假的。

(乙)可是, 如果 "x 是紅的" 是眞命題,"x 是非紅的" 要是假命題才能排中。 那就是說 "x 是非紅的" 要等於否定 "x 是紅的" 那一命題才行。 這樣一來,負類要牽扯到負命題。

(三)無範圍的意義。 設以非紅分別地代表 "紅" 之外任何一切的謂詞,而 "x 是非紅的" 這一命題,解析起來,不僅包含有意思的命題, 而且包含廢話。 廢話問題以後不預備再提及。 在此處我們僅分廢話爲甲乙兩種:甲種爲無意思的廢話, 乙種爲不能有意思的廢話。無範圍的 "非" 也可以分爲甲,乙, 兩種。

(甲)甲種 "x 是非紅的" 僅包含無意思的廢話。 無意思的廢話,有人稱爲實質廢話, 表示這種廢話僅是在事實上無意義,而不是在邏輯上不能有意思。 這樣的廢話,邏輯可以置之不理。

(乙)乙種 "x 是非紅的" 兼有不能有意思的廢話。 有人稱這種廢話爲形式廢話。 旣然如此, 就有邏輯上的問題。 所謂形式廢話者似乎有自相矛盾的廢話在內, 矛盾旣爲邏輯之所淘汰, 乙種 "x 是非紅的"不能包含自相矛盾的廢話在內。 同時除去自相矛盾的廢話之外,尙有形式廢話與否,本身就是不容易應付的問題。

c. 引用於命題的 "非"。 以上是類方面的正負。 命題方面也有正負。 負命題普通以 "不" 字表示,例如 "x 不是紅的"。 負命題也有各種範圍不同的意義。 這裏的情形與以上一樣，不必重複地討論。所要注意的就是以下兩點。

(一)負命題的範圍也是以大範圍或無範圍的甲種爲宜。 正負命題之間要有排中，而排中情形小範圍的正負命題似乎沒有。 同時無範圍的乙種負命題之說得通否，根本就有問題。

(二)名詞方面的非與命題方面的非，其範圍須要一致。 這一點的用意就是要把"x 是非紅的" 這樣的正命題等於 "x 不是紅的"這樣的負命題。 這兩命題相等，推論方面當然有便利。 這可不是說所有的命題都有同樣的情形，例如 "所有 S 是非 P" 不必等於 "所有的 S 不是 P"。 後面這句話可以有兩個不同的解釋，這兩個不同的解釋是兩個不同的命題。 如果 "不是" 的意義是 "不都是"，則 "所有的 S 不是 P" 等於 "有些 S 不是P"，而 "有些 S 不是P" 不等於 "所有的 S 是非 P"；如果 "不是" 的意義是 "都不是"，則 "所有 S 不是P" 等於 "無一 S 是 P"，而 "無一 S 是 P" 等於 "所有的 S 是非P"。 這裏當然有語言的習慣問題。 在作者的經驗中，大多數的學生很自然地把 "所有的 S 不是 P" 這樣的話解釋成 "無一 S 是 p"。 可是習於英文的人，講英國話的時候，大都會把 "所有的 S 不是 p" 這樣的話解釋成"有（些）S不是 p"。 無論如何，在以個體爲主詞的簡單命題，名詞的非與命題的非須要一致。 複雜命題的情形，表面上因爲有語言方面的習慣雖似乎是例外，而分析取來，與簡單命題，或比較最簡單的命題一樣。

d. 從純粹客觀方面着想，任何具體的東西，"x" 無所謂是桌子或不是桌子，它不過是那麼一個具體的東西而已。 說 "x 是桌子"實在是把語言方面的符號，表示那東西的性質，用之以爲那類東西的名詞。
但這可以有兩個不同的解釋。

（一）把 "x 是棹子" 當作定義看。定義雖是話，不是普通的命題。定義不過是命名而已。各人有引用符號的自由權，一個人所引用的符號不必與他人一致。旣然如此，則定義無所謂眞假。如果我們把 "x 是棹子" 當作定義看待，這句話無所謂眞假。正的方面旣無所謂眞假，負的方面也無所謂眞假。那就是說如果把 "x 是棹子" 當作定義，則 "x 不是棹子" 不過是不承認定義而已，無所謂眞假。

（二）把 "x 是棹子" 當作命題看待。定義雖無所謂眞假，但 "棹子" 之義旣定，而 "x" 又實在是棹子一類中的具體的份子，則 "x 是棹子" 這一句話就是一命題。利用 "x" 以定 "棹子" 之義，說出一句話來，那句話是定義；表示 "棹子" 之義，事實上已經爲大家所公認，而指出具體的 x 說那個具體的東西在 "棹子" 的定義範圍之內，所說的話爲命題。在 "棹子" 的意義事實上旣定之後，說 x 是棹子或不是棹子才有標準，才有眞假，所以才是命題。

（三）本書所謂簡單命題都是以具體的 x,y,z, ……等等爲主詞的話。如果這種話都視爲定義，它們都無所謂眞假，它們旣無所謂眞假，則由它們配合出來的複雜命題也就無所謂眞假。這樣一來，一系統範圍之內的命題都變成定義。爲消除這種結果起見，"x 是棹子" 這一類的話一定要視爲命題才行。那就是說 "x 不是棹子" 也是命題。要這類的簡單話是命題，眞假值才能引用，不然不能引用。

這裏所表示的是運算中的 "非"，是語言方面的問題，不是純粹客觀事物方面的問題。

e. 利用"非"以定"或""與"的關係或意義。 在討論"必然"的時候,或們曾表示引用二分法於 x,y, 兩名詞,我們有以下四個可能:

$$xy, \quad x\bar{y}, \quad \bar{x}y, \quad \bar{x}\bar{y},$$

(一)茲以 x,y, 兩名詞爲例:"x 或 y"(設"或"爲相容的"或")實有以下三可能,而此三可能又均能以"或"爲之連絡:

$$x\bar{y} \text{ 或} \bar{x}y \text{ 或 } xy.$$

引用"非"於"x 或 y",——卽"非(x 或 y)"——那就是把兩名詞所有四可能之中除去以上三可能,所餘只有以下一可能 $\bar{x}\bar{y}$; 所以

$$\text{非}(x \text{ 或 } y)\text{等於"非}(x\bar{y} \text{ 或 } \bar{x}y \text{ 或 } xy)\text{",}$$

$$\text{而非}(x\bar{y} \text{ 或} \bar{x}y \text{ 或 } xy)\text{等於} \bar{x}\bar{y},$$

$$\text{所以非}(x \text{ 或 } y)\text{等於} \bar{x}\bar{y}.$$

"$\bar{x}\bar{y}$"旣可以讀爲非 x"與"非 y,又可以讀爲旣非 x 又非 y。 無論如何,它表示"與"的意義。 這就是利用"非"與"或"以明"與"的意義。

(二)我們也可以利用"非"與"與"以明"或"的意義。 非"非 x 與非 y"卽"x 或 y",非"x 與 y"卽"非 x 或非 y",非"x 與非 y"卽"非 x 或 y",非"非 x 與 y"卽"x 或非 y"。 總而言之,這幾個運算的意義四通八達,誰擺在前,誰擺在後都可以。 究竟誰先誰後不是邏輯的問題而是系統的問題。

C. 定義與基本命題。 本段所要提出討論的各點如下:1,定義,2,系統的前提與推論方式,3,選擇的條件。

1.定義。　關於定義前此已經提及，一部分的問題也已經討論過，此處不贅。　此處所要提出的幾點是：a,系統中的定義表示引用名詞之自由，b,系統中定義的職責在化複雜爲簡單，c,系統中的定義無所謂眞假，d,系統中的定義不在系統所要表示的實質範圍之內。

　　a.引用名詞之自由。　普通以爲定義有名詞與實質之分,其實只有名詞的定義，沒有實質的定義。　所謂實質定義似乎有以下兩層意思,而這兩層意思似乎都說不通。

　　(一)所謂實質定義卽普通教科書稱爲 "Real definition" 的定義。　普通定義大都以主賓詞式的話表示。　第一層的意思是說主詞所代表的那具體的東西有定義所表示的意義。　設以以下定義——"人是有理性的動物" —— 爲例。　第一層的意思是說具體的佔時空的張三,李四……等等有 "有理性的動物" 的意義。　如果實質定義有這樣的意思,實質定義似乎說不通。　具體的東西無所謂有意義或無意義。　這不是說它們有意義,也不是說它們無意義;這是說具體的東西與意義不相干,好像道德與顏色不相干一樣。

　　(二)除此以外,實質定義似乎還有第二層意思。　第二層意思可不是說主詞所代表的具體的東西有某種意義,而是說主詞有某種意義。　第二層的意思比第一層的意思似乎高超一點,因爲它把意義引用到名詞方面,沒有引用到具體的東西方面。　但這一層也說不通,因爲照這一層的意思,所謂定義者不是 "定" 某名詞的意義,而是說事實上某名詞有某種意義。　卽以 1,條所舉的定義爲例:照第二層意思,"人" 這名詞有 "有理性動物" 的意義。　讀者請注意這是一個命題。　這是說事實上我們用"人"這名詞的時候我們也就把"有理性的動物"的意思包含或蘊涵在內。　如果事實上我們用"人"這名詞的時候,"有理性的動物"的意思並沒有包含或蘊涵在內,這個命題就是一假命題。　如果一句話表示事實,它是命題,系統中的定義所表示的不是事實,是意志。它表示系統中某名詞有某種用法,至於系統範圍之外,事實上那一名詞是否有那種用法與它不相干。

(三)綜觀以上,系統中的定義不是普通所謂實質定義。　它完全是名詞的定義,可是雖是名詞的定義,仍不是表示某種名詞事實上有某種意義,而是表示某名詞的用法如何而已。　在英文,這樣定義有時稱爲"Voluntary definition",所以如此稱呼者,因爲它表示引用名詞之自由。

b. 化複雜爲簡單的職責。　邏輯系統與其它許多系統一樣,它的程序是由簡單而複雜。　這種程序的好與壞,它是否可以免除,……等等的問題我們可以不必討論。　事實上既有這樣的程序,我們也就有這樣程序所發生的問題。　我們可以用幾何爲例:"四方"所表示的思想,不必有"四方"這名詞,我們可以用"點""線""角"……等等表示"四方"的思想。　但是如果我們有一命題表示"四方"與"圓"的關係,不用"四方"與"圓"這兩名詞,仍以"點""線""角"等等表示之,那一命題就差不多沒有法子說出來了。　在歐克里幾何系統範圍之內,我們介紹"四方"這名詞,不過是要化複雜爲簡單而已。

邏輯系統既是由簡單而複雜,當然也有同樣的問題。　在 P.M. 的基本命題中有這樣一命題:

$$\vdash:.\, q \supset r \,.\, \supset :\, p \vee q \,.\, \supset .\, p \vee r$$

如果沒有介紹"⊃"的思想或符號，這個命題就只有以下的表示

$$\vdash:.\sim(\sim q \vee r)\,.\, \vee :\sim(p \vee q)\,.\, \vee .\, p \vee r$$

第二個表示比頭一個就複雜得多。　在一演繹系統的程序中演繹愈進，複雜的程度愈高，複雜的程度愈高，愈要引用新名詞以代表已有的複雜的思想。

　　系統中的定義一方面表示一系統對於一名詞的用法，另一方面，介紹一簡單的新名詞用以代表已有的複雜的思想。　前一方面表示作者引用名詞的意志，後一方面表示定義在系統中的職責。

　　c.定義無眞假。　表示意志的話無所謂眞假。　表示意志的話與表示某人有某項意志的話是兩種不同的話，前者不是命題，後者是命題。　命題是表示事實的話，如果所表示的是事實，普通認爲它是眞的，如果所表示不是事實，普通認爲是假的。　系統方面的定義既不表示事實，它不是命題，所以它無所謂眞假。　這差不多完全是理論方面的話。可是有時在心理上理論與事實不容易分得很清楚。

　　例如 P.M. 中的定義："$p \supset q \,.\, = \,.\sim p \vee q$ Df" 這個定義，若從系統方面着想，似乎毫無毛病。　可是讀的時候，免不了把 "⊃" 讀成"蘊涵"；讀成 "蘊涵" 的時候，免不了把它視爲普通語言中的蘊涵；把它視爲普通語言中的蘊涵，我們就免不了感覺它是一奇離古怪的蘊涵。但是把它當作普通語言中的蘊涵，就是把這個定義當作命題看待。　何以呢？　因爲如果我們把"⊃"視爲普通語言中的"蘊涵"，我們就發生疑問，"⊃" 有沒有普通 "蘊涵" 所有的意義呢？　普通 "蘊涵" 有沒有

“⊃”的意義呢？　這些問題發生之後，我們難免牽扯到眞假問題，牽扯到眞假問題，就是把定義視爲命題了。

　　這樣心理上不一致的情形不僅批評家難免，卽作家也就難免。好在近十幾年來研究邏輯的結果，大多數邏輯家簡直不知道或說不出所謂“普通蘊涵”者的意義何在；所以對於“⊃”早已承認其爲一種蘊涵。　但這不過是對於“⊃”的特殊情形而已，普通心理上不一致的情形總得要減少才行。

　　d. 系統中的定義不在系統所要表示的實質範圍之內。　有了以上的討論，這句話似乎不致於發生若何重大的問題。　這裏所謂實質有兩方面的情形，我們似乎不能不分別提出。

　　(一)系統所要表示的實質。　邏輯系統所要表示的實質是“必然”。　邏輯系統之所以爲邏輯系統者，就因爲它所要表示的實質是“必然”。　在此處我們用不着提出邏輯系統的數目問題。　這個數目是“一”也好，是“多”也好，是“無量”也好；無論如何，如果一個系統是邏輯系統，它所要表示的實質是“必然”。　定義無所謂“必然”。　在眞假二分法範圍之內，所謂“必然”者是不能不眞；定義旣無所謂眞假，當然也就無所謂“必然”與“不必然”。　定義旣無所謂“必然”與“不必然”，當然不在邏輯系統所要表示的實質範圍之內。

　　(二)系統所引以爲表示工具的實質。　一系統所引以爲表示它所要表示的實質的工具就是那一系統的原子，那一系統的運算或關係，與那一系統的基本命題。　這個可以總稱爲系統的幹部。　系統的幹部似乎不能不算是系統範圍之內的份子。　幹部之內情形不一致。

基本命題可以是必然的命題,所以它們也可以是系統所要表示的實質。
基本概念無所謂必然與不必然,所以它們不是系統所要表示的實質;可
是它們雖不是系統所要表示的實質, 它們是一系統所引以爲表示實質
的工具。　我們可以說它們是工具方面的實質,不是意義方面的實質。
邏輯系統不能離開它所有的工具方面的實質。　一系統之所以自別於
其它系統者就因爲有它所有的工具方面的實質。　一系統的定義既不
是一系統所要表示的實質,也不是一系統工具方面的實質。　所以它不
能在系統範圍之內。

　　　　(三)定義何以不是系統的工具呢?　　上面已經說過一系統不
能離開它的基本概念。　基本概念是思想,不僅是名詞;所以它們是系
統的工具。　定義所介紹的不是新思想,是新名詞。　新名詞所表示的
思想系統中已經有了;不過以系統中所有的名詞或符號去表示新名詞
或符號所表示的思想,太複雜,太麻煩,太不便利而已。　但複雜,麻煩,
便利,等等問題都不是系統的實質的問題。　如果我們不嫌複雜,不怕
麻煩,一系統可以不利用定義而仍不失其爲邏輯系統。　系統中的定義
可以視爲系統的注解,不在系統的實質範圍之內。

　　2.系統的前提。　　所謂前提與推論方式不同。　　前提是結論的根
據、而推論方式是推論的根據。　我們可以說前提是結論的前提,而推
論方式是推論的"前提"。　這種話是有毛病的,可是如果我們能夠利用
這種話以傳達意見,我們也就不妨利用。　如果前提眞,推論對,結論才
眞;前提假,推論對,結論亦假。　如果推論不對無論前提是眞是假,而
所謂 "結論" 者根本就不是結論。　從結論方面着想,我們可以說結論

的真或假根據於前提,而結論的對或不對根據於推論方式。

a.在普通生活中,前提與推論方式常常是兩件事。　例如:

　　(甲)所有的河北人都是中國人

　　　　所有的北平人都是河北人

所以所有的北平人都是中國人。

　　(乙)所有的日本人都是德國人

　　　　所有的東京人都是日本人

所以所有的東京人都是德國人。

以上兩例的結論均對,但普通我們以為(甲)的結論為真,而(乙)的結論為假。　這裏前提也有,推論也有,結論也有,可是前提與結論都寫出來了,而推論沒有寫出來。　(甲)(乙)兩例有兩套前提,可是它們只有一種推論。　在日常生活中,前提不是推論,它們是兩件事。　普通所謂"合乎邏輯"不是說前提一定真,或結論一定真,是說推論對。推論對就"合乎邏輯",不對就"不合乎邏輯"。　所謂邏輯不談真假,而談對與不對者在此。

b.在邏輯系統裏的情形與日常生活中的情形有時不一樣。　此處所謂邏輯系統是自足的系統,不自足的系統的情形另外。　在自足的邏輯系統中,基本命題可以既是前提又是推論方式。　有時我們可以分清楚,基本命題之中,某一命題為前提,某一命題為推論方式,有時不能,或不容易。　例如 P.M.(1910 版)的基本命題中有 "⊢" 符號者似乎可以說是前提,無 "⊢" 符號者似乎是推論的方式。　它們的分別可以說是很清楚。　但以後應用起來,系統的前提也可以成為推論的方式。 例如 1·2 ⊢ : p∨p . ⊃ . p；這是一個基本命題,可以說是 P.M. 的前提之一。 但以後証例之中有把 ∼p 代表 p 的辦法,因得以下的命題"⊢ : ∼p∨∼p . ⊃ . ∼p"。 此辦法之所以說得通者,因為"p∨p . ⊃ . p" 是一普遍的命題,"p" 既代表任何命題,它當然可以代表 "∼p"。 "∼p∨∼p.⊃.∼p" 不過是 "p∨p.⊃.p" 的例而已。 這樣一來,前提變成了一推論的方式,只要承認此方式,在此方式之下的例也就不得不承認了。 所以 P.M. 的基本命題既是前提又是推論的方式,前提與推論的方式變成一件事了。

c. 其所以有以上情形者就是因為 P.M. 是自足的系統。 不自足的系統,可以僅有前提而無推論方式,因為不自足的邏輯系統可以假設一個另外的邏輯系統供給它的推論方式。 例如布爾的邏輯系統,它就沒有成文的推論方式。 它假設另外的邏輯系統供給它所需用的推論方式。 自足的邏輯系統則不然。 它不僅要供給它本身的前提,也要供給它本身所要的推論方式。 它既是自足的系統,它不能假設另外的邏輯系統供給它本身所需用的推論方式。 同時在系統方面,我們雖然不能說所引用的工具愈少愈好,但總得要經濟才行。 為達到自足系統的目的起見,我們只能想法把一物兩用。 此所以基本命題之中有些既是前提又是推論的方式。

d. 系統的前提與普通辯論中的前提不同。 邏輯系統中的前提與普通系統中的前提也不同。 普通辯論中的前提,大都是持之者信以為眞,究竟是眞是假,頗不易說。此眞假問題,有時在辯論範圍之內,有時在辯論範圍之外。 這要看辯論者所注重的是事實還是理論,是知識還是邏輯。　演繹系統的前提持之者雖大都信以爲眞，而不必信以爲眞，至少他不必信他能証明或証實其爲眞。　他所注重的是由他的系統所承認的前提所推出來的命題彼此關聯一系統；能應用固好，不能應用，而系統之爲系統，仍有它的立場。　邏輯系統的前提又與普通演繹系統的前提不同。　邏輯系統所要表示的是“必然”，它的前提最好也要是表示“必然”的命題。　此處說“最好”者，因爲此目的究竟能夠完全達到與否，頗不敢說。　無論如何，在 P.M. 的基本命題中，前此已經說過，有“⊢”符號的命題都是“必然”的命題。　由此種“必然”的前提，根據“必然”的推論，我們可以得“必然”的結論。　邏輯系統中的非基本命題的命題都是由基本命題，用合法的方法，而產生的命題。如果這些命題既都是“必然”的命題，這些結論的前提也得要是“必然”的命題。

　　　e. 推論不是推論方式的結論。　結論是由前提遵推論的方式，而得到的命題。　結論是所得到的命題，不是得到那命題的程序。　結論可以是普通的或特殊的命題。　推論總是特殊的，同時也不是命題，而是一種“動作”。　前此已經討論過“蘊涵”與“所以”的分別。　“蘊涵”可以成一串無量的練子，而“所以”可以說是打斷那一串練子的動作。在任何一由前提到結論的程序中，每一推論都是引用推論方式的一個特殊表現。　我們不能有引用推論方式的普遍方式，因爲如果有那種普遍方式，它就是推論方式。　那就是說這種普遍的引用方式與在此方式之下的引用動作，二者之間有推論方式與推論動作之間的同樣的問題。推論方式與推論動作二者之間其關係是直接的，無媒介的，間斷的。

這種間斷情形似乎無法消滅。　我們要弄出一引用推論方式的普遍方式，無非是想把這間斷的情形消滅下去，但這種引用推論方式的普遍方式與在此方式之下的引用動作二者之間，其關係仍是直接的，無媒介的，間斷的。　既然如此，與其想方設法消滅這種間斷的情形，而終於失敗；不如直截了當的承認此間斷的情形。

　　f. 茲將"──→"表示無間斷的蘊涵關係，以"↓"表示有間斷的推論，我們可以有以下的表示：

$$\vdash \cdot p \to q$$

$$\vdash \cdot p$$

$$\downarrow$$

$$\vdash \cdot q$$

在演繹方面，我們由 p 而得 q 的結論，旣要"──→"，也要"↓"。　若僅有"──→"，q 不是結論；僅有"↓"，q 也不是結論。　茲用以下二例表示一命題的兩種用法。

甲，(1)　⊢：　p∨p.⊃.p

　　　(2)　⊢∴⌈p∨p.⊃.p：⊃.p⊃p

　　　(3)　⊢．　p⊃p

　　　(4)　⊢：p⊃p.⊃.~p⊃~p

　　　(5)　⊢．　~p⊃~p

　　　(6)　⊢∴~p⊃~p.⊃：~p⊃~p.⊃∴~p⊃~p.~p⊃~p

　　　(7)　⊢：~p⊃~p.~p⊃~p

　　　(8)　⊢∴~p⊃~p.~p⊃~p.⊃：~p∨~p.⊃.~p

　　　(9)　⊢：　~p∨~p.⊃.~p

乙，(1)　⊢：　p∨p.⊃.p

　　　　　　　　［　~p　p］

　　　(2)　⊢：　~p∨~p.⊃.~p

甲例中的第（1）命題卽乙例中的第（1）命題，可是此命題在甲例中是前提，而在乙例中不是前提。　甲例中的第（9）命題卽乙例中的第（2）命題，可是此命題在甲例中是結論，而在乙例中不是結論。　P.M.中最初的推論是乙例的推論；如果只有乙例的推論，所得的命題就很有限了。　除此以外，尙有甲例那樣的推論。　其所以說甲例那樣的推論者，因爲甲例在此處完全是例，不是 P.M. 系統中抄下來的；它把 P.M.系統中成文的秩序變更，表示以乙例中的（1）命題爲前提，用不同的推論方式，可以得乙例中的第二命題爲結論。　甲乙兩例不過表示⊢．p∨p.⊃.p 這一基本命題可以用爲前提，也可以用爲推論的方式。

　　3. 基本命題的條件。　基本命題的條件大都有三：a，夠用，b，獨

立，c，一致。　這三個條件前此已經提及。　現在稍微詳細一點地說
說。　基本命題之能滿足此三條件與否，似乎只能表示或証實而不能証
明。　這個問題似乎是系統範圍之外的問題，而不是系統範圍之內的問
題。　我們似乎不能以一系統範圍之內的方法証明那一系統的基本命
題滿足這三個條件。　茲特分別提出，但討論從略。

a. 夠用問題。　夠用與不夠用的問題，當然要看一系所要達到
的目的是什麼。　所謂目的就是得到所要得到的命題。　如果所要得到
的命題都能發現於一系統之中，而一系統的命題又均是基本命題所推論
出來的命題，則那一系統的基本命題為夠用，反之則不夠用。　這差不
多可以說特別地注重 "量" 的問題。

够用與不够用的問題非常之重要，但我們的答案似乎只能根據
於實驗。　我們似乎只能先用幾個基本命題去試試，看它們夠用不夠
用。　如果夠用，我們再求簡單，一致，對稱……等等；如果不夠用，我們
只能想法子找出不夠用的理由何在，加上所須要的基本命題。　我們似
乎沒有旁的方法表示基本命題的够用與否。　同時如果基本命題不够
用，系統就不包含所要包含的命題，那麼，目的就沒有達到；目的既未達
到，則系統為失敗的系統，而基本命題沒有盡它們的職責。　因此這問
題的重要可以看見，一方面我們似乎沒有簡單的方法或可以知道基本
命題的夠用與否，另一方面，假設基本命題不夠用，根據它們的那一整
個的系統就是失敗的系統。

b. 獨立問題　獨立問題根本是一 "簡單" 問題。　前此已經說
過，所謂命題的獨立者不過是命題彼此不相等或者彼此不相藴涵而已。

設在（甲）（乙）兩基本命題之中，（甲）蘊涵（乙），則（乙）用不着列爲基本命題，因爲它們可由（甲）推論出來。 這當然就是使基本命題不要重復，而不要重復的結果就是簡單。

（一）簡單可以有兩方面的解釋。 一是基本思想與基本命題的數目方面的簡單。 從這一方面着想，數目愈小愈簡單。 一是從証明的歷程方面着想。 從這一方面着想，基本思想與基本命題的數目小的時候，証明的歷程或者反因之複雜。 這兩方面的簡單雖不必衝突而有時事實上免不了衝突。 設有衝突的情形，爲雙方並顧起見，我們似乎可以說基本思想與基本命題的數目以小到証明的歷程不因之而複雜的程度爲限。

（二）命題的獨立與否，也不是証明的問題，而是表示或証實的問題。 這個問題比够用與不够用的問題似乎簡單，因爲它似乎有一種已經承認的方法。 此方法卽利用各種不同的事實以之爲基本命題之解釋。 設有五個基本命題，如以一種事實上的解釋，第一命題能說得通，或是眞的，而其餘四個命題都是假的，則第一命題對於其餘四個命題爲獨立。 分別引用同樣方法於其餘四命題，我們可以分別地表示其餘的命題是否獨立。 獨立與否的問題旣是一表示的問題而不是證明的問題，或者等到系統發展到相當程度的時候，我們有時不免發現前此所認爲獨立的命題並不獨立。

c.一致問題。 表示命題的獨立與否的那一辦法，似乎假設事實的全體不能容納於一個整個系統範圍之內。 表示命題的一致與否，似乎又假設事實無矛盾。 關於一致，理論與事實的分別似乎極其重要。

這一條件的滿足與否也不是系統範圍之內的問題。　我們不能以系統之內的方法証明基本命題的一致，結果也就是以系統範圍之外的方法表示它們一致。

（一）何以不能用系統範圍之內的方法呢？　所謂一致者卽無矛盾，空泛一點的說，卽無衝突。　如果我們要証明一系統一致，就是要証明那一系統沒有矛盾。　這件事似乎辦不到。　要証明一系統沒有矛盾，實在是証明一系統，卽無量地推進，亦不至於有矛盾。　在自足的邏輯系統，那一系統之外的証明方法與那一系統不相干，而那一系統內的証明方法也只能表示那一系統發展到某種程度的時候沒有矛盾，而不容易証明那一系統發展到任何程度亦不致於有矛盾。　至少從前有這樣的思想，現在是否如此，則不敢說。　此問題引出來的問題太大而且太多，此處不敢也不能提出討論。

（二）無論如何，基本命題之是否一致，不能在系統發展以後才表示。　在系統未發展以前既要表示，自然不能引那一系統的証明方法去証明它的基本命題一致。　結果我們還是利用系統之外的方法表示。普通引用的方法似乎是拿出系統通式的基本命題通式，加以事實方面的解釋，如果在事實上照這個解釋，基本命題都是眞的，則這些基本命題是一致的。

關於獨立那一條件，我們所用的辦法，假設事實的全體不能容納於一系統範圍之內；對於一致這一條件，我們所用的辦法，假設事實無不融洽。　這兩假設是否說得過去，在邏輯系統範圍之內可以不理。且前一假設影響於知識論，後一假設似乎是各種科學所必具的假設。

　　以上三條件是大家認爲基本命題所要滿足的條件，而此三條件之滿足與否，似乎都只能以系統以外的方法表示而不能以系統之內的方法証明。

中華民國二十五年十二月初版

（23501精）

大學叢書
（教本）邏輯 一冊

每冊實價國幣貳元陸角
外埠酌加運費匯費

平

著作者　金岳霖　上海河南路

發行人　王雲五　上海河南路

印刷所　商務印書館　上海河南路

發行所　商務印書館　上海及各埠

附：《邏輯》詳目

西方哲学经典影印

01. 第尔斯（Diels）、克兰茨（Kranz）：前苏格拉底哲学家残篇（希德）

02. 弗里曼（Freeman）英译：前苏格拉底哲学家残篇

03. 柏奈特（Burnet）：早期希腊哲学（英文）

04. 策勒（Zeller）：古希腊哲学史纲（德文）

05. 柏拉图：游叙弗伦 申辩 克力同 斐多（希英），福勒（Fowler）英译

06. 柏拉图：理想国（希英），肖里（Shorey）英译

07. 亚里士多德：形而上学，罗斯（Ross）英译

08. 亚里士多德：尼各马可伦理学，罗斯（Ross）英译

09. 笛卡尔：第一哲学沉思集（法文），Adam et Tannery 编

10. 康德：纯粹理性批判（德文迈纳版），Schmidt 编

11. 康德：实践理性批判（德文迈纳版），Vorländer 编

12. 康德：判断力批判（德文迈纳版），Vorländer 编

13. 黑格尔：精神现象学（德文迈纳版），Hoffmeister 编

14. 黑格尔：哲学全书纲要（德文迈纳版），Lasson 编

15. 康德：纯粹理性批判，斯密（Smith）英译

16. 弗雷格：算术基础（德英），奥斯汀（Austin）英译

17. 罗素：数理哲学导论（英文）

18. 维特根斯坦：逻辑哲学论（德英），奥格登（Ogden）英译

19. 胡塞尔：纯粹现象学通论（德文1922年版）

20. 罗素：西方哲学史（英文）

21. 休谟：人性论（英文），Selby–Bigge 编

22. 康德：纯粹理性批判（德文科学院版）

23. 康德：实践理性批判 判断力批判（德文科学院版）

24. 梅洛－庞蒂：知觉现象学（法文）

西方科学经典影印

1. 欧几里得：几何原本，希思（Heath）英译

2. 阿基米德全集，希思（Heath）英译

3. 阿波罗尼奥斯：圆锥曲线论，希思（Heath）英译

4. 牛顿：自然哲学的数学原理，莫特（Motte）、卡加里（Cajori）英译

5. 爱因斯坦：狭义与广义相对论浅说（德英），罗森（Lawson）英译

6. 希尔伯特：几何基础 数学问题（德英），汤森德（Townsend）、纽苏（Newson）英译

7. 克莱因（Klein）：高观点下的初等数学：算术 代数 分析 几何，赫德里克（Hedrick）、诺布尔（Noble）英译

古典语言丛书（影印版）

1. 麦克唐奈（Macdonell）：学生梵语语法

2. 迪罗塞乐（Duroiselle）：实用巴利语语法

3. 艾伦（Allen）、格里诺（Greenough）：拉丁语语法新编

4. 威廉斯（Williams）：梵英大词典

5. 刘易斯（Lewis）、肖特（Short）：拉英大词典

西方人文经典影印

01. 拉尔修：名哲言行论（英文）[待出]

02. 弗里曼（Freeman）英译：前苏格拉底哲学家残篇

03. 卢克莱修：物性论，芒罗（Munro）英译
   爱比克泰德论说集，马可·奥勒留沉思录，乔治·朗（George Long）英译

04. 西塞罗：论义务 论友谊 论老年（英文）[待出]

05. 塞涅卡：道德文集（英文）[待出]

06. 波爱修：哲学的慰藉（英文）[待出]

07. 蒙田随笔全集，科顿（Charles Cotton）英译

08. 培根论说文集（英文）

09. 弥尔顿散文作品（英文）

10. 帕斯卡尔：思想录，特罗特（Trotter）英译

11. 斯宾诺莎：知性改进论 伦理学，埃尔维斯（Elwes）英译

12. 贝克莱：人类知识原理 三篇对话（英文）

13. 马基亚维利：君主论，马里奥特（Marriott）英译

14. 卢梭：社会契约论（法英），柯尔（Cole）英译

15. 洛克：政府论（下篇） 论宽容（英文）

16. 密尔：论自由 功利主义（英文）

17. 潘恩：常识 人的权利（英文）

18. 汉密尔顿、杰伊、麦迪逊：联邦党人文集（英文）

19. 亚当·斯密：道德情操论（英文）[待出]

20. 亚当·斯密：国富论（英文）

21. 荷马：伊利亚特，蒲柏（Pope）英译

22. 荷马：奥德赛，蒲柏（Pope）英译

23. 古希腊神话（英文）[待出]

24. 古希腊戏剧九种（英文）[待出]

25. 维吉尔：埃涅阿斯纪，德莱顿（Dryden）英译

26. 但丁：神曲（英文）[待出]

27. 歌德：浮士德（德文）

28. 歌德：浮士德，拉撒姆（Latham）英译

29. 尼采：查拉图斯特拉如是说（德文）[待出]

30. 尼采：查拉图斯特拉如是说（英文）[待出]

31. 里尔克：给青年诗人的十封信（德英）[待出]

32. 加缪：西西弗神话（法英）[待出]

崇文学术译丛·西方哲学

1.〔英〕W. T. 斯退士 著，鲍训吾 译：黑格尔哲学
2.〔法〕笛卡尔 著，关文运 译：哲学原理 方法论
3.〔德〕康德 著，关文运 译：实践理性批判
4.〔英〕休谟 著，周晓亮译：人类理智研究
5.〔英〕休谟 著，周晓亮译：道德原理研究
6.〔美〕迈克尔·哥文 著，周建漳 译：于思之际，何所发生
7.〔美〕迈克尔·哥文 著，周建漳 译：真理与存在
8.〔法〕梅洛－庞蒂 著，张尧均 译：可见者与不可见者 [待出]

崇文学术译丛·语言与文字

1.〔法〕梅耶 著，岑麒祥 译：历史语言学中的比较方法
2.〔美〕萨克斯 著，康慨 译：伟大的字母 [待出]
3.〔法〕托里 著，曹莉 译：字母的科学与艺术 [待出]

中国古代哲学典籍丛刊

1.〔明〕王肯堂 证义，倪梁康、许伟 校证：成唯识论证义
2.〔唐〕杨倞 注，〔日〕久保爱 增注，张觉 校证：荀子增注 [待出]
3.〔清〕郭庆藩 撰，黄钊 著：清本《庄子》校训析
4. 张纯一 著：墨子集解

唯识学丛书 (26种)

禅解儒道丛书 (8种)

徐梵澄著译选集 (6种)

出品：崇文书局人文学术编辑部
联系：027-87679738，mwh902@163.com

我
思 ®
敢于运用你的理智